TULLUM!
Ein Leben für Ostfriesland

Die Biographie von Rolf Trauernicht

Gesammelt und aufgeschrieben von

Jörg Müller-Barkei

Impressum

ISBN 3-938020-80-6

Herausgeber: Traucon Holding GmbH, Großefehn

Verlag: De Utrooper Verlag, Leer/Berlin

Texte: Jörg Müller-Barkei

Textliche Mitarbeit: Ernst Müller, Rolf Trauernicht, Betty Trauernicht

Korrekturen: Wilhelma Müller

Fotos und Abbildungen: Archiv Rolf und Betty Trauernicht, Archiv TRAUCO, Archiv Ernst Müller, Archiv H.Trauernicht, Archiv IHK Emden-Papenburg, Sammlung Norbert Giese, Heiko Janssen, Martin Stromann, SKN,

Layout: Jörg Müller-Barkei

Druck: Siebe Ostendorp, Rhauderfehn

Meine Biographie widme ich
meiner Betty,
die mich mein ganzes Leben
begleitet hat.

Inhaltsverzeichnis

Vorwort

Eine Dokumentation über mein Leben – ein bewegtes Leben, das mich auf vielen Wegen vom Torfschiffer über Binnenschiffer und Baustoffhändler und politischem Unruhegeist mit Schaffensdrang zu meinem unruhigen "Ruhestand" führte.

Die Zeiten waren nicht ungünstig für die Entwicklung meiner unternehmerischen Tätigkeiten, haben mir aber auch Vieles abverlangt.

Mein Leben lang begleitete mich meine Betty, ohne die ich das Meiste wohl nicht erreicht und geschaffen hätte. Wenn ich nun zurückblicke, war sie für mich das größte Glück, was mir in meinem Leben zuteil wurde.

Meine Lebensgeschichte und die Geschichte meiner Familie wollte ich auch für meine Kinder und Enkelkinder und weitere Generationen bewahren, damit sie wissen, dass mit Fleiß und Schaffenskraft viele Dinge hier auf Erden bewegt werden können und das nicht nur zum eigenen Wohl, sondern gerade auch zum Wohle derer, die mit uns hier in Ostfriesland leben.

Ich bin froh, dass ich mit Jörg Müller-Barkei jemanden gefunden habe, der mit Akribie, exakter Recherche und schriftstellerischem Können das alles aufgeschrieben hat.

Großefehn, im Juni 2011

Begleitwort des Niedersächsischen Ministerpräsidenten David McAllister

Dieses Buch widmet sich der Erfolgsgeschichte des einstigen Frachtschiffers Rolf Trauernicht, der den Familienbetrieb zu einem führenden Baustoffunternehmen weiterentwickelt hat. Damit wird dieses Werk auch zu einer Rückschau auf eine beeindruckende Lebensleistung.

„Tullum“ wird er gerufen und als „der große Ostfriese“ oder „Leuchtturm zwischen Emden und Wilhelmshaven“ beschrieben. Unter diesem Markenzeichen ist Rolf Trauernicht zu einem Begriff in Ostfriesland und in ganz Niedersachsen geworden. Ein mittelständischer Unternehmer, der tief in der heimischen Region verwurzelt ist, der Verantwortung für viele Arbeitsplätze übernommen hat und der dank mutiger Innovationen sehr erfolgreich geworden ist.

„Tullum“ steht aber auch beispielhaft für eine Persönlichkeit, deren Wirken weit über ihre unternehmerische Tätigkeit herausragt. Ein Mensch, der über den Tag hinaus plant und mit viel Weitblick Verantwortung für die Gesellschaft übernimmt. Ganz besonders her-

vorheben möchte ich das Engagement von Rolf Trauernicht für den Lückenschluss der A 31.

Die Bundesautobahn A 31 verläuft heute von der Nordseeküste bei Emden nahe der niederländischen Grenze durch das Emsland bis nach Bottrop im Ruhrgebiet. Dabei entlastet sie das begleitende Straßennetz, insbesondere die Bundesstraße 70. Nach den ursprünglichen Planungen des Bundes wäre für den rd. 40 km langen Abschnitt der A 31 zwischen Geeste und Ochtrop-Nord der Ausbau und damit der Lückenschluss frühestens deutlich nach 2010 möglich gewesen. Neben den verkehrlichen Vorteilen führt eine durchgängige A 31 aufgrund der Zeitersparnis auch zu einer Senkung der Transportkosten. Dies hat der Unternehmer Rolf Trauernicht frühzeitig erkannt und durch seinen besonderen Einsatz den Lückenschluss der A 31 im Jahre 1999 initiiert und begleitet. Dabei haben sich die Landkreise Emsland, Grafschaft Bentheim, Leer und Aurich, die Stadt Emden, die Niederlande und die Wirtschaft zu einer Interessengemeinschaft Emslandautobahn zusammengeschlossen und mit einem großen Betrag den Lückenschluss der A 31 mitfinanziert. Das Land hat dieses Engagement honoriert und das Projekt ebenfalls finanziell unterstützt, so dass zusammen mit den Mitteln des Bundes der Lückenschluss vorzeitig realisiert werden konnte.

Herrn Rolf Trauernicht gebührt an dieser Stelle der besondere Dank des Landes Niedersachsen, dafür, dass bereits im Dezember 2004, nachdem das letzte Teilstück der Bundesautobahn A 31 bei Schüttorf freigegeben wurde, verkündet werden konnte: „Der Ostfriesenspieß ist fertig“.

Hannover, im April 2011

David McAllister
Niedersächsischer Ministerpräsident

1.0 Der Unternehmer vom Fehn

Am 23. Juli 1924, einem Sommertag mittlerer Wärme, bewölkt und regnerisch, wurde dem Fehnschifferpaar Focke und Tjede Trauernicht in Wilhelmsfehn II, heute ein Ortsteil von Wiesmoor, ein Sohn geboren, das Erste von später 12 Kindern des Paares. Rolf, so tauften die Eltern ihren Erstgeborenen, wurde in eine unruhige Zeit hinein geboren.

Zwar hatte Ostfriesland, seit jeher ein Stiefkind der wirtschaftlichen Entwicklung in Deutschland, nach dem Ersten Weltkrieg (1914-18), und trotz der Inflation der Jahre 1922 und 23, einen gewissen Aufschwung genommen, doch just im Jahr seiner Geburt, wenn auch noch nicht erkennbar für seine Eltern, begann mit einem starken Preisverfall auf Agrarprodukte, den wesentlichen Erzeugnissen der Region, die große Weltwirtschaftskrise sich anzukündigen. Sie führte, indem sie nacheinander Landwirtschaft, Banken und schließlich Handwerk und Handel der Region ergriff, zu einer weiteren Verarmung der durch die Inflation ohnehin wirtschaftlich geschwächten Landbevölkerung und war der langfristige Grund für das Ende des Torfabbaues und das Versiegen der Fehnschifffahrt.

Wie gelang es aber diesem Jungen aus einer Großfamilie, der noch zu seiner Schulzeit kein eigenes Paar Schuhe besaß, unter diesen, für eine berufliche Karriere nicht optimalen Voraussetzungen, ein Unternehmen aufzubauen, das bereits Anfang der 1960er Jahre als eines der größten und wichtigsten in Ostfriesland angesehen wurde? Wie konnte er, obwohl aus einfachen Verhältnissen, und nur mit einer Volksschulbildung ausgestattet, dennoch aus einem einzelnen Geschäftszweig eine Unternehmensgruppe aufbauen, die heute aus 26 Firmen besteht und deren Aktivitäten sich neben Weser-Ems bis nach Sachsen-Anhalt und Mecklenburg-Vorpommern erstrecken?

Und wie war es schließlich möglich, dass er, obwohl schon in einem Alter, in dem andere nur noch an ihren Ruhestand denken, in einer in Deutschland beispiellosen Kampagne aus Überzeugungsar-

Das Betriebsgelände der TRAUCO (Luftbild 2009)

beit, Geduld und, nicht zuletzt, Spendensammlung die vorzeitige Fertigstellung einer Autobahn, den Lückenschluss der A31 nahezu „erzwang“?

Diese Geschichte, die, unvermeidlich, neben unwahrscheinlichen Erfolgen auch bittere Niederlagen umfasst, und gerade deshalb, im Durchhalten, auch wenn der Wind mal wieder von vorn wehte, ihre legende-bildende Kraft entfaltet, soll hier erzählt werden. Dabei ist das zu Erzählende kein Märchen. Jeder Erfolg, jeder Gewinn musste gegen die Widrigkeiten der Märkte, der wirtschaftlichen Entwicklung und, von Anfang an, die Widerstände der Natur und des Wetters hart erarbeitet, wenn nicht sogar gelegentlich erkämpft werden, und sei es nur gegen das Schwinden der eigenen Kräfte oder die einsetzende Müdigkeit.

Dies ist ganz wortwörtlich zu verstehen: Bereits mit 12 Jahren fuhr „Tullum“, wie er von Freunden und Familie, aber auch von der Mehrzahl seiner Landsleute genannt wird, parallel zur damals verpflichtenden Volksschule, als Schiffsjunge auf dem Torfschiff seines Vaters. Die „Jantje“, das letzte von 371 in Großefehn aus Holz gebauten Binnenschiffen, transportierte vor allem Torf aus den Fehnkolonien nach Emden oder der Krummhörn und kehrte mit Dünger, Baustoffen und anderen Waren zurück auf das Fehn. Da die Fehnkanäle zumeist rechtwinklig durch die Landschaft gezogen waren, kam Segeln nur in Betracht, wenn der Wind von seitlich oder Achtern kam; die übrige Zeit musste das Schiff an einem langen Seil von Land her gezogen, getreidelt werden. Dies vor allem war eine Aufgabe des Schiffsjungen. Eine weitere war oft auch der Verkauf der transportierten Waren am Zielort. Hier erwies sich Rolf Trauernicht früh als begabter Kaufmann, der durch geschickte Verhandlung den bestmög- lichen Preis auszuhandeln wusste.

Dennoch war seine erste berufliche Station nicht auf dem Wasser, sondern im Moor. Nach dem Abschluss der Volksschule schickte sein Vater ihn *„in‘t Ploog“*, zu den Victorergruppen von Torfstechern, die vom Frühjahr bis zum Frühsommer im Moor den Torf gruben; ein weiterer Knochenjob, der dem Transport des Torfes über die Kanäle nur wenig nachstand. Als der Vater dann zu Beginn des Zweiten Weltkrieges eingezogen wurde, übernahm Tullum als ältester Sohn die Transportfahrten mit der „Johanne“, bis er selbst auch als Marinesoldat dienen musste und schließlich in Gefangenschaft geriet.

Diese Zeit als „Fehnspediteur“, wie Rolf Trauernicht heute sagt, an die er nach der Rückkehr aus der Gefangenschaft zunächst wieder anknüpfte, hat ihn in vielerlei Hinsicht geprägt, nicht nur in der Einsicht, dass *„ein Leben unter solchen Umständen keinen Spaß mach(t)e“*. Tatsächlich wurden in dieser Zeit die Konstanten seines Lebens ausgebildet: Warentransport, oder, wie man heute sagen würde: Logistik, und Handel. Diese Koordinaten bestimmten seine weiteren unternehmerischen Aktivitäten und wurden der Motor seines Erfolges.

Als Rolf Trauernicht 1945 aus der Gefangenschaft wieder nach Großefehn zurückkehrte, lag ihm nichts näher, als seine unterbrochene Tätigkeit wieder aufzunehmen. Doch während in der Mangelwirtschaft der Nachkriegszeit Torf als Brennstoff für Öfen und Herde nochmals eine kurze Blütezeit erlebte, drängten sich andere Transporte durch den gewaltigen Bedarf immer stärker auf: Baustoffe aller Art wurden in der Region, in der nicht nur große Teile der Städte Emden, Leer, Esens und der Bauernhöfe in der Krummhörn zerstört waren, sondern auch durch in die Region strömende Flüchtlinge und ehemalige Kriegsgefangene eine große Wohnungsnot in allen ostfriesischen Orten entstanden war, in großen Mengen benötigt, und angesichts fehlender oder zerstörter Straßenverbindungen waren es die Fehnspediteure, die lieferten.

Diesen Bedarf an Baustoffen und Materialien, ihren Transport und Verkauf als langfristig lohnendes Geschäft erkannt und 1949 in Form einer Baustoffhandlung realisiert zu haben, ist die zentrale unternehmerische Leistung von Rolf Trauernicht, und die Grundlage aller späteren Unternehmungen. Ihm kam zugute, dass fast gleichzeitig mit der Gründung seines Unternehmens das Deutsche Wirtschaftswunder seinen Anfang nahm, mit all seinen Folgen vor allem auch für die Bauwirtschaft. Nicht nur Wohnhäuser wurden in der Region gebaut, erneuert und erweitert, vor allem der Ausbau der Landwirtschaft mit der Neugründung von Höfen und der Erweiterung der Produktionen trieb die Nachfrage an. Von zentraler Bedeutung war dabei der Baustoff Eternit, für den Rolf Trauernicht seit 1954 den Vertrieb im Nordwesten Deutschlands durchführte, und den er anfangs noch auf dem Wasserweg von Berlin über Oldenburg nach Großefehn transportieren ließ.

Schon Anfang der 60er Jahre besaß sein Unternehmen eines der größten Baustofflager im Norden der Bundesrepublik und fand als solches Aufnahme in verschiedene Publikationen. Möglich war dieses Lager nur durch die Einführung von Gabelstaplern nach Deutschland, ein Transportmittel, das „Tullum" auf seiner ersten Reise in die USA 1961 entdeckt hatte und sofort seinen Nutzen erkannte – ganz im Gegensatz zu vielen seiner Kollegen, die für diese Technik zunächst wenig Verständnis aufbrachten.

Während sich auf diese Weise das Geschäft mit den Baumaterialien entwickelte, und über die Jahre weitere Standorte entstanden, die nun nicht mehr mit Schiffen und Motorrädern, sondern mehr und mehr mit Lastwagen beliefert wurden, brachte Rolf Trauernicht von einer weiteren Reise in die USA eine ganz andere Idee mit. Und wieder war der Kern eine „logistische" Erkenntnis: Hochwertige Produkte kosten im Transport per Tonne ebenso viel wie geringwertige, ihr Verkaufswert ist jedoch deutlich höher. Diese Einsicht war die Grundlage der „Nocado"-Gruppe, in deren Werken, fernab von industriellen Zentren, Armaturen aus Edelstahl gefertigt wurden und anschließend zu geringen Kosten an den Verkaufsort gebracht wurden.

Dieses Konzept war, trotz anfänglicher Schwierigkeiten sehr erfolgreich, und sorgte dafür, dass das Unternehmen vom Fehn eine globale Ausdehnung erhielt: Tochter- und Partnerunternehmen in Brasilien, Skandinavien, Spanien, Ungarn, Argentinien und China entstanden über die Jahre und zeugten vom unbedingten Einsatzwillen des Gründers und seiner Mitarbeiter.

Denn parallel zu dieser Neugründung wuchsen auch die Anforderungen und der Umfang der Tätigkeiten vor Ort: Immer mehr Baumärkte entstanden unter der Regie des Trauernicht Unternehmens, oder schlossen sich dem Lieferverbund an. Am Stammsitz in Großefehn entstand die TRAUCO Bauausstellung und verschiedene Spezialunternehmen für das Bauumfeld wie die „traba", die „TRAUCOglas" und die „TRAUCO stein + design". 1977 schlossen sich 65 Händler, zumeist Baumärkte, in einer Kooperationsvereinbarung zur „Nowebau" zusammen, der in den Spitzenzeiten über 100 Baumärkte im ganzen Nordwesten und einigen der Neuen Bundesländer angehörten. Für die einzelnen Märkte bedeutete der gemeinsame Einkauf und die in Großefehn zentralisierte Logistik günstigere Preise und erhebliche Kostenersparnisse durch den Wegfall von eigenen Lagerflächen. Zusätzlich wurden sie alle an den entstandenen Gewinnen aus der Kooperation beteiligt.

Zu diesem Zeitpunkt hatte sich Rolf Trauernicht selbst bereits aus dem Tagesgeschäft zurückgezogen. 1986 hatte sein Sohn Focko die Firmenleitung übernommen, sein Vater allerdings war damit weit davon entfernt, sich bereits aufs „Altenteil" zu begeben. Vielmehr wollte er, ganz Unternehmer, sich den „unternehmerischen Blick" auf die Geschäfte nicht von der beständigen Beschäftigung mit den Tagesanliegen verstellen lassen. Er blieb weiterhin der Lenker der Geschicke des Gesamtunternehmens und sieht sich selbst als „Reeder", dessen einzelne Unternehmen wie Schiffe eigenständig von ihren Kapitänen gesteuert und gelenkt werden. Den Kurs aber gab Tullum weiterhin vor.

Zugleich aber schuf ihm dieser teilweise „Rückzug" die Freiheit, sich auch um andere, ihm wesentliche Fragen und Themen zu kümmern. Schon früh hatte er sich in politischen und sozialen Fragen engagiert und dieses Engagement auch in den Phasen intensivster unternehmerischer Tätigkeit fortgesetzt. Aber für ihn war die Schaffung von Arbeitsplätzen innerhalb und außerhalb seiner Unternehmen, wo immer er dies beeinflussen konnte, das wichtigste soziale Engagement, gerade in einer strukturschwachen Region wie Ostfriesland. Deshalb verwundert es nicht, dass er sein größtes Projekt vor allem auch als eine Aktivität für seine Heimat betrachtete, von dem eben sein eigenes Unternehmen *auch* profitiert.

So war es ein deutlicher Paukenschlag, als er, immerhin schon im Alter von 75 Jahren, im März 1999 anbot, für den zügigen und vorfristigen Fertigbau der Autobahn A31, die von Ostfriesland ins Ruhrgebiet führt, und an der seit immerhin 1975 mit Unterbrechungen gebaut wurde, sich mit 250.000 DM an den Baukosten zu beteiligen. Äußerer Anlass war einmal mehr ein logistisches Problem: die LKWs der Nowebau, die Baustoffhandlungen und Baumärkte im Norddeutschland und Westfalen beliefern, standen auf der umleitenden 42 km Landesstraße zwischen den unverbundenen Anschluss-

Die Mitarbeiter der TRAUCO (Aufnahme zum 60. Firmenjubiläum 2009)

stellen Ochtrup und Geeste der unfertigen Autobahn oft stundenlang im Stau, was dem Unternehmen erhebliche Mehrkosten verursachte. Kurz entschlossen bot „Tullum“ einen Teil dieser Mehrkosten zur Bezahlung eines schnelleren Lückenschlusses der A31 an.

Dies war der Auftakt zu einem wahren Marathon der Anstrengungen. Schließlich mussten nicht nur lokale Politiker und Verwaltungen überzeugt werden, einen Plan zu ändern, der eine Fertigstellung der A31 erst um 2015 vorsah, sondern in diesem Fall reichten die Verwicklungen bis in die Landeshauptstadt in Hannover und letztendlich ins Berliner Kanzleramt. Zum Glück fanden sich nicht nur in den Verwaltungen der Landkreise und Institutionen wie der IHK Ostfrieslands zuverlässige Verbündete, sondern auch in den benachbarten Niederlanden, für deren Wirtschaft die geplante Verbindung über die A31 mindestens ebenso viele Vorteile bot, wie für die Unternehmen auf der „hiesigen“ Seite der Grenze.

Ziel war nichts Geringeres als die Realisierung einer in der Bundesrepublik bis heute einmaligen Finanzierungslösung unter Beteiligung von Wirtschaft, Privatleuten, Landkreisen und des Bundes. Als das Konzept für eine solche Lösung Ende 2000 endlich alle bürokratischen Hürden genommen hatte, war immer noch ein regionaler Finanzierungsbeitrag von 135 Millionen DM aufzubringen. Und auch wenn die Kommunen der Region davon 114 Millionen DM beisteuerten, blieben für die Wirtschaft immer noch 21 Millionen, die aus Spenden und freiwilligen Beiträgen eingesammelt werden mussten.

Dass dies gelang, dazu trug Rolf Trauernicht nicht nur mit seinem persönlichen monetären Betrag, sondern vor allem mit vollem Einsatz beim Sammeln von Spenden und sonstigen Beiträgen bei. Er war sich nicht zu schade, bei Veranstaltungen, auf denen er für die gefundene Lösung und deren Finanzierung warb, anschließend „mit dem Hut“ herumzugehen und Unternehmer und Privatleute auf deren Beteiligung am großen Unternehmen anzusprechen und ihnen, oft erfolgreich, größere und kleinere Beträge „abzuknöpfen“.

Schließlich konnte, statt 2015 bereits Ende 2004 die Fertigstellung des „Ostfriesenspießes“ gefeiert werden, ein Ereignis, das diese Region stärker an das Ruhrgebiet anbindet und dadurch nicht nur der regionalen Wirtschaft Kosten einspart und Arbeitsplätze sichert, sondern auch, durch die Verkürzung von Fahrtzeiten, die „weiße Industrie", den Tourismus in Ostfriesland deutlich stärkt. Denn für das Ruhrgebiet sind die ostfriesischen Inseln, wie auch die zugehörige Küste und das Binnenland schon lange ein wichtiges Erholungs- und Urlaubsgebiet.

Doch wer nun meinte, nach einer solchen Mammutaufgabe, die er noch dazu erfolgreich gemeistert hatte, sollte Rolf Trauernicht, 2004 immerhin im Alter von 80 Jahren, langsam seine verdiente Altersruhe „ansteuern", sah sich getäuscht. Noch während die Fertigstellung der A31 ihrem glücklichen Ende entgegen ging, fand er ein neues, aktuelles Thema im Transrapid, einer Technologie, nicht zufällig erneut im Bereich Verkehr und Logistik, die vollständig in Deutschland entwickelt und im Emsland über Jahrzehnte getestet worden war, nach ihrer technologischen Reife aber vor allem im Ausland, zuerst in China bei Shanghai statt in Deutschland realisiert wurde. Das Konzept einer, Weser-Ems durchquerenden, von Hamburg oder Berlin kommenden und über Groningen bis Amsterdam, Rotterdam oder darüber hinaus führenden Transrapidtrasse wurde von ihm zwar nicht zuerst, aber mit überzeugender Verve und Energie vorgetragen, und wird dies bis heute.

Noch war „Tullum" mit diesem Konzept und den dahinter stehenden, wirtschaftlichen Überlegungen nicht erfolgreich. Aber seiner, trotz seines Alters immensen Dynamik und seinem Durchhaltevermögen ist es zuzutrauen, dass er auch diesen Plan über kurz oder lang zum Erfolg führt. Und wer glaubt, dass damit dann wirklich „Schluss" ist, könnte sich getäuscht haben – wer weiß, was uns danach noch erwartet ...

Doch zunächst kehren wir zurück an den Anfang, denn dieser Überblick über sein Leben konnte nur einen ersten Eindruck geben vom Leben und Wirken dieses Unternehmers vom Fehn. Wie alles sich wirklich verhalten hat, und welche Anstrengungen, wie viel Fleiß, Arbeit und Durchhaltevermögen tatsächlich die Grundlage seines Erfolges und seiner Unternehmungen waren, das erzählen wir in den nächsten Kapitel.

1.1. Vorgeschichte – Die Familie Trauernicht

Wenn Namen Bedeutungen haben, dann scheint die des Familiennamens „Trauernicht“ sich auf den ersten Blick zu erschließen: „trauere nicht“, oder positiv gewendet: „sei vergnügt“ scheint die klare Botschaft dieses Namens zu sein, er charakterisiert den Stetsvergnügten, den Feind des Trübsinns – unabhängig davon, ob sein Träger dieser Aufforderung genügen kann, oder nicht. „Trueren“ das althochdeutsche Wort für „die Augen niederschlagen“, „den Kopf senken“ ist die Wurzel dieses Namens, bei dem die Geste als synonym für die Stimmung, das Trauern genommen wurde. Allerdings hat „truren“ auch eine Nebenbedeutung im „verzagen“ (Neuhochdeutsch auch: „verzweifeln“); „truernit“ könnte man also auch als „unverzagt“ oder „furchtlos“ lesen, eine Haltung, die vielleicht nicht ganz die heitere Gelassenheit der ersten Deutung hat, aber dennoch in vieler Hinsicht passend ist, für die Forderungen, die das Leben gerade in der Region Ostfriesland an die Menschen stellt.

Bemerkenswert ist an diesem Namen vor allem, dass sein erster nachweisbarer Träger, Johannes Alberti TRAUERNICHT[1](* ABT

1 Die althochdeutsche Form dieses Namens, wie sie auch in Ostfriesland verwendet worden wäre, ist „Truernit“ und nicht, wie es in verschiedenen im Internet verfügbaren Stammbäumen heißt, „Trurnicht“. Letztere Schreibweise ergibt einen Sinn nur dann, wenn wir davon ausgehen, dass die Vorfahren des Vaters von Johannes Alberti Trauernicht, Albert Janssen oder Johansen (* ABT 1590, † ABT 1660 in Wittmund), aus den Niederlanden eingewandert sind. Dies ist allerdings wahrscheinlich, da zwischen 1560 und 81 zahlreiche protestantische Holländer aus den Provinzen Groningen und Ommelande in den „Spanischen Niederlanden“ vor der Verfolgung durch die katholischen Spanier nach Ostfriesland flüchteten. Dann ergibt sich die Bedeutung des Namens aus den Bestandteilen „trouwen“ = trauen oder „verheiratet sein“ und „nicht“ = Kusine als „Trouwenicht“, also: „mit der Kusine verheiratet“, was eine durchaus gängige Namensgebung war, um zwei ansonsten gleichnamige Familienmitglieder zu unterscheiden. Es scheint also, dass der Nachname Trauernicht inkorrekt als „Trurnicht“ im Zuge der Erstellung dieser Stammbäume auf den Vater von Johannes Alberti rückübertragen wurde, was dadurch gestützt wird, dass der Vater in verschiedenen, zeitgenössischen Familien- und Sippenbüchern ohne

1617 in Wittmund, † 30. Mai 1696 in Bagband) diesen Nachnamen (in der ins Hochdeutsche gewendeten Form „Trawernicht", laut der Matrikel der Universität Königsberg im Sommersemester 1637) offenbar zu einem Zeitpunkt angenommen hat[2], als er die heimatliche Region Ostfriesland zum ersten Mal verlassen hatte, und in einer gänzlich unbekannten Stadt sein Studium begann[3]. Dass dieses ihn nach einer Zwischenstation als Hauslehrer zurück nach Ostfriesland und als Pastor in das Dorf Logabirum und anschließend in derselben Funktion nach Bagband führen würde, war zu diesem Zeitpunkt gewiss nicht absehbar. Dennoch ist davon auszugehen, dass dieser gläubige junge Mann den gewählten Nachnamen auch als Botschaft

---

diesen Familiennamen erscheint. Dies entspräche auch den Sitten der Zeit, nach denen Familiennamen in Ostfriesland, wo bis 1811 die patronymische Namensgebung üblich war, im 16. Jh. eher die Ausnahme waren. Dagegen scheint der Rückbezug auf den Großvater Johann „Truwenicht" bei einer Namensfindung im Rahmen der Immatrikulation an einer „ausländischen" Universität, im Rahmen der patronymischen Tradition zu liegen.

2 Dies ist die wahrscheinlichste Annahme, denn im Gegensatz zur Region Ostfriesland war das Führen eines Familiennamens in weiten Teilen des damaligen Deutschen Reiches zu dieser Zeit bereits üblich, und könnte vom jungen Studenten gefordert worden sein. Dies könnte Johannes Alberti, oder den verantwortlichen, gebildeten Kanzlisten der Universität auch bewogen haben, statt der holländisch-plattdeutschen Schreibweise eine abweichend hochdeutsche, mit ihrer veränderten Bedeutung und dem Bezug zum „Lieblingswort Luthers", „trauen" zu wählen.

3 Die Auswahl von Königsberg als Studienort für einen in Ostfriesland aufgewachsenen jungen Mann jener Zeit mag verwundern, doch befand sich dort eine anerkannte evangelisch-lutherische Fakultät. Um diese zu besuchen, muss Johannes Alberti einer der guten Schüler auf der Wittmunder Lateinschule gewesen sein, die dort, wie überall, traditionell vom Pastor der Hauptkirche (in Wittmund die Nikolaikirche) beaufsichtigt wurde. Sollten seine Vorfahren aus den Niederlanden eingewandert sein, legt die Wahl von Wittmund als Wohnort nahe, dass sie entweder schon ev.-lutherisch waren, oder kein Problem darin sahen, sich dort dem evangelisch-lutherischen Glauben anzuschließen. Pastor der Nikolaikirche war von 1620 bis 40 Conradus Polinius, der möglicherweise auch auf den jungen Johannes den notwendigen Einfluss ausübte, so dass dieser sich entschloss, Pastor zu werden. Ob Polinius Verbindungen nach Königsberg hatte, ist allerdings nicht bekannt. Zwischen der Hafenstadt Königsberg und Carolinensiel, das damals ein wichtiger Küstenhafen war, bestand vom Wittmunder Hafen aus, über die Zwischenstationen Hamburg und Lübeck eine enge, durch Küstenschifffahrtsverbindungen aufrecht erhaltene Beziehung. Die Nutzung dieser Beurtschifffahrt verkürzte die Reisezeit nach Königsberg von über 30 Tagen Wanderschaft auf nur wenige Tage auf See.

Die Kirche in Bagband, an der Johannes Alberti Trauernicht als Pastor tätig war.

im Sinne seines lutherischen Glaubens verstanden hat, den er später, zuletzt für 50 Jahre als Pastor in Bagband, vertreten hat.

Bagband ist eine der älteren Siedlungen in Ostfriesland. Auf einem erhöhten Geestrücken gelegen, auf dem auch die Nachbargemeinde Strackholt liegt, und der von einem Gewässer umflossen wird (dies besagt auch der Name des Ortes) wird es 1454 zum ersten Mal urkundlich erwähnt, doch die Wurzeln des Ortes reichen vermutlich bis in die jüngere Steinzeit zurück. Die Lage auf einem Geestrücken wurde bei der Ansiedlung in Ostfriesland lange Zeit bevorzugt, denn in den umgebenden Niederungen befanden sich ausgedehnte Moorflächen. Trotz der erhöhten Lage wurde Bagband mehrfach Opfer einbrechender Sturmfluten. Auf den Flächen des landwirtschaftlich geprägten Ortes wurde vor allem Roggen angebaut und Grünlandwirtschaft betrieben.

In der Zeit, als Johannes Alberti Trauernicht seinen Dienst als Pastor in der Gemeinde antrat, 1646, stand der Dreißigjährige Krieg kurz vor seinem Ende[4]. Die Grafschaft Ostfriesland, regiert von der

4 Die Darstellung der historischen Entwicklung jener Zeit ist den im Quellenverzeichnis genannten Quellen in hohem Maße verpflichtet. Dazu gehören vor

Familie der Cirksenas, die sich in beständigen Auseinandersetzungen mit den, auf ihre „Friesischen Freiheiten" „pochenden" Landständen befand, war zwar aufgrund geschickt eingefädelter Neutralität nicht zum Ort größerer Kampfhandlungen geworden. Doch geschwächt durch die Uneinigkeit seiner Führer und die durch große Moorflächen im Süden geschützte Lage, war das Land immer wieder von verschiedenen Kriegs-Fraktionen als Ruhe- und Rückzugsraum genutzt worden, die die Region und ihre Einwohner durch Einquartierungen und Kriegskontributionen ausgebeutet hatten.

Mit Ausnahme der Stadt Emden, die in diesem Zeitraum, bedingt durch ihre massiven Schutzwälle und die Unterstützung der Niederlande ihre wohl größte Blütezeit erlebte, wurden weite Teile des Landes geplündert und entvölkert. In kurzer Folge wurde Ostfriesland von den protestantischen Mansfeldern (1622-24), den katholischen, kaiserlichen Armeen des Generals Tilly (1627-31), und schließlich von, mit der anti-habsburger Allianz verbundenen, Hessischen Regimentern unter Landgraf Wilhelm V. von Hessen-Kassel (1637-50) besetzt, geplündert (hierbei taten sich besonders die Mansfelder hervor) und durch Kontributionsforderungen ruiniert. In der Folge des Krieges waren vor allem die Landesherren, die Familie Cirksena, geschwächt, während die ostfriesischen Landstände, als Vertreter der Städte und Gemeinden, gestärkt aus den Auseinandersetzungen hervor gingen.

Dies war die Zeit, in der Johannes Alberti Trauernicht Pastor in Bagband war. Die lange Dauer seiner Dienstjahre (immerhin 50 Jahre von 1646 bis zu seinem Tode 1696) spricht dafür, dass er sich in der Gemeinde und beim Fürstenhaus, das sich offenbar intensiv um die Gemeinden im engeren Umfeld seines Hofes gekümmert hat[5], Ansehen und Vertrauen erwerben konnte. Dies muss anschließend, nach seinem Tod auch auf seinen Sohn Johann (Jan) übergegangen sein, der

---

allem die Artikel der Wikipedia, sowie die verschiedenen historischen Werke zur ostfriesischen Geschichte.

5 Bereits 1561 hatten die Cirksenas aufgrund ständiger Auseinandersetzungen mit der Stadt ihren Hof von Emden nach Aurich, der vormaligen Sommerresidenz verlegt. Zeugnis ihres Bemühens um die Gemeinden im Umfeld ist auch die Kanzel in der Kirche von Bagband, die 1654, in der Pastoralzeit von Johannes Alberti Trauernicht gestiftet wurde.

noch 1746, im Zuge der Gründung der Moorkolonie Spetzerfehn als Gewährsmann für die Interessen der Gemeinde Bagband benannt wird[6]. Dieser Johann oder Jan Trauernicht muss, nachdem nur zwei Nachkommen seines Vaters das Erwachsenenalter erreichten, auch als der eigentliche Begründer der weit – und weltweit – verzweigten „Trauernicht-Sippe“ angesehen werden.

Aus seinen drei Ehen gingen 13 Kinder hervor, von denen immerhin acht weitere Nachkommen hatten, zumeist mehr als 5 Kinder, die selbst das Erwachsenenalter erreichten. Dabei fällt auf, dass in der Familie schon früh eine erstaunliche Langlebigkeit herrschte: Überlebten die Kinder dieser Familie ihr Kindesalter, starben also nicht im Säuglingsalter oder in früher Jugend, hatten sie gute Chancen ein Alter von 75 Jahren oder mehr zu erreichen, und dies offenbar in durchaus rüstigem Zustand.

Auffällig ist auch, dass die meisten Familienmitglieder der Trauernicht-Sippe ihren Lebensmittelpunkt in der örtlichen Umgebung, Bagband, Strackholt oder Firrel behielten. Erst einige Generationen später (ab ca. 1830) sind Ab- oder gar Auswanderungen zu verzeichnen, die zu den Zeiten aber aufgrund der miserablen wirtschaftlichen Situation durchaus üblich waren. Ob bei dieser Wahl des Lebensmittelpunktes auch der familiäre Zusammenhalt, das Bestehen einer örtlichen „Hausmacht“ oder schlicht Bequemlichkeit eine Rolle gespielt haben, ist aus der zeitlichen Distanz schwer zu entscheiden. Letztlich wird, wie in allen solchen Fällen, vor allem auch die Entwicklung der lokalen Möglichkeiten des Broterwerbs die Hauptrolle gespielt haben. Und gerade was dies betrifft, ergaben sich im Laufe des 18. Jahrhunderts ungeahnte Möglichkeiten.

Ostfriesland nahm in der Zeit der preußischen Herrschaft 1744 bis 1806 einen ungeahnten wirtschaftlichen Aufschwung. Und obwohl die preußische Regierung mit der wirtschaftlichen Förderung vor allem eigene (Steuer-)Interessen verfolgte, profitierten im Gegensatz zu früheren Zeiten nicht nur die Städte, sondern auch die Landbevölkerung von den Fortschritten. Wichtigstes Mittel hierzu war das Urbarmachungsedikt von 1765, dessen Ziel die Moorkolo-

6 Siehe „Spetzerfehn. Geschichte(n) und Bilder eines Fehns“. 1995, C.L. Mettcker, Jever, S. 31.

nisierung war, und das die zweite große Welle der Gründung von Fehnkolonien auslöste. Doch bereits vorher war 1746 in direkter Nähe zu Bagband, dem Wohnort der Familie Trauernicht, eine weitere Fehnkolonie, zu Beginn – als einzige – sogar unter Beteiligung des preußischen Staates begründet worden: Spetzerfehn[7].

Die Entstehung von Spetzerfehn

Ursprünglich konzipiert von dem aus Holland stammenden Besitzer des Gutes Stiekelkamp, Johan Arent van Louvermann, steht der „Königliche Vehn“ in einer Reihe mit anderen Projekten von Friedrich II. zur Erschließung von Ödland oder der Trockenlegung von sumpfigen Gebieten, wie dem Oderbruch oder den Havelniederungen. Ziel war es, Moore abzutragen, den Untergrund urbar zu machen und Ackerland und Siedlungsraum für eine wachsende Zahl von Untertanen (und Steuerzahlern) zu gewinnen. In diesem Sinne war die Gründung des Fehns an der Spetze, zwischen Großefehn und dem Geestrücken von Bagband und Strackholt ein beispielgebendes Projekt, das für einen Zeitraum von fünf Jahren sogar aus der Schatulle des Königs finanziert wurde, bevor es 1751 in eine privatwirtschaftliche Fehn-Compagnie überführt wurde. So kam es, dass am 24. April 1746 auf der Gemeindewiese bei Ulbargen, am Postweg zwischen Bagband und Aurich und im Anschluss an eine vorhandene Wieke, die ins Bagbander und anschließend ins Fehntjer Tief mündete, die Grabungen für den großen Kanal des „Königlichen Vehns“ begannen.

Erste Aufgabe der Fehnkanäle war es, das Moor zu entwässern. Doch weil erst im Zuge der Grabungen für die Kanäle auch ein Profil der verschiedenen Erdschichten sichtbar wurde, bekamen die Eigentümer frühestens während des Baues der Kanäle einen Eindruck von der Qualität des Torfes in der von ihnen erworbenen Moorfläche. Im Falle von Spetzerfehn stellte sich relativ bald heraus, dass der Torf an vielen Stellen von eher minderer Qualität war, was die Erträge senkte und die Kosten erhöhte. So waren die Ergebnisse der Verkäufe des Torfs aus dem Kanalbau in den ersten Jahren eher unbefriedigend, was sich auch in der negativen Bilanz dieser Jahre niederschlug. Deshalb waren die Vertreter der „Königlichen Kriegs-

---

7 Die folgende Passage gibt nur einen groben Überblick über die Entwicklungsgeschichte des „Königlichen Vehns“, die in dem Buch „Spetzerfehn. Geschichte(n) und Bilder eines Fehns“ :**[Spetzerfehn]** detailliert beschrieben ist.

Bauarbeiten an einem Fehnkanal Ende der 1920er Jahre.

und Domänenkammer“ in Aurich froh, als sie das eher Verlust versprechende Unternehmen 1751 in einem Erbpachtvertrag privatisieren und damit verlassen konnten.

Zwei Jahre später, 1753, siedelte sich der erste Kolonist auf dem Spetzer Fehn an. So lange hatte es gedauert, bis genügend Flächen für Hausbauten und kultivierbare Äcker frei- und trockengelegt worden waren. Und hier finden wir auch die Familie Trauernicht wieder: Dieser erste Siedler, der 21jährige Jan Christians aus Großefehn (also ein erfahrener Moorkolonist) heiratete 1759 die Witwe des 1756 verstorbenen Albert Janshen Trauernicht, Hilcke Dirks aus Bagband. Wichtiger jedoch für unsere Geschichte ist einer der weiteren frühen Siedler: Gerd (Janshen) Gerdes, Jahrgang 1705, hatte nachweisbar bereits in den ersten Jahren am Bau des Spetzerfehn-Kanals teilgenommen. 1755 pachtete er zum ersten Mal ein Grundstück am Kanal, verkaufte es jedoch bereits vier Jahre später mit gutem Gewinn.

Der Grund hierfür war einfach: Gerd Gerdes hatte vor allem Interesse an einem Grundstück am Spetzer Weg, wohl auch weil er dort Gelegenheit sah, seinen erlernten Beruf als Schmied in Neben-

Torfgewinnun

tätigkeit ausüben zu können. 1761 konnte er dort endlich für seine sechsköpfige Familie ein Haus errichten. Gerd Janshen Gerdes stammte aus Bagband, seine Familie hatte dort einen „Vollen Heerd“, also eine große Landwirtschaft, und er war verheiratet mit Marya Janshen Trauernicht, der Enkelin von Johannes Alberti Trauernicht.

Die Familie hatte innerhalb von 14 Jahren fünf Kinder im frühen Alter durch Infektionskrankheiten wie Scharlach, Ruhr, Pocken (Blattern) und Keuchhusten verloren, da ging es ihr nicht anders als vielen anderen Siedlerfamilien. Der Grund dafür lag vor allem in den erbärmlichen Lebensbedingungen der Siedler. Wenn eben von einem errichteten Haus die Rede war, dann wäre es der guten wirtschaftlichen Stellung seiner Familie zuzuschreiben, wenn Gerd Gerdes ein Haus aus Backsteinen besessen hätte. Die meisten Siedlerhäuser waren einfache und dürftige Hütten aus Torfsoden und Erde oder Lehm, die nur einen geringen Schutz vor der Unbill des Wetters boten. Im einzigen Raum dieser Hütten, in dem gekocht, gegessen, gelebt und geschlafen wurde, bestand der Boden nur bestenfalls aus Backsteinen, meist war es gestampfter Lehm. Zumeist in der Mitte des Raumes befand sich ein offenes Herdfeuer, das als Kochstelle und Heizung diente und, natürlich, im Regelfall mit Torf befeuert wurde.

[M]oor (im Hintergrund Moorbrand), Idealisierte Darstellung aus einem Lexikon des 19.Jh.

All dies charakterisiert die zum Teil erbärmlichen Lebensumständen der Kolonisten auf dem Fehn. Neben den wenigen Möglichkeiten, Vieh zu halten, was für die Versorgung einer Familie mit Milch und Fleisch unbedingt erforderlich war, mussten auch die meisten anderen Güter des täglichen Lebens zumeist selbst hergestellt und beschafft werden. Befestigte Wege und Straßen waren eine große Ausnahme, selbst der durch Spetzerfehn führende „Heerweg" (die „Spetze") war nur ein Sandweg, der sich bei jedem Regen in nahezu unpassierbaren Morast verwandelte. Einziger sicherer Verkehrsweg, auf dem Waren herangeschafft werden konnten, waren die Fehnkanäle, die über Schleusen in die kleineren Flüsse („Tiefs") mündeten, über die man anschließend in die nächsten Städte, wie Emden, Leer oder Aurich gelangen konnte. Sie mit Schiffen, meist Torfschiffen, die den abgebauten Torf zum Verkauf in die Städte transportierten und auf dem Rückweg dort erworbene Waren mitbringen konnten, zu befahren, war jedoch nur vom Frühjahr bis Herbst möglich. Im Winter, wenn Eis die Wasserflächen bedeckte[8], blieb nur, sich mit Schlittschuhen darauf fort zu bewegen, was inten-

8 Tatsächlich waren in dieser Zeit die Winter noch deutlich kälter als heute und die Kanäle daher oft monatelang zugefroren.

siv genutzt wurde und immerhin den Transport kleinerer Warenmengen aus den Städten in die Siedlungen ermöglichte. Dennoch musste der größte Teil der lebensnotwendigen Waren – schon aus Kostengründen, denn die Einnahmen aus dem Abbau des Torfes waren und blieben niedrig – vor Ort hergestellt werden.

Auch Gerd Janshen Gerdes wusste die Vorteile familiärer Unterstützung zu nutzen. Als er sein erstes Grundstück erwarb, waren seine jüngsten Kinder bereits erwachsen und standen als vollwertige Mitarbeiter zur Verfügung. Was allerdings entscheidender für seinen Erfolg war, war seine besondere Geschäftstüchtigkeit, obwohl er, wie die meisten Siedler seiner und auch der folgenden Generation Analphabet war. Durch den Ankauf von Grundstücken, Abbau eines Teiles des Torfs, die Errichtung eines Hauses auf dem damit kultivierten Grundstücksteil (wofür es zusätzlich eine Hausbauprämie von 25 Thlr. gab) und den anschließenden Wiederverkauf konnte er einen erheblichen Gewinn erzielen. Dabei ist zu bedenken, dass der Torfabbau, wie auch der Hausbau fast völlig in Eigenleistung erfolgten. Seine Familie war offenbar durch diese Geschäftstüchtigkeit eine der erfolgreichsten auf dem Spetzerfehn; schon 1785 – einige Jahre nach dem Tod von Gerd Janshen Gerdes – ist dokumentiert, dass sein Sohn mehrere Pferde besaß.

Als Gerd Janshen Gerdes 1776 starb, muss es der Familie tatsächlich recht gut gegangen sein, denn seine Witwe Marya Janshen Trauernicht verkaufte das ihr zugefallene Haus am Spetzer Heerweg mitsamt dem Grundstück an ihren Sohn Gerd Focken Gerdes, der später den Familiennamen seines Großvaters annahm und dann Gerd Gerdes Trauernicht hieß[9], für 300 Gulden, keine kleine Summe. Außerdem sicherte sie sich vertraglich ab: bis zu ihrem Lebensende behielt sie das Recht, unentgeltlich eine Kammer und ein Drittel des Gartens zu nutzen[10]. Das war auch notwendig, denn die rüstige Frau starb erst 1804, lebte also noch 28 Jahre und wurde immerhin 86 Jahre alt.

---

9 Ob dies erst 1811 geschah, als im Zuge der Einführung des Code Napoleon in Ostfriesland alle Ostfriesen zwangsweise Abschied von der patrynomischen Namensgebungs-Tradition und einen festen Familiennamen annehmen mussten, ist unklar; tatsächlich findet er sich bereits 1798 als „Gerd Gerdes Trauernight“ in einem Antrag auf Bauhilfsprämien.

10 **[Spetzerfehn]**, Seite 58/59.

Dies Vorgehen, ein Erbe an die eigenen Kinder zu verkaufen, mag heute herzlos erscheinen, doch tatsächlich war es damals eine durchaus übliche Praxis. Ein solcher Verkauf diente vor allem auch der Versorgung der Witwe, die möglicherweise selbst keine weiteren Einkunftsmöglichkeiten hatte, und vom Ertrag dieses Verkaufs noch eine lange Zeit – wie in diesem Fall zu sehen – würde leben müssen. Andererseits ist es aber auch ein weiterer Hinweis auf die Geschäftstüchtigkeit der Mitglieder der Familie Trauernicht, denn diese muss nicht nur der Witwe, sondern vor allem auch ihrem Sohn unterstellt werden.

Zu den gängigen Geschäftstätigkeiten gehörte auch der Kauf und Verkauf von Kolonaten in Form von Grundstücken und Häusern. Meist finanzierte der Verkauf eines für die landwirtschaftliche Nutzung vorbereiteten Grundstückes an der einen Stelle den – billigeren – Kauf einer neuen, urbar zu machenden (sprich: abzutorfenden) Kolonistenstelle auf einem von der Fehngesellschaft neu erworbenen Moorgebiet und sorgte zusätzlich für Gewinne. Immerhin wurde die Spetzerfehner Hauptwieke in jedem Winterhalbjahr weiter gen Osten Richtung Wiesmoor vorangetrieben. Nach 1813 begann man mit der Gabelung der Hauptwieke in eine Norder- und eine Süderwieke und setzte dies nach 1878 fort, sodass an den beiden Ästen des Kanals die Ortsteile Auricher-Wiesmoor II und Wilhelmsfehn II entstanden. Die Erschließung dieser neuen Flächen war gerade für die vielköpfigen Familien auf den Fehnen eine gute Möglichkeit, die Versorgung von Kindern und Enkeln in der näheren Nachbarschaft sicher zu stellen.

Wann immer dies nicht möglich war, oder andere Schicksalsschläge, wie etwa die Missernten in den Jahren 1845-47 und 1867/68 aufgrund kalter und verregneter Sommer, Hungersnöte verursachten (von denen ja nicht nur die Fehne betroffen waren), fanden im 19. Jh. großflächige Auswanderungsbewegungen statt, vor allem in die USA, wo sich die deutschen Auswanderer in Michigan, Minnesota, Ohio, Wisconsin und Oklahoma niederließen und oft schnell ein Auskommen als Farmer, Handwerker oder Unternehmer fanden. Ihre positiven Rückmeldungen verstärkten diesen Trend zum Verlassen der alten Heimat noch. Mehr als 90.000 Ostfriesen wanderten im 19. Jh. aus, davon viele aus den Fehngebieten. Auch aus der Familie der Trauernicht verließen einige ihre Heimat, nicht nur in die USA, sondern auch nach Südafrika.

Erstaunlicherweise scheint von den Nachkommen von Gerd Gerdes Trauernicht keiner dem Ruf der Ferne gefolgt zu sein, zumindest weist der verfügbare Stammbaum keine Auswanderungen aus. Neben einem starken Familienverband mag hier vor allem auch der Geschäftssinn und damit verbunden eine hohe Flexibilität des Einzelnen die Hauptrolle gespielt haben. Offenbar gelang es den Familienmitgliedern, immer wieder neue, ertragreiche Tätigkeiten zu finden, die den Lebensunterhalt sicherten. Neben der intensiven Beteiligung an der Erschließung immer neuer Kolonate und ihrer anschließenden landwirtschaftlichen Nutzung hat ab dem Beginn des 19. Jhs. offenbar eine weitere, für die Fehne insgesamt (über)lebenswichtige Tätigkeit eine Hauptrolle in der Berufswahl gespielt: die Tätigkeit als Torf- oder Binnenschiffer.

Die Zeit der Torfschiffer

Bis ins 20. Jahrhundert hinein waren für Ostfriesland und die im Landesinneren liegenden Fehne die Flüsse und Kanäle die wichtigsten, und für Massengüter die einzigen Transportwege. Straßen und Wege, die die einzelnen Orte verbanden waren zumeist Sandwege, die sich nach heftigeren Regenfällen in Morast verwandelten und auf denen der Transport von schwereren Gütern nahezu unmöglich war. Einzige Ausnahme bildete die „Neue Chaussee“ zwischen Leer und Aurich (die heutige B72), die das Hannoversche Königshaus zwischen 1835 und 40 ausbauen und mit einer Pflasterung aus Findlingen versehen ließ. Grund hierfür war ein ganz unmittelbares Interesse des Königshauses: die befestigte Straße erleichterte seinen Mitgliedern, dem Adel und begüterten Bürgern den Weg ins zum Staatsbad erklärte Norderney.

Abseits dieser einzelnen Straße im heutigen Sinne gelegen, blieben die Fehne auf die Tätigkeit der Fehnschiffer angewiesen. In den ersten Jahren des Baues am „*Königlichen Vehn*“ hatte sein Entwickler van Louverman noch externe Frachtschiffer beschäftigt, die den abgebauten Torf nach Emden oder in die Krummhörn verschifft und dort verkauft hatten. Doch die Erträge dieser Verkaufsfahrten waren nur mäßig gewesen und die fälligen Löhne für die Frachtschiffer, die zudem die Abhängigkeit der Fehnkompagnie von einem Verkauf des getrockneten Torfs vor dem Einbrechen der ersten Winterfröste auszunutzen wussten, hatte die Erträge des Unternehmens stark gemin-

Voll beladen: Tullums Vater Focke Trauernicht 1936 auf der Tjalk "Jantje" mit einer Ladung Handstich-Weißtorf (Peerstrei).

dert. So hatte van Louverman bald damit begonnen, eigene Schiffe zu beschaffen und den Transport des Torfs durch „Lohnschiffer" erledigen zu lassen.

Doch spätestens mit der Privatisierung der Fehnkompagnie und der daraus resultierenden Eigenverantwortung der Kolonisten für Abbau und Verkauf des Torfs wurde die Tätigkeit als Torfschiffer auch für die Kolonisten attraktiv. Denn indem sie Transport und Verkauf des Torfs selbst in die Hand nahmen, konnten sie ihre Erträge aus der eigenen Arbeit deutlich steigern. Zudem boten die an den Verkauf anschließenden Rückfahrten die Möglichkeit zum Transport anderer wichtiger Güter, die dann auf dem Fehn verwendet oder verkauft werden konnten.

Diese zusätzlichen Einnahmen waren zumeist dringend erforderlich, denn die Preise für Brenntorf entwickelten sich nicht wie von den Gründern und Kolonisten der Fehngesellschaften erhofft. Zwischen 1750 und 1790 war die Menge des in Ostfriesland produzierten Torfs – nicht zuletzt aufgrund der Entstehung von sieben neuen Fehngesellschaften – um das Siebenfache gestiegen. Trotz gleichzeitig

Eine Tjalk hat sich zur Aufnahme von Muschelkalk auf einer Sandbank trockenfallen lassen. (Archiv Ernst Müller)

wachsender Nachfrage sorgte die Konkurrenz aus Groningen und dem Münsterland für gleichbleibend niedrige Preise. Hinzu kam, dass bei einem Verkauf des Torfs in die Krummhörn, wo die Nachfrage mit am größten war, das Emder Stapelrecht im Wege stand. Jede Ware – damit auch der Torf – musste von den Schiffern vor einer Weiterreise drei Tage lang in der Stadt zum Verkauf angeboten werden. Zusätzlich war eine Torfsteuer („Accise“) von 3 Gulden zu entrichten. Dies kostete die Torfschiffer nicht nur Zeit und Geld, es verteuerte auch ihre Ware erheblich. Erst 1808, in der ansonsten verhassten „Franzosenzeit“, wurde das Emder Stapelrecht endgültig aufgehoben – allerdings um den Preis der Einführung des Französischen Steuerrechts mit insgesamt erheblich höheren Steuern und Abgaben.

Dennoch scheint diese Veränderung einer der Auslöser für die wachsende Nutzung der Schiffe auf dem Fehn gewesen zu sein: wurden 1789 noch 8 Binnen- und ein Seeschiff in Spetzerfehn gezählt, waren es 1816 bereits 40 Torfschiffe. Eine weitere Voraussetzung war wohl damit gegeben, dass um dieselbe Zeit die ersten Siedler genug Geld durch den Torfabbau verdient hatten, um sich ein eigenes Schiff – sei es gekauft oder gepachtet – leisten zu können.

Wurden die ersten Schiffe noch von „Auswärts“ beschafft, entstanden in der zweiten Hälfte des 18. Jahrhunderts – genauere Gründungsdaten sind nicht mehr verfügbar – die ersten Werften auf dem Fehn. So zeigt eine Abbildung von Großefehn aus dem Jahre 1788 die zwei „Helgen“ der Firma J. Frerichs & Söhne. Erstaunlicherweise hatte bereits der Mitgründer des „Königlichen Vehns“, Johan Arent van Louverman als vorzusehende Einrichtung auf dem „Vehn“ eine „Schiffszimmerey“ geplant, um die Kosten für den Abtransport des Torfs für die Siedler zu mindern. In der ausgeführten Planung spielten diese Überlegungen keine Rolle mehr. So wurde die erste der Werften von Spetzerfehn, die Schiffswerft Bokelmann wohl erst nach 1800 gegründet.

Die Bedeutung der Torfschiffer für das Überleben und die Entwicklung der Fehnkolonien kann gar nicht überschätzt werden. Was mit dem zweifellos wichtigen Verschiffen und Verkaufen des Torfs in Emden und der Krummhörn begann, gewann seine wahre Bedeutung erst mit den Rückfrachten, die die Schiffer mit auf den Fehn brachten. Oft waren die Käufer des Torfs hinsichtlich ihrer finanziellen Mittel nicht besser gestellt als die Kolonisten auf dem Fehn. Dann wurde aus dem Geschäft ein Tauschhandel, wobei als Tauschgut nur Dinge in Frage kamen, für die es einen Bedarf auf dem Fehn gab. Doch dieser Bedarf war ja vielfältig und wurde mit der wachsenden Abtorfung und der Ausweitung der landwirtschaftlichen Nutzung immer vielfältiger. So wurden ganze Schiffsladungen an Dung und Mist über die Kanäle transportiert, oder Schlick, der fruchtbarer war, als der reine Sandboden des Leegmoores, bei Ebbe im Deichvorland von Hand abgegraben, in das Boot geschaufelt und mit dem auflaufenden Wasser über die Kanäle nach Hause gefahren und dort verkauft. Gleiches geschah mit Muschelkalk, für dessen Gewinnung als Dünger die leeren Schiffe sich auf einer Muschelbank im Wattenmeer trocken fallen ließen und es galt, in der kurzen Zeit der Ebbe – oft blieben weniger als vier Stunden, bis das Wasser die Muschelbank wieder überschwemmte – eine möglichst große Menge an Muschelschalen mit Schaufeln, also in Handarbeit an Bord zu schaffen, damit sich die Fahrt gelohnt hatte.

Auf dem Fehn wurde der Muschelkalk zunächst vor allem als Dünger eingesetzt, doch nach 1790 setzte sich seine Verwendung in gebrannter Form auch für den Hausbau durch. Vorher war vor allem Holz ein wichtiges Transportgut der Fehnschiffer gewesen, denn es musste für den Hausbau in großen Mengen aus Skandinavien nach Ostfriesland eingeführt werden und anschließend von Emden auf die Fehne transportiert werden. Und obwohl die gut 30 Backsteinbrennereien entlang der Ems zu den Hauptabnehmern von Torf gehörten, waren Backsteine als Rückfracht lange nicht erwünscht, da sie sich auf dem Fehn schlecht absetzen ließen: Backsteinhäuser waren für die meisten Siedler schlicht unerschwinglich.

Sicheres Indiz dafür, dass sich der Hausbau mit Backstein-Ziegeln durchzusetzen begann, ist die Beantragung einer Lizenz für eine Kalkbrennerei 1787 durch den Gastwirt des Kompagniehauses und Geschäftsmann J. Bünting in Spetzerfehn. Dies zeigt, dass gebrannter Kalk als Rohstoff für die Herstellung von Kalk-Zement-Mörtel als Grundlage des Baus von Ziegelhäusern ein Geschäft zu werden versprach. Mehr und mehr wurde so der Transport von Baumaterialien, in Form von Ziegeln, Kalk, Holz (das immer noch benötigt wurde), zu einem der Hauptgeschäfte der Fehnschiffer.

Doch auch die Waren auf den Transporten, die den Fehn verließen, veränderten sich: zwar bildete die Verschiffung des Torfs immer weiterhin die wichtigste Einnahmequelle, doch mit zunehmender landwirtschaftlicher Nutzung der Kolonate mussten auch landwirtschaftliche Erzeugnisse zum Verkauf in die Städte abtransportiert werden. Hatte man zu Beginn der Kolonien mehr schlecht als recht vom Ertrag der Buchweizenfelder leben müssen, war mit der Durchsetzung des Kartoffelanbaus nach 1800 eine deutliche Verbesserung der Ernährung eingetreten, auch wenn Mitte des 19. Jahrhunderts schwere Missernten zu Hungersnöten, und in der Folge zu den bereits erwähnten Auswanderungswellen führten.

Die Zeit zwischen 1835 und 1885 – ganze 50 Jahre – bildet die Blütezeit der ostfriesischen Binnen- und Seeschifffahrt. Sie fällt zusammen mit der Blütezeit der Segelschifffahrt, die nach 1880, mit dem Aufkommen der Dampfschiffe, langsam zu Ende ging. In dieser Blütezeit herrschte auf den Fehnkanälen und Tiefs zwischen Leer, Emden, der Krummhörn und den Fehnorten ein reger und stetiger Schiffsverkehr, wie man ihn sich heute kaum vorstellen kann. Fast jeder zweite „Fehntjer“ war wenigstens nebenher auch Fehnschiffer, und nicht wenige dehnten ihren Beruf auch auf die Seeschifffahrt aus. Dazu beigetragen hat sicherlich, dass in vielen Fehnorten Seeschiffe zumindest bis zur ersten Schleuse fahren konnten, und dass trotz aller Verbesserungen der Lebensumstände an Land der Beruf des Seemanns, jenseits aller damit verbundenen Gefahren, wirtschaftlich einträglicher war, als das Leben als Kolonist. Dies drückt sich auch in der Gründung von Seefahrtschulen in Timmel, Rhauderfehn und Leer aus, die in dieser Zeit stattfanden. So wurden viele Siedler zum Schiffer und später zum Seemann. Die Schifffahrt der Fehntjer blieb nicht auf ihren Ursprung beschränkt, sondern weitete sich zur weltweiten Schifffahrt aus.

Ein gut dokumentiertes Beispiel ist dafür Papenburg: Schon im Jahre 1639 wurde mit einem etwa zwei Kilometer langen Kanal eine Verbindung zur Ems geschaffen. Hafenplatz mit Zugang zur freien See wurde Papenburg aber erst, als im Jahre 1769/1771 die ersten Schleusen gebaut worden waren. Reedereien und Schiffswerften sorgten für ein rasches Aufblühen der Fehnkolonie. Bereits 1797 wurden auf Papenburger Hellingen rund sechzig Schiffe, meist Dreimastschoner für die Schifffahrt auf Nord- und Ostsee, aber auch für das Mittelmeer und den Atlantik gebaut. Die Schiffe segelten unter der Flagge der "Freien Herrlichkeit Papenburg", die bis 1853 Bestand hatte. Im Jahre 1860 wurde Papenburg dann zur Stadt erhoben. Im Jahre 1868 sollen in Buenos Aires gleichzeitig 44 Papenburger Schiffe im Hafen gelegen haben[11].

Auch die Familie Trauernicht hat, ihrem Geschäftssinn folgend, sicherlich bald nach dem Beginn der großen Zeit der Fehnschiffer diese Chance ergriffen. Welche Generation der Familie als erste teilweise oder

11 Möglicherweise basiert dieses, in Papenburg immer wieder mit Stolz zitierte Faktum auf einem Verständnis-Irrtum. Denn nach "Johann Hübners reales Staats-Zeitungs- und Conversations-Lexikon", Leipzig 1804, drängt sich noch eine andere Lesart auf. Der Artikel "Ems", Band I, Seite 683 notiert folgendes: *„Ems, Fluss in Westfalen, welcher im Fürstenth. Paderborn am Stapellagerberg entspringt und sich nicht weit von Embden in den Dollart ergießt. Die Schiffe, die von der Weser hierher gehen, werden Papenburger genannt.*" Somit könnte es sich bei den Schiffen in Buenos Aires mehr um einen Schiffstyp, denn um tatsächlich aus Papenburg stammende Schiffe gehandelt haben.

Die Tjalk einer Fehnschiffer-Familie auf dem Kanal mit Rückenwind. An Bord neben dem Schiffer und seinem "zweiten Mann" auch die Frau des Schiffers mit dem gemeinsamen Kind. (Repro: H. Trauernicht)

ganz diesen Beruf ergriffen hat, ist unklar. Sicher ist, dass bereits Gerd Janshen Trauernicht (* 7. Dez. 1825, † 6. Feb. 1903), Großvater und Roelf Gerdes Trauernicht (* 14. Feb. 1861, † 23. April 1929), Vater von Focke Roelfs Trauernicht, dem Vater von Rolf Trauernicht, als Fehnschiffer ihr Brot verdienten. So entstand auch in dieser Familie jene Tradition, und ein Fehntjer Selbstverständnis, das im Jahre 1924 der damalige Spetzerfehner Lehrer Wiehe in seiner Chronik so zusammenfasste:

„Das wichtigste Gewerbe auf dem Fehn ist die Schiffahrt; sie war es immer und wird hoffentlich bedeutend bleiben; denn der wah-

re Fehntjer wird eigentlich schon als Schiffer geboren. Zwar ist er nicht nur Schiffer, sondern auch gleichzeitig Torfgräber und kleiner Landwirt. Er muss also sehr vielseitig sein; in den meisten Fällen fühlt er sich auf dem Schiffe in seinem Elemente und vernachlässigt seinen Ackerbau. ...“[12]

12 Friedrich Wiehe: Geschichte Spetzerfehns, Manuskript von 1924, zitiert nach: **[Spetzerfehn]** S. 147.

1.2. Kindheit und Jugend auf dem Fehn

1. April 1930. An der Schule III in Spetzerfehn, am Kanal nach Voßbarg gelegen, werden traditionell in der Zeit um Ostern die Einschulungen im Frühjahrs-Halbjahr vorgenommen. Einer der Schulanfänger ist der 5-jährige Rolf Trauernicht, der im Ortsteil Wilhelmsfehn II an der Norderwieke wohnt. Sein sechster Geburtstag wird zwar erst am 23. Juli sein, doch eine solche „verfrühte" Einschulung war durchaus üblich, schließlich beschleunigte sie den „Durchgang" durch die Schule und ermöglichte nach den gesetzlich vorgeschriebenen 8 Schuljahren einen früheren Eintritt ins Berufsleben. Das war aus damaliger Sicht ein ebenso guter Grund wie die Tatsache, dass angesichts der häufig vielköpfigen Kinderschar der Familien die Abwesenheit der Älteren durchaus auch als Entlastung der Mutter gesehen werden konnte.

Die Schule III, 1899, im Geburtsjahr von Rolfs Vater gegründet, war eine jener typischen Landvolksschulen, von denen es damals Hunderte allein in Niedersachsen gab. Sie war als zweiklassige Schule ausgelegt, das heißt: es gab tatsächlich nur zwei Schulklassen, in denen sich jeweils die Kinder der Klassen 1 bis 4 und 5 bis 8 zusammen fanden.

Die im Regelfall zwei Lehrer je Schule (von denen oft einer ein „Junglehrer" oder: „lüttje Mester" war und zumeist die Verantwortung für die „Kleinen" hatte) konnten sich immer nur mit einem Jahrgang direkt auseinandersetzen. Die übrigen Jahrgänge (oder: „Abteilungen") der Klassen wurden dann mit Stillarbeit, in Form von Lesen, Rechnen oder auswendig lernen, beschäftigt. Nur bestimmte Themen konnten jeweils von allen gemeinsam bearbeitet werden, wobei die Trennung in die Klassen 1 bis 4 (die „Kleinen") und 5 bis 8 (die „Großen") hilfreich war. Gelegentlich wurden auch ältere Schüler zur gezielten Unterstützung der jüngeren „abgeordnet", um ein gleichmäßiges Fortkommen sicher zu stellen.

Dabei war besonders in den ersten Monaten die Frage der Sprache von nicht geringer Bedeutung: *„Da zu Hause nur Platt-*

deutsch gesprochen wurde, war Hochdeutsch meine erste Fremdsprache.“ So erinnert sich Rolf Trauernicht noch heute. Und diese Schwierigkeit betraf nicht wenige, sondern sicher die meisten seiner Mitschüler, denn Plattdeutsch war (und ist in vielen ländlichen Haushalten Ostfrieslands noch heute) das geläufige Mittel der Unterhaltung.

Die Einschulungen, die zwei Mal im Jahr, zu Ostern und im Herbst stattfanden, waren für die Kinder (wie ja auch heute noch) ein großes Ereignis. Schließlich stellten sie eine deutliche Zäsur gegenüber dem vorangehenden, trotz allem recht freien Leben in der Familie dar. Um den Erstklässlern die ersten Tage ein wenig zu versüßen, wurden von den Eltern eingeweckte Pflaumen mitgebracht, die in einer Region, in der die anderswo verbreitete Schultüte zumeist unerschwinglich war, als Ersatz dienen mussten. Gern wurde die Herkunft der Pflaumen von den Lehrern mit der Geschichte eines immergrünen Pflaumenbaumes, der im Dachstuhl des Schulgebäudes wachse, erklärt.

Wie viele Kinder genau in der Schulklasse 1930 waren, können wir heute nur vermuten; vermutlich waren es aber deutlich über 50 Schüler. Große Schulklassen waren damals der Regelfall, als die Schule III 1899 ihre ersten Schüler aufnahm, waren es 80 Schüler in einer Klasse.[1] Durch die hohe Schülerzahl war in den Klassen ein strenges Regiment nötig, um einen halbwegs stringenten Unterricht durchführen zu können. Disziplin und klare Regeln – und sicherlich auch die eine und andere handfeste Strafe – waren die Grundlage für einen reibungslosen Ablauf der Schultage.

Zu diesen Regeln gehörte auch, dass in den Klassen eine klare Sitzordnung der besseren und schlechteren Schüler bestand: die schlechten saßen in den vorderen Reihen, während die besseren Schüler hinten („oben“ - plattdeutsch: „boven“) saßen. Rolf Trauernicht hatte das Glück oben zu sitzen; denn von den Zensuren, die es von 1 - 4 gab (1: sehr gut, 2: gut, 3: genügend, 4: ungenügend) hat-

1 Das war angesichts des damals üblichen Kinderreichtums wenig verwunderlich. Schon kurz nach der Gründung Spetzerfehns lebten in dem Ort 17 Familien mit 61 Kindern. Die erste Schule im Ort hatte 1821 121 Schüler, und um 1840 170, bevor 1844 eine zweite Schule errichtet wurde. Dort wurden dann bereits 1886 180 Kinder unterrichtet. Diese Entwicklung hielt bis nach dem 2. Weltkrieg an.

te er im Rechnen eine 1, aber im Betragen eine 4, weil sich die Unarten seines Sitznachbarn durch seine Aussage: "*Das habe ich nicht getutet, das hat Rolf Trauernicht getutet*" so nachteilig auswirkten.

Aus dieser Zeit stammt auch Rolf Trauernichts heute in Ostfriesland so bekannter Spitzname „Tullum“. In der weit verzweigten „Trauernicht-Sippe“ in Spetzerfehn und Umgebung gab es mehrere „Zweige“ in denen der Vorname „Rolf“ in verschiedenen Varianten auftrat. Durch die patrimonischen Namensregeln, die vorsahen, dass jeder Vorname der vorangegangenen Generation an die Kinder weitergegeben wurde, gab es in den Schulen öfter Kinder mit gleichen Vor- und Nachnamen. Um diese Kinder auseinander zu halten, wurden sie dann vom Lehrer mit einem Rufnamen belegt. In Rolfs Schule muss es gleichzeitig mehrere „Rolf Trauernichts“ gegeben haben, und er selbst bekam wohl den Rufnamen „Tullum“ verliehen, dessen Bedeutung der Lehrer – möglicherweise ein Liebhaber der lateinischen Sprache – ihm aber nicht erklärt hat. Aufgrund seiner leichten Merkbarkeit und des Klanges ist ihm dieser einzigartige Spitzname aber erhalten geblieben.

Durch die regelmäßigen Stillarbeiten während der Schulstunden war die Ausbildung in den Schulen vor allem praktisch: Aufsätze, Diktate und eine Vielzahl von Rechenaufgaben sorgten dafür, dass die Schüler – neben dem Auswendig lernen – auf die spätere Nutzung des Gelernten im Arbeitsleben vorbereitet waren.

Von Zeit zu Zeit wurde diese Routine unterbrochen: in der Weihnachtszeit durch eine Schulaufführung, für die vorher wochenlang geprobt, und in der mit Eltern und Schülern vollbesetzten Schule mit Wagenbrettern eine Bühne improvisiert wurde. Den Abschluss der Feier bildete das gemeinsame Singen von Weihnachtsliedern, begleitet von einem der Lehrer auf dem schuleigenen Harmonium. Die zweite Unterbrechung waren die Schulausflüge, die oft nach Logabirum in den Tier- und Vergnügungspark von „Onkel Heini“ führten, wo die fremdartigen Tiere bestaunt wurden, oder das eigene verzerrte Bild in den Zerrspiegeln des Spiegelkabinetts belacht wurde. Meist ein herrlicher Tag, über den dann noch lange gesprochen, vor allem aber geschrieben wurde, denn so sicher wie der nächste Ausflug folgte anschließend auch immer der Aufsatz, in dem davon erzählt werden sollte. So erinnert sich Rolf noch heute *„an ei-*

nem solchen Schulausflug mit unserem späteren Hauptlehrer Holzenkämpfer. Er war der Vater meines späteren Freundes und langjährigen Skat-Bruders Dr. Hermann Holzenkämpfer. Beim Spielen mit einer Seitenschaukel traf mich diese mit voller Wucht an der Hüfte. Ein erster Likör in meinem Leben tröstete mich. Die ausgekugelte Hüfte wurde von der Chiropraktikerin Frau Gerdes in Aurich wieder eingerenkt."

Nicht nur zu den Einschulungs- oder den Weihnachtsfeiern hatten Eltern und Schüler ihren Beitrag zu leisten, im Winter war auch das Mitbringen von Brennmaterial für den Heizofen in der Klasse noch üblich. Erst später wurde dies zur Aufgabe der Gemeinde. So schleppten die Schüler oft neben den Büchern und Heften in ihren Mappen in der kalten Jahreszeit morgens auch noch Torf zur Schule und hatten dann zusätzlich die Verantwortung für das Heizen. Auch war das Hochpumpen des Wassers für die Hauswasserversorung beim Hauptlehrer die Aufgabe des stärksten Schülers.

Für Rolf Trauernicht war all dies keine wirkliche Veränderung zu dem Leben, wie er es bereits aus seiner Familie gewöhnt war. 1930 war er das älteste von drei Kindern, seine Geschwister waren im Abstand von jeweils etwa 1¾ Jahren nach ihm 1926 und 1928 geboren worden. Als Rolf in die Schule kam, war seine Mutter bereits mit dem vierten Kind schwanger. Diese Reihe setzte sich fort, bis 1944 und 1946 die beiden letzten Brüder geboren wurden, da waren es insgesamt 12 Kinder, acht Jungen und vier Mädchen in der Familie. In der Folge war die finanzielle Situation oft mehr als prekär. So hatte Rolf über lange Zeit keine eigenen Schuhe und musste daher in den ersten Schuljahren den täglichen Schulweg von ca. 2,5 km Länge im Sommer oft barfuß zurücklegen. Doch auch bessere Verkehrsmittel konnten problematisch werden: „*Mitte der 30er Jahre wurde ich dann durch den Erwerb eines alten Fahrrades beglückt. Der Kanal an der Volksschule in der Süderwieke wurde durch einen 1,20 Meter breiten Drehpfosten überbrückt. Bei einer Überfahrt verhakte sich ein Pedal am Gitter und ich stürzte kopfüber ins eiskalte Wasser. Das hat mich dann veranlasst, diesen Drehpfosten nur noch zu Fuß zu überqueren.*"

Mit den geringen finanziellen Mitteln stand die Familie jedoch gerade zu jener Zeit keineswegs allein. Im Gegensatz zu dem gern

Ansichtskarten aus Spetzerfehn (unten: Szene am Kanal), um 1910

vermittelten Bild von den „Goldenen Zwanzigern“, das nur für bestimmte, eng begrenzte Bevölkerungsgruppen und Bezirke in den Großstädten des damaligen Deutschen Reiches zutraf, war die Bevölkerung auf dem Land nach dem Ersten Weltkrieg, nicht zuletzt aufgrund der zunehmenden Geldentwertung während und nach dem Krieg einer starken Verarmungstendenz ausgesetzt.

Das Deutsche Reich war zu Kriegsbeginn 1914, nach über 40 Jahren des Friedens, auf einen Krieg keineswegs vorbereitet gewesen. Die Umstellung der Wirtschaft auf die Bedürfnisse einer Kriegsökonomie erwies sich als schwieriger als zunächst angenommen, teils, weil der Krieg, anders als erwartet, nicht bereits nach wenigen Monaten beendet war, teils, weil die von der Regierung ergriffenen Maßnahmen die wirtschaftlichen und sozialen Auswirkungen der Umstellung nicht beseitigen oder gar abmildern konnten, sondern vor allem eine ausufernde Bürokratie schufen, die die ohnehin unzureichenden Mittel zusätzlich belastete.

Betroffen von den Schwierigkeiten der Umstellung war nicht nur das Militär selbst – in den ersten Monaten kam es aufgrund unzureichender Vorräte und Produktion zu einer „Munitionskrise“ – auch die zivile Produktion ließ stark nach, nicht zuletzt aufgrund der ständigen Rekrutierungen für die Front und der Umverteilung von Arbeitskräften in die Produktion von Kriegsmaterial[2].

Vor allem aber wurde von den staatlichen Stellen in der ersten Zeit des Krieges die Frage der Nahrungsmittelversorgung weitgehend ignoriert: Vor dem Krieg waren, wiederum bedingt durch die lange Friedenszeit, viele Nahrungsmittel importiert worden. Dies wurde sofort nach Beginn der Kriegshandlungen durch die einsetzende Britische Seeblockade unmöglich. Weil davon auch der Import von Kunstdünger betroffen war, kam es bereits am Jahresende 1914 zu Engpässen in der Versorgung mit Nahrungsmitteln, was Preissteigerungen und erste Unruhen nach sich zog. Ab Januar 1915

2 Die durch die Rekrutierungen frei werdenden Arbeitsplätze in der zivilen wie militärischen Industrie wurden im Laufe des Krieges mehr und mehr durch weibliche Arbeitskräfte besetzt, was nicht zuletzt die Emanzipation der Frauen förderte. Allerdings wurde diese Entwicklung nach dem Ende des Krieges zum Problem, als die ehemaligen Soldaten zurückkehrten und vielfach ihre früheren Arbeitsplätze durch – oft auch preiswertere – weibliche Arbeitskräfte besetzt fanden. Eine der Folgen dieser Entwicklung war die hohe Arbeitslosigkeit Anfang der 1920er Jahre.

begann die Rationierung von Brot, zunächst in Berlin, ab Juni im ganzen Deutschen Reich. Diese staatliche Bewirtschaftung der Nahrungsmittel, mit der letztlich die unzureichende Eigenproduktion im Reich kompensiert werden sollte – denn es mussten ja nicht nur die arbeitende Bevölkerung, sondern auch die im Feld stehenden Soldaten versorgt werden, was keine geringe logistische Herausforderung war – führte in der Folge zur Entstehung von Schwarzhandel von Seiten der Landwirte.

Wirklich fatal wirkten sich langfristig allerdings die Entscheidungen aus, die hinsichtlich der Finanzierung der Kriegsausgaben getroffen wurden. Bereits 1915 betrugen diese Ausgaben 24 Milliarden Reichsmark, das war das Zehnfache der im letzten Friedenshaushalt erzielten Steuereinnahmen. Statt über eine Erhöhung der Steuern entschloss man sich, die notwendigen Geldmittel über Staatsanleihen und Kredite zu beschaffen, was von Anfang an massive Eingriffe in die Finanzmärkte nach sich zog. Zudem war eine massive Verschuldung des Staates die Folge, was auf die Dauer zu einer Erosion des Geldwertes führen musste. Als sich nach 1916 die Folgen dieser Finanzpolitik auszuwirken begannen, und zaghafte Versuche, diese durch Steuererhöhungen abzumildern, scheiterten, begann die Reichsbank durch den Druck von Geldscheinen die Geldmenge zu erhöhen und legte damit den Keim für eine Inflation, die schließlich, noch verstärkt durch die Kriegsschulden, in der Hyperinflation von 1923 kulminierte.

Als der Erste Weltkrieg 1918 endete, war Deutschland ein wirtschaftlich, finanziell und sozial ausgelaugtes Land. Die Abdankung des Kaisers und seiner Regierung war nur eine der unvermeidlichen Konsequenzen, doch die nachhaltigen Folgen dieses Zusammenbruches belasteten auch das nachfolgende politische System. Aufgrund der Fixierung der Wirtschaft in den Kriegsjahren auf die militärische Produktion waren selbst dringend erforderliche Investitionen in zivile Produktionsmittel ausgeblieben. Dazu hatten natürlich auch die – nicht nur aufgrund der Inflation – steigenden Preise und der verloren gegangene ausländische Markt beigetragen. Für viele zurückkehrende Soldaten, die ihr vorheriges Leben wieder aufnehmen wollten, entpuppte sich diese Hoffnung als trügerisch, da ihre Arbeitsplätze im Laufe des Krieges von anderen, oft Frauen, besetzt worden waren, die – auch weil sie in vielen Fällen als Ungelernte die gleiche Arbeit in der selben Qualität für niedrigeren Lohn machten – für die Unternehmer zum wirtschaftlich interessanteren Ersatz geworden waren. Die sozialen Folgen dieser Entwicklungen zogen sich bis in die 30er Jahre hin und legten die Grundlage für die nationalsozialistische Diktatur.

Zu den wenigen wirtschaftlichen Bereichen, die direkt nach dem Krieg einen gewissen Aufschwung erlebten, gehörten landwirtschaftlich geprägte Regionen wie Ostfriesland. Bereits während des Krieges war der Bedarf an Nahrungsmitteln und anderen landwirtschaftlichen Produkten deutlich gestiegen. Die zudem aufgrund der Inflation steigenden Preise ermöglichten, trotz der staatlichen Bewirtschaftung der Nahrungsmittelprodukte, den Landwirten in Ostfriesland ein rentierliches Auskommen. Hinzu kam ein vorübergehend steigender Bedarf an Brenntorf als Heizmaterial, insbesondere in den ersten Jahren nach dem Ersten Weltkrieg. Dies war besonders für die Kolonisten in den damals noch recht neuen, als Gutsbezirke angelegten Tochtergemeinden von Spetzerfehn, dem 1878 begründeten Wilhelmsfehn II[3] und dem kurz darauf erschlossenen Auricher-Wiesmoor II von Bedeutung, da hier noch Torf in nennenswerten Mengen abgebaut werden konnte. In den älteren Bereichen Spetzerfehns war die Torfgewinnung bereits 1923 weitgehend abgeschlossen, und es gab dort kaum noch Fehnschiffer.[4] In Wilhelmsfehn II wurden dagegen 1924 noch 14 Torfschiffer gezählt, wobei auch hier die meisten der Kolonisten den Beruf des Arbeiters angeben, also nicht mehr hauptberuflich als Kolonist oder in der Landwirtschaft tätig.

Zu den Torfschiffern gehörte in diesen Jahren auch bereits Focke Roelfs Trauernicht (geboren 1899), der auf dem Schiff seines Va-

3 Benannt wurde der Gutsbezirk nach dem damaligen Kaiser Wilhelm I., ebenso wie der etwas nördlicher gelegene Ortsteil Wilhelmsfehn I, der jedoch die nordöstliche Verlängerung von Großefehn darstellt. Die beiden Wilhelmsfehn II durchziehenden Kanäle, die Norder- und die Süderwieke, waren ursprünglich für eine Verlängerung bis zum Nordgeorgsfehnkanal vorgesehen. Dieses Vorhaben wurde jedoch Ende der 20er Jahre aufgrund der nachlassenden Bedeutung des Torfs als Wirtschaftsgut und dem langsamen Ende der Fehnschifffahrt eingestellt, sodass in der Folge die Erschließung im Bereich Wilhelmsfehn II zum Erliegen kam.

4 Die Chronik der Schule I in Spetzerfehn notiert: „*Die Binnen- und Kanalschiffahrt geht auch immer mehr zurück in hiesiger Schulgemeinde. Im Jahre 1923 gibt es hier keinen Besitzer eines Kanalschiffes mehr.*“ **[Spetzerfehn, S. 147]**

ters als „zweiter Mann“ arbeitete. Verheiratet mit Tjede Buss (geboren am 11.02.1902) wohnte er zunächst an der Norderwieke Süd in Wilhelmsfehn II, bevor die Familie im Herbst 1924, kurz nach der Geburt des ersten Sohnes Rolf in einen Neubau an der Norderwieke Nord umziehen konnte.

Dass dies der jungen Familie möglich war, zeigt nicht nur, dass die Fehnschifffahrt in dieser Zeit einträglich war, es ist auch ein Ausdruck der Lebensweise und der Art in der Familie zu wirtschaften, die auf dem Fehn auch noch lange nach dem zweiten Weltkrieg üblich war. So war das Haus sicherlich aus den Verdiensten der vorangegangenen Jahre, zusammen mit einer Hypothek finanziert und auf einem der üblichen 1 Hektar großen Kolonatsgrundstücke von Wilhelmsfehn II errichtet worden. *„Mein Elternhaus war ein übliches Fehnhaus; es bestand aus einem vorderen Wohnteil von ca. acht mal zehn Meter Größe, mit Wohn- und Schlafzimmern in Erd- und Dachgeschoss, einer dahinter liegenden Scheune mit Kuh- und Schweinestall, sowie einer Dreschdiele mit Vorratsraum für das Tier-Winterfutter. In den 20er und 30er Jahren wurden zwei Zimmer des Vorderhauses vermietet, um die Abzahlung des Hypothekendarlehens zu ermöglichen.“*

Tatsächlich wurde, das zeigt auch diese Erinnerung von Rolf Trauernicht, ein möglichst großer Teil des Besitzes und der Erträge eines solchen Kolonats wirtschaftlich genutzt, insbesondere, solange die Familie von finanziellen Schulden belastet war. Zum Lebensunterhalt hatten alle Mitglieder der Familie ihren Beitrag zu leisten, sobald sie dazu in der Lage waren. *„Meine Mutter versorgte die Familie, sie half mit in der kleinen Landwirtschaft und bei der Torfarbeit. Mein Vater war im Frühjahr beim Torfgraben, oder mit dem Trocknen des Torfs durch stetes Umschichten beschäftigt – und später im Jahr mit dem »Torfmuttje« unterwegs.“* Von der Mithilfe waren auch die Kinder nicht ausgeschlossen.

„Freizeit war für mich ein Fremdwort. Wenn andere Kinder im Kanal badeten, mussten wir zu Hause mit anpacken. Es war für uns Kinder eine sehr schwere körperliche Anstrengung – sowohl das Umschichten des im Frühjahr per Hand gegrabenen Torfs wie auch die Tätigkeit in der kleinen Landwirtschaft. Auf einem Hektar hielten meine Eltern eine Kuh und zumeist vier Schweine. Diese wurden gefüttert bis sie ca. 100 kg Gewicht hatten; zwei dienten zur eigenen

Oben: Blick ins Hochmoor (Ansichtskarte von ca. 1920)
Unten: Ploog beim Torfstechen (Ansichtskarte von ca. 1920)

Versorgung, zwei wurden verkauft, um die knappen Bar-Mittel etwas aufzufrischen. Im Winter mussten wir den Schweine- und Kuhstall ausmisten und säubern. Für die Eier-Versorgung wurden Hühner gehalten. Als Hobby wurden Kaninchen gefüttert, als diese eines Morgens von Untieren getötet waren, war der Kummer groß."

Im Wesentlichen erfolgte die Versorgung der Familie somit aus den Erträgen der eigenen Landwirtschaft – denn selbstverständlich wurden auf dem eigenen Gelände auch Kartoffeln, Gemüse und Obst angebaut. Milch lieferte die Kuh, Fleisch wurde durch das Schlachten der Schweine zwei mal im Jahr bevorratet. Einzig für den Anbau von Getreide dürfte die knapp bemessene Fläche von einem Hektar nicht ausgereicht haben, daher musste Mehl aus den – oft schmalen – Erträgen aus dem Verkauf der Schweine und des Torfs bezahlt werden. Alles in allem sollte so die Grundversorgung einer Kolonistenfamilie komplett aus der „eigenen Scholle" erfolgen. Bargeld war dagegen, wenn man von den Verkäufen der Schweine und des Torfs, sowie den sicher eher geringen Mieteinnahmen absieht, ziemlich knapp. Vor allem aus diesem Grund nahm zumindest ein Elternteil zusätzlich zur Arbeit auf dem Kolonat eine bezahlte Arbeit an. Die Erträge hieraus wurden dann für die Bezahlung von Hypotheken, Kleidungseinkäufen (sofern diese nicht von der Hausfrau genäht werden konnten), oder unabweisbare Einkäufe und Neuanschaffungen, wie Schulsachen, Bücher, usw. verwendet. Kosten für Urlaub oder gar Reisen fielen im übrigen nicht an, denn Urlaub im heutigen Sinne war bis Mitte der 40er Jahre unbekannt. So erinnert sich Rolf Trauernicht noch heute daran, dass sein Freund Hein Doyen ihm eines Tages berichtete, sein Vater habe ihm erzählt: "*Heute habe ich etwas Unglaubliches gehört: Beim Kraftwerk Wiesmoor bekommen die Mitarbeiter zwei Wochen frei, bekommen ihren Lohn weiter und das nennt man Urlaub.*"

Dieses auf dem Fehn gängige Finanzkonzept, das selbstverständlich auch die gegenseitige Unterstützung der Eltern und Geschwister vorsah, wenn dies, beispielsweise bei Umzügen oder Hausbauten erforderlich war, ermöglichte den Kolonisten – bei allen grundsätzlichen finanziellen und wirtschaftlichen Einschränkungen – ein bescheidenes aber auskömmliches Leben. Es war denn auch in vielen ostfriesischen Landgemeinden – nicht nur auf dem Fehn – bis zum Ende des 20. Jahrhunderts verbreitet.

Sicherlich war das Leben mit einer ständig wachsenden Familie in dem doch eher kleinen Fehnhaus nicht einfach. Durch die häufige Abwesenheit des Vaters lag die Erziehung wesentlich in der Hand der Mutter. Rolf Trauernicht beschreibt seine Eltern als „lieb, aber streng"; und auf andere Weise wäre der Haushalt auch kaum zu führen gewesen. Doch vielleicht gerade deshalb sagt er heute: *„Meine Kindheit als Ältester von 12 Kindern war glücklich."*

Eine erste, tiefgreifende Veränderung im Leben der (noch) kleinen Familie trat 1929 ein. Ein Jahr bevor Rolf eingeschult wurde, im April 1929, starb sein Großvater, Roelf Gerdes Trauernicht. Es ist nicht ganz klar, ob Focke Trauernicht auf dem Schiff seines Vaters tätig gewesen war, und warum er es nicht hatte übernehmen können. Auf jeden Fall wechselte Focke – vorübergehend, wie sich herausstellen sollte – den Beruf und arbeitete kurz darauf – wie bereits ein Großteil der Einwohner von Wilhelmsfehn II – in Wiesmoor, für das dortige Elektrizitätswerk.

Die Gemeinde Wiesmoor, zu der Wilhelmsfehn II heute als Ortsteil gehört, ist die historisch jüngste Stadt auf der ostfriesischen Halbinsel und die einzige, die ihre Entstehung der Industrialisierung verdankt, und zwar dem industriellen Abbau von Torf. Am Ende des 19. Jahrhunderts befand sich dort, wo heute Wiesmoor liegt, eine der letzten unbesiedelten Hochmoorflächen Ostfrieslands. Ziel der Gründung des Ortes durch das preußische Landwirtschaftsministerium war es, diese Fläche von über 100 km² innerhalb einer kurzen Frist für die Besiedlung und die landwirtschaftliche Bewirtschaftung nutzbar zu machen. Hierzu wurden die im Laufe des 19.Jahrhunderts entwickelten Maschinen vorgesehen, die die althergebrachte, anstrengende Handarbeit ersetzen und den Torfabbau erheblich beschleunigen sollten.

Allerdings stellte sich bei der abzubauenden Menge an Torf die Frage seiner Nutzung. Man entschied sich für eine Doppelstrategie: Ohnehin musste für die Entwässerung der Moorflächen, die ja die Voraussetzung eines Torfabbaus war, ein Kanal in die Region geführt werden. Dieser konnte gleichzeitig als Transportweg für den zu verkaufenden Torf genutzt werden. Vor allem aber entschied man sich für den Bau eines Elektrizitätswerkes an Ort und Stelle, dessen Dampfturbinen – das Kraftwerk war eines der ersten Dampfturbinenkraftwerke Norddeutschlands – mit Torf befeuert wurden. So

Ein Beispiel für Industriellen Torfabbau (aus: Die Norddeutschen Moore)

konnte ein Großteil des abgebauten Torfs ohne Transportkosten direkt in elektrische Energie überführt werden. Für den Kanalbau, der neben seiner Transportleistung auch den notwendigen Zugang zu Brauchwasser gewährleisten sollte, wurde das bereits 1820 begonnene und lange Zeit nur spärlich betriebene Projekt des Nordgeorgsfehnkanals wieder aufgenommen. Dieser zweigte nordwestlich von Stickhausen im Landkreis Leer von dem Fluss Jümme ab und führte in einem Bogen bis in die 1829 begründete Fehnkolonie Nordgeorgsfehn. Nach der Fertigstellung dieses Teilstücks war nur langsam und in kleinen Schritten von Moorkolonisten an dem Kanal weiter gearbeitet worden. Nun wurde der Weiterbau zwischen Nordgeorgsfehn und Marcardsmoor, mit dem Anschluss an den Ems-Jade-Kanal – immerhin eine Strecke von über 20 km – zügiger betrieben und der Kanal zwischen 1906 und 1916 fertig gestellt.

Das Kraftwerk wurde 1909 von der SEB (Siemens-Elektrische-Betriebe) eröffnet und bereits bis 1921 auf eine Leistung von 16

MW erweitert. Im selben Jahr übernahm die SEB das Kraftwerk vollständig, weil die staatlichen Stellen sich nicht mehr in der Lage sahen, die erforderlichen Torflieferungen weiter zu gewährleisten. Ohnehin war in den ersten Jahren, und insbesondere während des Krieges auch vermehrt Steinkohle neben dem Torf verbrannt worden. Nachdem der Bedarf an Strom weiter anstieg, wurde das Kraftwerk bis 1925 wieder vollständig auf Torfbefeuerung umgestellt. In der Folge stieg der Bedarf an abzubauendem Torf stark an – bereits 1925 lag er bei über 80.000t und stieg bis 1939 auf 120.000t. (statt der zuvor benötigten 40.000t). Diese Mengen konnten trotz der industriellen, maschinengestützten Abbauverfahren nur mit einer größeren Menge an Personal erreicht werden[5]. Dies war wohl ein nicht unwesentlicher Grund für die Arbeitsplatzwahl von Focke Trauernicht – in dem ständig wachsenden Betrieb in Wiesmoor waren sichere Arbeitsplätze und sicherlich auch ein gutes Gehalt zu verdienen.

Es steht zu vermuten, dass Focke Trauernicht die Tätigkeit für das Kraftwerk mit dem Ziel begonnen hat, hier die notwendigen Mittel für den Kauf eines Torfschiffes zu verdienen. Wie so viele Generationen vor ihm hatte er den Beruf des Torfschiffers gleichsam mit der Muttermilch aufgesogen und wie die meisten Fehntjer trachtete er danach, wieder ein Binnenschiffer zu werden. Wäre ihm dieser Aufstieg nicht gelungen, wäre er nach Abgraben des Torfes auf dem eigenen Moorstück auf den Stand eines Kleinbauern oder eines Arbeiters zurückgefallen – eine aus seiner Sicht gewiss nicht erstrebenswerte Aussicht. Zudem war die Wahrscheinlichkeit groß, dass er den Betrieb seines eigenen Schiffes als Familienunternehmen aufbauen konnte, denn wenn er das erforderliche Kapital für diese Anschaffung erarbeitet haben würde, war bereits 1929/30 absehbar, dass sein ältester Sohn als Schiffsjunge oder 2. Mann an Bord mitfahren und ihn unterstützen können würde. Diese Aussicht mag dem Vater an so manchem Tag die schwere Arbeit versüßt haben.

In jedem Fall dürfte die Anschaffung eines Schiffes den größten Teil seines erarbeiteten Kapitals verschlungen haben. Die in Frage kommenden Schiffe (Muttschiff oder kleine Tjalk) kosteten um 1900 zwischen 1000 und 1500 Mark, um 1936 lag dieser Preis bereits

5 Einen detaillierten Blick in die Entwicklung des Kraftwerkes in Wiesmoor, die Abbauverfahren und Techniken gibt das Buch „Das große Wiesmoor“ von Karl-Heinz Frees.

Das Elektrizitätswerk in Wiesmoor (Aufnahme von ca. 1910)

deutlich höher, bei ca. 3200 RM[6]. Gebaut wurden diese Binnenschiffe auch damals noch hauptsächlich auf den Werften auf den Fehnen und an den Kanälen. Sie bestanden fast völlig aus Holz. Der Eisenschiffbau wurde auf diesen Werften gar nicht mehr oder erst sehr spät begonnen. Rechnet man das durchschnittliche Jahreseinkommen eines Matrosen in der Seeschifffahrt mit ca. 525 Mark (um 1890), wird deutlich, dass es für sie relativ leicht war, ein solches Schiff anzusparen, was auch viele der Fehntjer Seeschiffer nutzten. Aber auch für Focke Trauernicht war es trotz des aus heutiger Sicht niedrigen Stundenlohnes von 50 Pfennigen sehr gut möglich, das für ein solches Schiff erforderliche Kapital in wenigen Jahren anzusparen.

1936 war es dann soweit: Focke Trauernicht konnte die „Jantje" erwerben, das, wie sich herausstellen sollte, *„letzte Segelschiff auf dem Fehn. Die "JANTJE" war ein Holzschiff – mit dünnem verzinktem Blech überzogen."* Und mit diesem Schiff begann die Karriere von Rolf „Tullum" Trauernicht.

6 Zu diesem Preis (3200 RM) wurde 1936 das letzte in Ihlowerfehn von Lübbe Voss gebaute Holzschiff, die „Johanna von Westerende", verkauft. Nach: Huckauf: „Schiffbau auf dem Fehn", Aurich 1985.

1.3. Die Fehnspediteure

Bis April 1938 konnte Rolf Trauernicht, wegen seiner schulischen Verpflichtungen, nur in den Ferien mit seinem Vater auf dem Schiff mitfahren. Er tat dies in der Rolle des Schiffsjungen, und ganz im Gegensatz zur historisch gern verbreiteten Seefahrerromantik hatte diese Tätigkeit wenig Romantisches an sich.

Denn die Schifffahrt war nicht leicht. Das Leben an Bord eines Binnenschiffes war auch damals noch recht hart und für empfindliche Menschen nicht geeignet. Trinkwasser und Wasser zum Reinigen wurde vor allem dem Fluss oder Kanal bzw. Tief entnommen, auf dem man sich gerade befand, welches dann auch alle anfallenden Abwässer und Fäkalien wieder aufnahm. Körperreinigung war relativ selten, weil zumeist die Voraussetzungen, vor allem aber die Zeit dafür fehlten.

Ein Hauptgrund für diese Zeitnot war die Dauer der Fahrten. Eine Tour von Rhauderfehn nach Leer und zurück dauerte drei volle Tage, wenn man einen Liegetag im Hafen mitrechnete, wobei an den beiden Fahrttagen mit einer Treidelzeit von 10 bis 12 Stunden gerechnet werden musste. Eine Fahrt von Leer nach Emden dauerte ebenfalls einen vollen Tag, wenn der Wind günstig stand, sonst auch wohl länger. Und eine Tour von Spetzerfehn über Oldersum und Emden in die Krummhörn, die Strecke, die Focke und Rolf Trauernicht zumeist fuhren – dauerte, je nach Witterung, ein bis zwei lange Tage für jeweils die Hin- und Rücktour.

Das lag vor allem an den Fortbewegungsarten, die mit den Tjalken und Muttschiffen möglich waren. Segeln war mit den aus braunem, ungebleichten Leinen gefertigten Tüchern zwar bequem und schnell, aber *„gesegelt wurde selten, denn wenn der Wind wehte, kam er meist von vorn. War der Wind aber einmal günstig, d.h. achterlicher als dwars, machte das Segeln großen Spaß, besonders auf der langen, lohnenden Strecke von Timmel nach Emden. Da das Fehntjer Tief jedoch sehr gekrümmt verläuft, kam es vor, dass man nach einer Strecke platt vorm Wind fast an den Wind segeln musste. Das war ein*

Die "Jantje" 1936 mit Focke Roelfs Trauernicht auf dem Vordeck und Rolf "Tullum" Trauernicht am Steuer. Die Ladung bestand aus Kunstdünger in 75 kg-Jutesäcken, die bei der Kleinbahn in Spetzerfehn geladen wurden.

sogenanntes "Rack". Der Schiffsjunge musste mit einer Leine an Land springen, um den Bug an den Wind zu halten.“

Ein Kreuzen gegen den Wind kam nur auf breiten Wasserflächen wie der Ems in Frage, die meisten Kanäle und Tiefs waren dafür viel zu schmal, und oft gab es ja auch noch Gegenverkehr. Auf diesen engen und flachen Wasserstraßen kam daher nur Staken, also das Abstoßen des Bootes am Boden mit einer oder mehreren langen Holzstäben, und bei Gegenwind Treideln in Frage. Zum Treideln wurde das Schiff an ein langes Seil gehängt, das sich ein Mannschaftsmitglied um die Schulter hängte, oder an das es sich mittels eines Geschirrs schnallte, und das Schiff dann vom Ufer aus zog. Meist war dies die Aufgabe des Schiffsjungen, im Falle der „Jantje“ also von Rolf Trauernicht. Er bekam den Treidelgurt umgelegt und musste nun auf dem Treidelpfad am Ufer das Fahrzeug schleppen, während sein Vater, der Schiffer, am Heck stand und mit einem "Spaa", einem Rundholz von ca. 6 m Länge, das Schiff durch Druck steuerte und voraus schob. Etwa alle zwei Stunden gab es für den Jungen eine Verschnaufpause, in der ihm eine kräftige Mahlzeit, sicherlich meist ein „Speckendicken“ gegeben wurde.

Außerdem wurde das Schiff immer wieder von Schleusen und Brücken aufgehalten, und dabei war es noch gut, wenn es sich dabei um Klappbrücken und nicht um feste Brücken handelte: *„Spetzerfehn hatte von Osten nach Westen ein Gefälle von ca. acht Meter, die vier Schleusen erforderlichen machten. In Ulbargen befand sich die unterste Schleuse: Siemens - dort begann das Fehntjer Tief. Dieses führte bei Timmel durch die Taitje Kanalbrücke an Neuefehn vorbei über das Brookzeteler Meer unterquerte die Landstraße von Timmel nach Hatshausen und erreichte nach ca. 35 km Oldersum und Emden. Von Emden weiter über die Kanäle nach Loquard oder über Hinte nach Pewsum. Die Orte in Krummhörn wurde durch sog. Loogboote mit einer Tragkraft von ca. 10 Tonnen über den Wasserweg versorgt. War das Reiseziel [...] Warsingsfehn, fuhren wir ab Hatshausen durch das "Leizer-Deep". Vor jeder festen Brücke musste das Segel runter und der Mast gelegt werden. Damit warteten wir bis zum Äußersten, damit das Schiff ohne zusätzliche Kraft die Brücke passierte. Mit der Zeit war man darin sehr geübt. Das musste aber auch sein, sonst hätte der Mast die Brücke gerammt.“* Vor Klappbrücken, von denen viele die Kanäle überspannten, mussten die Boote warten, bis der Brückenwärter kam und öffnete.

Kein Wunder deshalb, wenn ein Schiff nur sehr langsam voran kam. Auf den Kanälen konnte mit dem Treideln in beladenem Zustand eine Kilometerleistung von etwa 2-2,5 km pro Stunde erreicht werden, das Schiff war also langsamer als ein Fußgänger. War das Schiff leer, war es leichter zu ziehen und man erreichte eine Streckenleistung von 4-5 km in der Stunde. Stand der Wind günstig, wurde der Junge an Bord genommen und das Segel gesetzt. *„Sobald das Segel wieder gesetzt war, wurde ganz schnell Tee getrunken und auch Pfannkuchen gebacken und gegessen. Am Zielort war dafür keine Zeit mehr, es musste sofort gelöscht werden. Aus dieser Situation stammt der Ausspruch meines Großvaters: "Ich gönn´ Dir wohl das Essen, aber nicht die Zeit dazu". Auf der Jümme, Leda und besonders der Ems wurde in der Regel immer gesegelt."*

Bei Einbruch der Dämmerung wurde das Schiff am Ufer festgemacht. Gern blieb man in der Nähe von Schleusen, Werften oder Hafenanlagen. Nach einem kärglichen Mahl, das vom Schiffsführer in der Kajüte auf dem eisernen Herd zubereitet wurde, legten sich der Schiffer und der Junge in die Kojen zum Schlafen. Wenn diese fehlten, ruhte man in einem Verschlag an Deck. Sobald es hell wurde, stand man wieder auf, und nach dem Frühstück, das meistens aus einem leckeren „Speckendicken" bestand, wurde die Fahrt fortgesetzt. Dabei wurde auf das Wetter keine Rücksicht genommen. Ob Sonne oder Regen, gleich, welche Jahreszeit, so lange das Wasser offen war, war das Schiff in Bewegung, vorausgesetzt, es gab genügend Frachtgut zu befördern.

Rolf Trauernicht erinnert sich auch daran: *„Es waren lange Arbeitstage, Feierabend gab es kaum. Eines Tages legten wir mit einer Ladung Torf für Emden um 23.00 Uhr in Neuefehn an und fielen buchstäblich nach einem 18-Std.-Tag "in die Koje". Morgens um 5 Uhr wurde ich wach. Mein Vater war schon seit 3 Uhr wieder unterwegs und schob das Schiff mit dem "Spaa" "Up Rüske Wal" bei Timmel. Mich hatte er nicht wecken wollen."*

Bei kürzeren Liegezeiten, etwa im Hafen beim Warten auf eine weitere Ladung, wurde das Oberdeck geschrubbt und das Segel getrocknet. Auch beschäftigte man sich mit dem Bemalen der Aufbauten, wenn genug Farbe bzw. das Geld dafür vorhanden war. Schiffsnummer und der Heimathafen, in dem das Schiff registriert war, mussten immer deutlich am Schiffskörper zu lesen sein und wurden darum auch immer wieder nachgemalt.

Ergab sich wirklich eine längere Pause wegen fehlender Ladung, machte sich der Schiffer an kleinere Unterhaltungsarbeiten. Nur bei größeren Reparaturen suchte er eine Werft auf. Zweimal jährlich musste das Schiff gestrichen werden, dazu benutzte man für die Teile über Wasser Holzteer und Öl, während für die Teile unter Wasser Kohlenteer verwendet wurde. Die Segel aus dem dunkelbraunen Leinenstoff, der aus den Niederlanden importiert und hauptsächlich in den Segelmacherwerkstätten in Emden und Leer verarbeitet wurde, wurden geölt, damit sie länger hielten. Die Fugen zwischen den Schiffsplanken mussten regelmäßig nachgesehen und des Öfteren kalfatert, d.h. mit Werg neu verstopft werden. Dies geschah wie auch die größeren Reparaturen auf der Helling einer Werft. Dort musste das Schiff hinaufgezogen werden. Auch dabei half der Schiffsführer mit seinem Jungen.

So waren die meisten Tätigkeiten streng nach der Frage ihrer Wirtschaftlichkeit ausgerichtet. Ein Brückengeld brauchten die Schiffer in der Regel nicht zu bezahlen, dafür mussten sie in ihrer Gesamtheit für die Erhaltung der Wieken und Verlaate (Schleusen) aufkommen. Dies war in Spetzerfehn besonders aufwändig und schwierig, denn aufgrund der Erschließung durch die Fehngesellschaft und des nach Osten hin ansteigenden Geländeniveaus bestand zwischen den Wieken in Wilhelmsfehn II und der letzten Schleuse bei Siemens in Ulbargen ein Gefälle von acht Metern.

Das machte auf den Kanälen innerhalb des Ortes insgesamt vier Schleusen erforderlich, vor allem, damit der Wasserspiegel in allen Bereichen stets hoch genug blieb um den Schiffsverkehr überhaupt möglich zu erhalten. Schon 1802, etwas mehr als 50 Jahre nach der Gründung Spetzerfehns waren Klagen der Binnenschiffer hierüber laut geworden und die Probleme des niedrigen Wasserstands hatten auch die folgenden Generationen begleitet. Besonders im Sommer, wenn die Menge des aus den Moorflächen nachströmenden Wassers nachließ, waren die Wieken oft zu flach, als dass der Transport mit größeren Schiffen möglich blieb. Zunächst behalf man sich mit dem Umladen von Waren von kleineren auf größere Schiffe an der zweiten Schleuse. Doch als nach 1813 die Aufspaltung des Hauptkanals in die parallel verlaufende Norder- und Süderwieke erfolgte, wurde der Bau und Betrieb von Schöpfstationen in Form von Schöpfmühlen unvermeidlich. Nur so konnte in den „oberen“ Wieken der Wasserstand auf einem schiffbaren Niveau gehalten werden. Problematisch war der allgemein niedrige Wasserstand in den Wieken Spetzerfehns dennoch und für die Torfschiffer ein fortdauerndes Ärgernis.

Zusätzlich zu den Maßnahmen zum Erhalt der erforderlichen Wassertiefe, die zuletzt von den Torfschiffern getragen und bezahlt werden mussten, kam das regelmäßige Reinigen und Ausgraben der Kanäle, um einem langsamen Verlanden durch eingeschwemmten Sand aus den das Moor durchziehenden Gräben und das Wachsen von Pflanzen entgegen zu wirken.

Doch die Kosten für die Instandhaltung der Wasserwege waren nur ein Teil der Ausgaben eines Binnenschiffers. Folgende Kosten fielen an:

1. Kaufpreis oder Kosten des Neubaues und der Ausrüstung
2. Unterhaltungskosten des Schiffes
3. Unterhaltungskosten der Ausrüstung
4. Löhne
5. Beiträge zur Sozialversicherung (unvermeidlich seit Ende der achtziger Jahre des 19. Jahrhunderts aufgrund der Einführung der Sozialversicherungen.)
6. Kanal-, Schleusen- und Hafengelder

Dabei kann man von einer zehnjährigen Lebensdauer der meisten Ausrüstungsgegenstände wie Segel, Luken und Persenningsbrettern ausgehen, so dass alle zehn Jahre nach der Anschaffung des Schiffes größere Ausgaben auf den Schiffer zu kamen.

Nicht zuletzt aufgrund dieser steigenden Kosten wurde es schwierig, mit einem kleinen Schiff ein ausreichendes Einkommen zu erreichen. Das gelang in der Fehnschifffahrt eigentlich nur, wenn sie wie ein Familienunternehmen geführt wurde. Weshalb ein Schiffsgehilfe, der sonst einen Jahreslohn von ca. 350 Mark beanspruchen konnte, oft durch die Ehefrau ersetzt wurde oder aber – wie im Fall der Familie Trauernicht – der eigene Sohn als Schiffsjunge mitfuhr. Gerade die Fehnschiffer achteten sehr darauf, die Ausgaben gering zu halten. Sobald die Kinder nur die geringsten Arbeiten erledigen konnten, wurden sie dafür eingesetzt.

Einen Eindruck von den wirtschaftlichen Verhältnissen eines Binnenschiffers vermitteln die Berechnungen, die 1903 von Dr. Lübbert Eiken Lübberts veröffentlicht wurden[1], die die Relationen der Ausgaben und Einnahmen sicherlich richtig wiedergeben, auch wenn die Beträge sich bis in die 1930ger Jahre verändert haben.

A. Ausgaben:

I. Torfheuer

je Quantum Moormasse/Ladung = ca. 5 Mark

II. Kosten für die Gewinnung (Löhne)

1. Graben des Torfes:
2 Mann
= je 2 Mark für 3 Tage = 12 Mark
2. Kroden und Setzen:
2 Jugendl. oder weibl. Arbeiter
= je 1,25 Mark für 3 Tage = 7,50 Mark
3. Trocknen des Torfes:
2 Jugendl. oder weibl. Arbeiter
= je 1,25 Mark für 3 Tage = 7,50 Mark

III. Kosten für die Verschiffung.

1. Transport zur Wieke und Verladen im Schiff = ca. 10 Mark
2. Verlaatsgelder = 8 Mark
3. Lohn und Unterhalt
für einen Knecht je Reise à 6 Tage = 12 Mark
4. Kosten der Löschung, Akzise und Gebühren: = ca. 27 Mark

IV. Verzinsung und Versicherung des Schiffes = 5 Mark

Gesamtkosten: = 94 Mark

B. Einnahmen:

Erlös beim Verkauf der Ladung:

7. aus grauem Torf = 37 Mark
8. aus dem mittelschweren und gemischten Torf = 112,50 Mark
9. aus dem harten, schweren, schwarzen Torf = 150 Mark

1 Eiken Lübberts, "Ostfrieslands Schiffahrt und Seefischerei", Tübingen 1903

Das "Törfmuttje": Brenntorf wird mit Tragekörben entladen.

Folgt man dieser Berechnung, ergibt sich für den Torfschiffer bei schwarzem Torf ein Überschuss von 56 Mark, bei gemischtem von 18,50 Mark und bei grauem Torf ein Verlust von 56,50 Mark.

Ganz anders stellte sich die Sache dar, wenn man die Lohnkosten, wie im Fall der Familie Trauernicht, nicht als Fremdkosten ansehen musste, sondern diese innerhalb der Familie blieben. Dann halbierten sich die Ausgaben für Gewinnung und Verschiffung, und der Schiffer konnte auch am Transport von grauem Torf, zumindest in schlechten Zeiten, etwa wenn sich keine andere Ladung ergab, einen kleinen Gewinn erzielen. Durchschnittlich hatte der Schiffer einen Reinertrag von 40 Mark aus einer Ladung Torf.

Seit dem Ende des 19. Jahrhunderts trat die Steinkohle als Brennstoff zum Heizen zunehmend in Konkurrenz zum Torf, so dass die Binnenschifffahrt hier steigende Einkommensverluste zu verzeichnen hatte. Dabei ließ anfangs der Torfverbrauch vor allem in den Städten nach, während er sich auf den Dörfern noch verstärkte. Wie viel Torf in dieser Zeit in Ostfriesland insgesamt gefördert und verbraucht wurde, ist allerdings nicht festgehalten worden.

Neben der Torfschifffahrt, für den die Ziegeleien an der Ems und die großen Städte die Hauptabnehmer waren, wurde auch Lohnschifffahrt durchgeführt. Hier suchte der Schiffer Einzelaufträge oder er vercharterte sein Schiff für bestimmte Fahrten an Ziegeleien, Kalkbrennereien usw.

Dabei wurde der Transport von Ziegeln und Steinen nach 1000 Stück bezahlt. So kostete die Fracht von Jemgum nach Emden 2,50 Mark pro Tausend, wobei das Schiff durchschnittlich 12000 Steine laden konnte, was einen Rohertrag von 30 Mark für die Fahrt ergab.

Sand gruben die Schiffer selber auf den Platen in der Ems oder bei Ebbe im Watt. Die Ladung Sand brachte, im Ganzen verkauft, einen Erlös von 25 Mark; im Einzelverkauf und bei feiner Qualität brachte sie auch mehr ein.

Allerdings zeigen beispielsweise die Zahlen über den Schiffsbetrieb im Hafen Leer, dass viele Binnenschiffe häufig Leerfahrten machen mussten, weil es an Rückfracht fehlte.

Ausgehend von diesen Umsätzen für eine einzelne Fahrt ergeben sich dann die folgenden Erträge für ein durchschnittliches Jahr einer Torfschifferfamilie:

A. Ausgaben:

10. Jahreslohn für den Schiffsmann inkl. Verpflegung = 400 Mark
11. für Reparaturen und Amortisierung des Schiffes = 150 Mark

Gesamtausgaben: 550 Mark

B. Einnahmen:

12. Überschuss aus 20 Ladungen Torf je 40 Mark = 800 Mark
13. 15 Wochen Lohnfahrt je 40 Mark = 600 Mark
14. Reinertrag aus dem etwa 2 ha großen Kolonat nach Abzug der Erbpacht und der jährlichen Rate des Erbbestandgeldes = 350 Mark

Gesamtertrag: 1750 Mark

Das Jahreseinkommen einer Schifferfamilie betrug nach dieser Rechnung also 1200 Mark. Übte der Schiffer dagegen nur Lohnfahrten aus, konnte er bei dauernder Auslastung des Schiffes mit etwa 200 Mark mehr rechnen.

Tullums Vater Focke 1938 auf der "Jantje" mit einer Ladung Schwarztorf.

Für eine erfolgreiche wirtschaftliche Bilanz war aber nicht nur Sparsamkeit und Kostenbewusstsein erforderlich, sondern auch die Fähigkeit, Fracht zum bestmöglichen Preis zu verkaufen. Auch hierin konnte sich Rolf Trauernicht früh beweisen: *„Als 12jähriger konnte ich eine Ladung Schwarztorf für 140 Reichsmark an eine Familie Gronhagen in Neuefehn verkaufen. Auf der gleichen Verkaufstour per Fahrrad verkaufte ich an die Familie Diersmann eine Ladung „Gemischt“ für 90 Reichsmark. Das Pferdefuhrwerk eines Kolonisten fuhr den Torf nach dem Abladen vom Schiff zum Empfänger.“*

Trotz seiner offensichtlichen Fähigkeiten im Geschäft war die erste Tätigkeit von Rolf Trauernicht, als er im April 1938 als 13-jähriger aus der Schule entlassen wurde, keineswegs auf dem Schiff seines Vaters: *„Du geist bi't Plaug“*, lautete das Kommando; zu deutsch: Karre schieben beim Torfgraben.

Nun war es auch die richtige Zeit fürs Torfgraben: immer im Frühjahr, sobald die steigenden Temperaturen die Moorflächen leid-

Die "Jantje" 1936 beim Entladen einer Ladung Schwarztorf, die Tullum als 12jähriger auf einer Fahrradtour verkauft hatte.

Ein Ploog bei der Arbeit: "Sticker" (ganz rechts), "Krieger" (in der Torfkuhle), "Setter" (zweiter von links) und "Kroder" (ganz links). (Repro: H. Trauernicht)

lich aufgetaut hatten, begann auf den Grundstücken der Kolonisten das Moorstechen. Nach der vorangegangenen Teilentwässerung des Hochmoores durch die am Kolonat gelegenen Wieken und Kanäle musste zunächst eine sogenannte *Pütte* (Torfpütte) angelegt werden. Die Breite dieser Pütte betrug etwa 3.07 Meter (1 Stock). Dann wurde die über dem Torf gelegene Heide mit der darunter befindlichen *„Bunkerde"* und einer Weißtorfschicht abgetragen (abgebunkt). Ein *„Plaug"*, oder *„Ploog"* nannte man eine Gruppen von vier Mitgliedern, die gemeinsam die schwere Arbeit der Torfgewinnung verrichteten. Dabei waren die einzelnen Arbeitsschritte klar eingeteilt: Der *„Sticker"*, benannt nach seinem Arbeitsgerät, steckte oder schnitt die einzelnen Torfsoden in der Breite, anschließend wurden diese vom *„Krieger“* mit dem sogenannten *„Jager“* von der darunterliegenden Schicht abgeschnitten, auf eine Holzplatte gelegt und dann vom "*Setter*" auf eine Karre gestapelt. Wenn diese Karre dann mit ca. 20 Stück voll war, wurde sie vom *„Kroder“* in 1 bis ca. 15 m Entfernung so abgekippt, dass die Torfsoden senkrecht standen. Zwischenzeitlich war dann die 2. Karre voll und der Vorgang wiederholte sich. Nach einiger Zeit wurde dann der Torf in sog. Stucken zum Trocknen umgeschichtet. Dieses Trocknen dauerte, je nach Witterung einige Wochen bis zum Herbst, wobei die schweren Torfsoden *„gestukt“* und mehrfach umgestapelt werden mussten.

„Nach dem Torfgraben begann die schwere Arbeit der Trocknung. Per Hand wurde umgeschichtet auf den sogenannten "Ring", und zwar immer wieder eine Lage draufgelegt, sobald die oberste Schicht angetrocknet war. Danach wurde umgestapelt in sogenannte "Wientjes" und anschließend in "Bülten".

Im Sommer oder Herbst begann – je nach Witterung – die Verladung in das Schiff. Waren die "Torfbülten" etwa bis 400 m vom Liegeplatz des Schiffes entfernt, wurde per Karre verladen. Frauen stapelten den Torf auf Karren und Männer schoben diese streckenweise jeweils ca. 50 m und übergaben an den nächsten "Kroder". So wurden bis zu 10 "Kroder" für das Laden eines Schiffes eingesetzt. Diese Beladung dauerte etwa 2 Stunden.

Einige Moorflächen waren auch bis zu 3 km vom Kanal entfernt. Dann waren Gleise – Spurbreite etwa 80 cm – gelegt. Darauf fuhren Loren, die bis zu 5 – 6 "Kreiten" (Tragkörbe aus Holz) aufnahmen. Diese wurden je nach Qualität des Torfes mit ca. 1-3 Zentner Torf gefüllt. Als 14jähriger die schweren "Kreiten" zu zweit erst zu den Loren tragen, diese dann kilometerweit schieben und beim Schiff wieder tragen und abkippen, forderte unsere ganze Kraft. Oft hatten wir dann, wie wir sagten, "de Klemm weg" und mussten auf halber Strecke absetzen.

Auf dem Schiff wurde der Torf von älteren Frauen (Trientjemoi oder Antjemoi genannt) geschichtet, wir nannten es "gefleit" mit 10 oder 12 an Bord (10 – 12 Schichten). Ein solcher Ladevorgang nahm 4 – 6 Stunden in Anspruch. Kaum war das Schiff dann beladen, ging es ab mit "Lien" und "Spaa" (Leine und Stock) – und später per Motor.“

Für den Verkauf war natürlich vor allem auch die Qualität des gestochenen Torfs entscheidend. Den höchsten Brennwert und damit auch den höchsten Preis hatte der Schwarztorf, doch auch die anderen Torfsorten mussten verwertet werden. *„Gebietsmäßig unterschiedlich war der Brennwert des Handstichtorfes. So waren in der Norderwieke die untersten 3 Schichten sogenannter gelbaschiger Klipptorf, etwa 10 – 15 Schichten darüber schwarzer Torf mit weißer Asche und etwas geringerem Brennwert und darüber sogenannter Gemischt, leicht angegraut mit noch geringerem Brennwert und als oberste Schicht der Weißtorf, den wir "Peerstrei" (Pferdestreu) nannten. Der getrocknete Weißtorf wurde an die "Peerstreifabrik" Loets an der Kleinbahnstation Spetzerfehn per Schiff angeliefert, dort gemahlen, zu Ballen gepresst, wieder eingeladen und in der Krummhörn an die Bullenzüchter verkauft.“* Versteht sich, dass diese Verkaufstouren von Focke Trauernicht und später, nach 1945, auch von Rolf Trauernicht durchgeführt wurden.

„Der Handstichtorf wurde dann ladungsweise, in Emden und in der Krummhörn auch körbeweise verkauft. Die Körbe hatten eine feste Größenordnung. Sie wurden von amtlich dazu berechtigten Frauen (Meeters) beim Löschen gefüllt und dann auf Pferdewagen getragen und geleert. Der gepresste Torf wurde nach Gewicht verkauft.“

War das Schiff auf der Rückfahrt leer, oder ergab sich keine andere Fracht, wurde die Fahrt über die Ems anderweitig genutzt: *„Besonders hart war die Arbeit bei der Anlieferung von Sand an die Emsziegeleien. Das Schiff ging bei mittlerer Tiede auf einer Ems-Sandplatte vor Anker. Sobald es bei ablaufendem Wasser trockenlag, gingen Schiffer und Schiffsjunge mit Schaufel außenbords, nachdem vorher die Luken aufgedeckt worden waren. Dann wurde der schwere Sand beiderseits über die ca. 2 m hohe Bordwand in den Laderaum geschaufelt. Für die 25 t Sand standen dafür nur etwa 90 Minuten zur Verfügung. Wir mussten uns sehr beeilen, weil danach die auflaufende Flut die Sandbank überspülte und das Schiff wieder flott machte.*

Per Karre wurde bei den Ziegeleien gelöscht. Diese Schwerstarbeit ließ uns den Schweiß aus allen Poren treiben. Wenn diese Überbelastung mich als 12jährigen schwindelig werden ließ, habe ich manchmal gedacht, dass das Leben unter solchen Umständen keinen Spaß macht.“

Aber auch andere, in der damaligen Zeit modern gewordene Frachten stellten keine geringe Herausforderung dar: „*Auch die Versorgung der Fehnbevölkerung mit Kunstdünger war "kein leichtes Brot", hatten doch die meisten Jutesäcke einen Inhalt von 75 und 100 kg.*"

Und schließlich war, bei aller Nützlichkeit der Fehnspediteure, nicht jede Fuhre in der Heimat willkommen. „*Aus der Krummhörn brachten wir im Spätherbst auch Ladungen Weiß- und Rotkohl mit und verkauften diese Haus bei Haus an die Fehntjer.*

Wenn nun der Kanal zufror, kamen wir mit den Fehntjern in Konflikt, die ja "schöfeln" wollten. Mit unseren Schiffen durchbrachen wir die Eisdecke solange es ging, um unseren Kohl an den Mann zu bringen.

Und so sangen die Schulkinder in den 30er Jahren:

Alle Jahre wieder kommt Fock´ Turnichts Schipp,

dör de Norderwieke, wor das Is fast ist.

Kehrt mit seinem Buskohl ein in jedes Haus,

fragt dann alle Leute: Wie sieht´s mit Rotkohl aus."[2]

Wie man sieht, war das Leben und Arbeiten der Torfschiffer eine mehr als harte Art, sein Brot zu verdienen. Insbesondere die Einbindung von Kindern und Jugendlichen in diese Form des Broterwerbs – Rolf Trauernicht war zu dieser Zeit noch keine 16 Jahre alt – würde heute sicherlich das sofortige Einschreiten des Jugendamtes provozieren. Doch im Rahmen der damaligen Lebensumstände war die Beteiligung der jüngeren Generation, die ja am Ende auch das Unternehmen der Eltern fortführen sollte, folgerichtig und notwendig. Und trotz aller Härte des Broterwerbs blieb auch Zeit für Genuss und Mußestunden.

„*Neben der schweren Arbeit gab es aber auch viel Lebensfreude.*

Im Sommer badeten wir im Kanal. Trotz der bräunlichen Farbe, weil das Wasser aus dem Hochmoor einfloss, war das Kanalwasser in meiner Jugendzeit noch sauber. Spaß machte auch das Angeln. Mit so

2 Bei aller – wohl nicht ganz ernst gemeinten – Kritik in diesem Lied, gibt es doch auch einen Hinweis auf den Zustand der Torfschifferei um diese Zeit in Spetzerfehn. Zumindest in der Nordwieke scheint es nicht mehr besonders viele aktive Torfschiffer gegeben zu haben, sonst wäre der konkrete Bezug auf die „Jantje" wohl kaum in dieser Weise möglich gewesen.

manchem Aal, Plattfisch oder Hecht (gefangen mit dem Blinker) bereicherten wir Mutters Kochtopf. Im Winter wurde ein "Bitt" (Loch) ins Eis geschlagen und mit einem Netz die Fische herausgeholt, die nach Luft schnappten. Im Winter 1940 fing ich so einen 17-pfündigen Hecht.

Sobald die Eisdecke trug, wurde "geschöfelt" (Schlittschuhlaufen). Jung und Alt trafen sich abends auf der "Schöfelbahn", für manchen eine beliebte Art der Kontaktaufnahme.

Wenn das Eis abschmolz (Dei-Weer – Tauwetter), wurde "gedütjet". Im Lauf- und Gleichschritt liefen die Kinder nebeneinander von einem Ufer zum anderen und brachten das Eis zum Bersten. Dabei blieb nicht aus, dass wir auch "mal einbrachen". Dann hieß es: schnell ab nach Hause und mit Unterkühlung ins Bett.

Mit dem ersten Frost begann auch das Hausschlachten. Das morgens geschlachtete Schwein hing tagsüber zum Auskühlen an der Leiter. Wenn der Hausschlachter das Schwein abends zerlegte, bekamen wir Kinder eine "Maus". Das war ein Muskel, den der Schlachter unter Piepsen hervorholte.

Nach getaner Arbeit gab´s die sogenannte "Schwienversiet" eine umfangreiche Mahlzeit mit "Tuffels un Fleesk" (Kartoffeln und Fleisch). Wir Kinder waren interessierte Zuhörer, wenn die Erwachsenen sich ihre Döntjes erzählten. Auch schimpften die Schiffer oft über zu hohe Schleusengebühren, zu hohe Erbpachten (bis 1967) und über den schlechten Zustand von Zugbrücken und Drehpfosten.“

Verblüffend ist, was dann 1938 geschah: *„1938 hat mein Vater die "JANTJE" verschrottet, d.h. sie wurde auf der Helling auseinandergenommen und die einzelnen Teile auf einer Auktion versteigert, beispielsweise die Spanten als "Richelpfähle". Neu erworben wurde die "JOHANNE", ein auf dem Fehn gebautes eisernes 25-t-Motorschiff.“*

Ob es nun am Alter der „JANTJE“ und ihrem Zustand lag, dass das Schiff verschrottet wurde, ist nicht ganz klar. In jedem Fall reichte der Erlös, vermutlich zusammen mit den Erträgen aus der Arbeit der vorangegangenen Jahre, um ein deutlich größeres und damit profitableres Schiff zu erwerben, das zudem nicht mehr auf den Wind und Muskelkraft angewiesen war, sondern mit Motorkraft die langen Strecken über die Kanäle sicher und zuverlässig mit einer gleichbleibenden, verlässlichen Geschwindigkeit hinter sich bringen konnte. Dass die Nutzung dieser Möglichkeiten vorerst nur noch für eine kurze Zeit möglich sein würde, war zu dem Zeitpunkt sicherlich nicht vorhersehbar.

Aber zunächst einmal begann das Jahr wie die vorhergehenden. Im Frühjahr begann der Torfabbau und bis zum Sommer wurden verschiedene Lohnfahrten durchgeführt. Und im Herbst begann dann das Beladen des Schiffes. *„Bei einem solchen Vorgang des Beladens erfuhren wir im Herbst 1939 vom Beginn des II. Weltkrieges.*

Während des Krieges kam dann die Fehnschifffahrt fast völlig zum Erliegen.“

1.4. Verlorene Jahre (1940 bis 45)

Nicht wenige hatten es vorausgesehen, doch am Ende kam es anscheinend für viele überraschend: Die offensichtlichen Kriegsvorbereitungen des nationalsozialistischen Regimes, spätestens nach 1936, waren für den, der hören und sehen wollte, unübersehbar und für den, der die Ziele der NSDAP studiert hatte, war der Ausbruch des Krieges im September 1939 von Anfang an geradezu unvermeidlich gewesen.

Seitdem sie im Januar 1933 die Macht im Deutschen Reich übernommen hatten, hatten die Regierung und die Partei alles unternommen, um die Bevölkerung, ihre Meinungen und Handlungen weitestgehend unter die eigene Kontrolle zu bekommen. Die Verbote gegnerischer Parteien, insbesondere der Kommunisten und Sozialdemokraten, die bereits kurz nach der Machtübernahme erfolgten[1], die Gleichschaltung von Medien und Organisationen wie den Gewerkschaften und anderen, sowie die verpflichtende Mitgliedschaft von Kindern und Jugendlichen in den entsprechenden Organisationen der NSDAP dienten klar dem Zweck, Individualismus innerhalb der Gesellschaft aufzuheben und durch Vereinheitlichung Kontrolle und Überwachung zu ermöglichen.

So diente die bereits kurz nach der Machtergreifung erfolgende, konsequente Ausdehnung des Reichsarbeitsdienstes, die besonders in Ostfriesland in großem Maßstab stattfand, auch der Verringerung und Beseitigung der Arbeitslosigkeit (und war in diesem Punkt, zumindest propagandistisch recht erfolgreich), doch vor allem verfolgte sie den Zweck, durch Vereinnahmung der arbeitslosen Massen die ideologische und emotionale Gleichschaltung zu fördern.

---

1 Der Reichstagsbrand vom 27./28. Februar 1933 war nur ein willkommener Anlass, um durch die *„Verordnung des Reichspräsidenten zum Schutz von Volk und Staat"* (vom 28.02.1933) die Grundrechte der Weimarer Verfassung faktisch außer Kraft zu setzen. Auch ohne dieses Ereignis wäre eine ähnliche Verordnung wohl nur kurze Zeit später erlassen worden.

Besonders aktiv war die NSDAP hinsichtlich der Gruppe der Kinder und Jugendlichen. Die Jugendorganisationen der Partei lockten mit einer Vielzahl von damals attraktiven Freizeitangeboten – zumal in einer Zeit, in der es vielen Eltern nicht möglich war, ihren Kindern (zumal wenn es deren viele waren) vergleichbare Aktivitäten zu finanzieren. Für das Gemeinschaftserlebnis, das die Organisationen boten, musste allerdings die Erziehung, oder besser: Indoktrination mit dem nationalsozialistischen Gedankengut und die, bis in die Organisationsstrukturen reichende, Militarisierung des Alltags hingenommen werden. Dies war für viele Eltern, sei es aus religiösen oder ideologischen Gründen, nicht hinnehmbar. Doch passiver Widerstand durch die Verweigerung der Mitgliedschaft wurde auf Dauer nicht geduldet: 1936 wurde die Hitlerjugend per Gesetz zur dritten Erziehungsinstitution neben Familie und Schule erhoben und eine Mitgliedschaft zur Pflicht, zum unvermeidlichen Bestandteil der Lebenswelt der Jugendlichen. Am Ende waren 98% aller Jugendlichen Mitglied einer der Untergliederungen der Organisation, mit allen Folgen, die dies für das Zusammenleben in Familien zwangsläufig hatte.

Ostfriesland und seine Fehngebiete waren von dieser Entwicklung selbstverständlich nicht ausgenommen. Im Gegenteil: sowohl aufgrund von tatsächlicher, auf jahrhundertealter nationaler Einstellung basierender Affinität zu den zentralen Thesen der Programmatik der NSDAP, wie auch in Hoffnung auf eine kurz- bis mittelfristige Verbesserung der eigenen Lebenssituation, war die Zustimmung zur Politik der Nationalsozialisten in Ostfriesland und besonders den Fehngebieten schon vor der Machtergreifung höher als in vielen anderen ländlichen Gebieten. Dazu beigetragen haben mag auch der hohe Anteil von Jugendlichen in der Region, denn gerade in der Lehrerschaft, die im Laufe der Weimarer Republik sehr stark mit national denkenden, und von der Niederlage im ersten Weltkrieg enttäuschten, ehemaligen Soldaten besetzt worden war, war die Affinität zum Nationalsozialismus sehr ausgeprägt. Und bereits kurz nach der Machtergreifung wurde von den verantwortlichen Stellen alles unternommen, um weitere, die Ideologie des Nationalsozialismus unterstützende Lehrkräfte in den Schulen zu platzieren. Entsprechend deutlich war daher, gerade in den ersten Schuljahren, die Indoktrination, gegen die sich weder Eltern noch Kinder zur Wehr setzen konnten[2].

Auch Rolf Trauernicht war in seiner Schulzeit, wie seine Klassenkameraden, dieser täglichen Beeinflussung ausgesetzt. Zu vermuten, er habe sich dem entziehen können, ist, wie der Glaube, man habe als Deutscher, ohne zum Teil drastische Nachteile in Kauf nehmen zu müssen, in jener Zeit „einfach nicht mitmachen" können, naiv. Gerade für Kinder und Jugendliche, denen die Anerkennung durch Gleichaltrige oft noch wichtiger ist, als die der Eltern, war ein aktives „sich entziehen" kaum möglich, soweit das dafür erforderliche moralische Bewusstsein überhaupt bestand und entsprechend vorgebildet war. Eine Mitgliedschaft in der HJ war insofern weder vermeidbar, noch, auch in Hinblick auf das soziale Umfeld der Familie, realistisch. Dennoch gelang es den Eltern von Rolf offenbar, ihn, und wohl auch die meisten ihrer übrigen Kinder, dem direkteren und festeren Zugriff des Regimes weitgehend zu entziehen.

Grundlage hierfür wird die starke, in der Familientradition begründete, religiöse Bindung der Familie gewesen sein. Im Gegensatz zur katholischen Lehre waren ja die weit stärker individualistisch orientierten Moralbegriffe der evangelischen Kirche eine der wichtigsten Stützen des stillen Widerstandes, wie auch seiner Protagonisten, wie etwa der „Bekennenden Kirche". Ohne die Familie der Trauernicht hier in die Nähe dieser Widerstandsbewegung rücken zu wollen – nachweisbar waren Mitglieder von anderen Zweigen der Familie mehr als nur peripher in lokalen Gliederungen der NSDAP aktiv – ist wohl zu vermuten, dass die, über die notwendige Anteilnahme hinausgehenden Beteiligungen am lokalen Handeln des nationalsozialistischen Regimes innerhalb der Familie ausblieben, und man sich, wie auch in den Jahren zuvor, vor allem um das eigene Überleben kümmerte und sorgte.

Für Rolf ist wohl die frühzeitige Einbindung in das väterliche Unternehmen das entscheidende Bollwerk gegen die Einflussnahme der Partei gewesen. Da er im Laufe des Jahres die meiste Zeit „auf

2 Einen guten Einblick in die, zum Teil auch wenig subtile, aber nichts desto weniger wirksame Form der schulischen Indoktrination gibt das Kapitel *„Von den Kindern"* in dem Band *„Kolonat Wübbe M.Meyer"*, S. 101 bis 143, insbesondere ab Seite 138, wo die Schulzeit des Meenke Meyer beschreiben wird, der im selben Jahr wie Rolf Trauernicht, 1924, geboren wurde.

Tullum in Uniform

Fahrt" verbrachte und dies auch bereits während seiner Schulzeit in den Ferien begann, war an eine Teilnahme an den oft obligatorischen Ferienlagern der HJ oder eine über das Mindestmaß hinausgehende Beteiligung an sonstigen Parteiveranstaltungen kaum möglich.

Dies änderte sich mit dem Beginn des Krieges natürlich grundlegend, wie er berichtet: *„Als mein Vater 1940 Marine-Soldat wurde, fuhr ich das Binnenschiff "Johanne" noch sechs Wochen als 16jähriger weiter. Dies überstieg allerdings mein Können."* Letzteres ist kaum verwunderlich. Ein 25t Binnenschiff auf den ostfriesischen Kanälen allein zu führen, konnte, auch wenn dank des Motors die Bedienung des Segels oder das anstrengende Treideln entfiel, für einen 16jährigen kaum auf Dauer durchführbar sein.

Rolf gab daher, sicherlich nicht ohne familiäre Diskussionen und in Abstimmung mit Vater und Mutter, die Fehnschifferei vorerst auf und entschied sich statt dessen für eine Tätigkeit, in der seine besonderen Kenntnisse in der Führung eines Binnenschiffes benötigt wurden, ohne dass die mit der Eigenverantwortung für das Unternehmen seines Vaters verknüpften Belastungen bestanden: *„Ich fuhr bei der "Luftwaffe See" Motorboot auf dem Zwischenahner Meer.*

Dort starteten die Heinkel 115, Wasserflugzeuge mit je zwei Torpedos gegen die Geleitzüge. Das waren Schiffkonvois, in denen die Frachtschiffe mit Marine-Fahrzeugen begleitet über den Ozean fuhren."

Die Bezeichnung der Einheit als „Luftwaffe See" ist zunächst irreführend. Tatsächlich bestand am Zwischenahner Meer, zwischen Rostrup und Elmendorf ein Land- und Seefliegerhorst, der als eine der modernsten Anlagen des Zweiten Weltkriegs galt. 1936 zunächst als ziviler, kombinierter Land- und Seestützpunkt angelegt, wurde das Gelände ab Herbst 1937 vom Luftdienstverband I übernommen, der, unter der Leitung des zivilen Reichsluftfahrtministeriums, Dienstleistungen für das Militär, wie etwa das Fliegen von Zieldarstellungen bei Schießübungen, durchführte. 1939 wurde das Gelände der Luftwaffe übergeben, und die bestehende Einheit ebenfalls der Luftwaffe zugeordnet. In der Folge wurde der Stützpunkt nach Nordwesten erweitert und drei asphaltierte Startbahnen in Form einer Triangel angelegt. Gleichzeitig wurde südlich des Fliegerhorstes am Ufer des Sees der E-Hafen (See) mit Anlegeplätzen für Wasserflugzeuge angelegt. Diese Gesamtanlage bekam die Bezeichnung „Seefliegerhorst Zwischenahn" mit dem Decknamen „Adlerhorst". Für die Baumaßnahmen wurde wohl auch die Luftwaffen Bau-Kompanie 8/See (Kürzel Lw.BauKp 8/See) hierher verlegt, die auch im weiteren für den Ausbau des Standortes verantwortlich war. Für diese Einheit war Rolf Trauernicht zwischen Ende 1940 und 1941 als Motorbootfahrer tätig.

Gerade in der ersten Phase des Krieges, insbesondere im Zuge des Westfeldzuges gegen die Niederlande und England waren hier in kurzer Folge wechselnde Einheiten stationiert. So startete vom E-Hafen am 10.05.1940 ein Verband von Heinkel He 59 Wasserflugzeugen mit einer Infanteriekompanie und Pionieren an Bord um in Rotterdam auf der Neuen Maas eine Brücke zu besetzen, was den Beginn des Westfeldzuges markierte. Und im Juni/Juli 1940 war die III. Gruppe des Kampfgeschwaders 4 *„General Wever"* in Zwischenahn stationiert, die mit Junkers Ju 88-Bombern Angriffe auf Großbritannien flog[3].

3 In der weiteren Entwicklung des Krieges verlor der Standort zunächst an Bedeutung; ab dem 27. Januar 1941 war dort die Wettererkundungsstaffel 1 stationiert, die täglich Flüge zur Erkundung der Großwetterlage über Nordsee

Auch wenn die Tätigkeit von Rolf Trauernicht als Motorbootfahrer zwischen Rostrup und Zwischenahn keinen ausgesprochen militärischen Charakter hatte, war sie dennoch nicht ungefährlich. Das begann schon mit den Heimfahrten, für die Rolf sich ein Motorrad mit Sachs-Motor gekauft hatte: *„Mein "Sachs"-Motorrad mit 98 Kubikzentimeter musste mit Flugbenzin fahren, sonst konnte ich nicht nach Hause fahren. Tanken war immer sehr aufregend."* Angesichts der Tatsache, dass das Flugbenzin damals ein Gemisch aus Benzin und Benzol war, das durch den vergleichsweise hohen Benzolanteil noch weit entzündlicher war als „normales" Benzin für Automotoren, kann dem nur zugestimmt werden. Doch auch andere, schwerer vorhersehbare Gefahren konnten unerwartet auftreten.

„Eines Nachts verunglückte ein Flugzeug bei der Landung auf dem See. Ein wieder zurückgebrachter Torpedo wurde ausgelöst und landete auf einer flachen Wiese im Ort. Nicht auszudenken, was hätte passieren können, wenn der Torpedo unter dem Fährhaus explodiert wäre. Dorthin hatten wir mit unserem Motorboot viele Soldaten vom Flugplatz Rostrup zu einem Fest gefahren. So fuhren wir am anderen Morgen mit einem Feuerwerker über den See. Der Torpedo war ca. 7 Meter lang und hatte einen Durchmesser von ca. 50 cm mit einem Zündkopf von ca. 50 cm Länge und 15 cm Durchmesser, dieser wurde ausgebaut und gesprengt. Den Torpedo schleppten wir mit dem Motorboot hinter uns her zu einer Rampe am gegenüberliegenden Ufer – dort war der Flugplatz."

Derartige Unfälle waren zum Glück nicht die Regel auf den Flugplätzen, doch ganz vermeiden ließen sie sich nicht. Ein solcher Torpedo, vermutlich vom gängigen Typ G7, trug immerhin eine

---

und Nordatlantik flog. Ab Spätsommer 1943 erhielt der Fliegerhorst dann nochmals herausragende Bedeutung: Hier fanden durch das Erprobungskommando 16 die Testflüge des Raketenjägers Messerschmidt Me 163 Komet statt. Dieses Jagdflugzeug mit Raketenantrieb war das schnellste Luftfahrzeug seiner Zeit und stellte einen Geschwindigkeitsrekord von 1004 km/h auf, der die Luftfahrt zum ersten Mal an die Grenze der Schallmauer brachte. Durch Bombenangriffe wurde der Fliegerhorst ab 1944/45 unbrauchbar. Nach dem Krieg wurde auf dem Gelände nach notwendigen Reparaturen zunächst eine Kanadische Transporteinheit stationiert, bevor die Britische Royal Air Force hier ein Lazarett einrichtete. Nach 1959 wurde daraus das Bundeswehrkrankenhaus Bad Zwischenahn. Heute zerfällt das Gelände in mehrere Nutzungsbereiche. Neben einem örtlichen Luftsportverein befindet sich dort auch das Gelände eines Golfplatzes. **[siehe: RELIKTE]**

02.08.1944 - Eine ME 163 startet von Flugplatz Rostrup, um den Mosquito-Aufklärer 542 Sqdn. abzufangen, der dieses Bild fotografierte (Sammlung Norbert Giese).

Sprengladung von 280 kg und konnte damit eine verheerende Wirkung erzielen – schließlich war er dafür ausgelegt. Doch zeigt diese Episode auch den Charakter der Tätigkeit auf dem See: Rolf Trauernicht konnte seine Fähigkeiten beim Führen eines Motorbootes auf einem Binnengewässer einsetzen; einen ausgesprochen militärischen oder gar kriegerischen Charakter hatte diese Position jedoch offenbar nicht. Das sollte sich jedoch schon an seinem nächsten Einsatzort ändern.

„Nach einem Jahr wurde ich dann nach Kiel versetzt und kam an Bord eines Flugsicherungsbootes mit der Bezeichnung Fl.B 436. Das Boot hatte acht Mann Besatzung. Wir fuhren von Kiel nach Norwegen. Das Steuern nach dem Kompass war für mich langweilig. So steuerte ich mit über 20 Seemeilen Tempo, auf einen Punkt am Horizont zu. Dieser stellte sich als ein Schiff heraus, das von links nach rechts fuhr. Das ergab eine große Kurs-Abweichung nach Steuerbord. Das hatte zur Folge, dass wir uns schließlich mitten in einem Minenfeld befanden. Die langsame Rückfahrt ins minenfreie Fahrwasser

Rolf Trauernicht und die Besatzung von Fl.B 436

war lebensgefährlich. Die Standpauke des Schiffsführers war entsprechend."

Das Flugsicherungsboot *Fl.B 436* gehörte zu einer bereits vor dem Krieg entwickelten Typklasse mit der internen Bezeichnung *„Seeteufel IV"*, die von 1936-42 auf der *„Gebr. Kröger Yacht- und Bootswerft"* in Warnemünde gebaut wurde. Die Aufgabe dieser Boote war es, die Besatzungen abgestürzter Kampfflugzeuge, und, soweit möglich auch die Maschinen selbst auf See zu bergen und an Land zu bringen. Hierfür waren die Boote mit einem Schleppgeschirr ausgestattet, das es ihnen ermöglichte, Flugzeuge schwimmend in einen nahe gelegenen Hafen zu ziehen. Die Boote selbst waren mit einer Länge von 23,5 m über alles und einer Breite von 4,5 m nicht besonders eindrucksvoll. Doch mit ihren zwei 6-Zylinder-Motoren, die zusammen 800 PS Leistung zur Verfügung stellten, konnte jedes der Boote bei einer Geschwindigkeit von maximal 21,5 Knoten eine Strecke von 529 Seemeilen (ca. 980 km) zurücklegen. An Bord war es aufgrund der geringen Größe der Boote sicherlich nicht bequem für die Besatzung. Die Besatzung bestand aus insgesamt acht Personen, einem Schiffsführer, einem Maschinisten, einem Funker, einigen Matrosen und später einem Sanitätsunteroffizier, dem einzigen Soldaten, der auch für die einzige Waffe, ein Maschinengewehr, ausgebildet war. Diese Besatzung sollte bei einem Einsatz die Besatzung eines Flugzeuges aufnehmen, dann wurde es noch enger. Die Bewaffnung war mit zwei Maschinengewehren vom Typ MG 15 eher schwach; schon einem leicht gepanzerten Flugzeug war damit kaum Schaden zuzufügen.

Das *Fl.B 436* war erst im März 1941 in Dienst gestellt worden, und war von seinem Standort in Travemünde aus zunächst für einige Zeit an die Standorte Libau und Windau in Lettland versetzt worden, bevor als Standort im Dezember 1941 die Stadt Florø in Norwegen angegeben wird.

Der Fahrfehler, der Rolf Trauernicht auf der Fahrt nach Norwegen unterlief, ist natürlich ein deutliches Indiz für seine Gewöhnung und Orientierung am Fahren auf Binnengewässern – und eines unbestreitbaren gewissen Maßes an Sorglosigkeit. Die Binnengewässer haben Ufer, die zur Orientierung genutzt werden können. Auf See, ohne Landsicht, ist nur schwer auszumachen, ob ein anvisierter Punkt am Horizont tatsächlich beweglich oder unbeweglich ist, denn es fehlen die Bezugspunkte. Daher ist in solchen Situationen auch kaum festzustellen, ob das Objekt, auf das man zuhält, ortsfest ist, oder sich selbst bewegt. Wirklich gefährlich war dieser Fehler natürlich vor allem, weil das Dritte Reich die Ostsee in weiten Bereichen stark vermint hatte, als Blockade und zum Schutz gegen die damaligen Kriegsgegner. Solche Minenfelder konnten gewaltige Ausmaße annehmen und waren an der Wasseroberfläche nicht wahrnehmbar, da die Minen einige Meter unter der Oberfläche schwebten. Eine einzige Berührung einer Mine wäre das Ende des Bootes gewesen – die Standpauke des Schiffsführers daher mehr als verständlich. Doch die Risiken dieses Einsatzes waren damit noch keineswegs vorbei.

„Nach dem ersten Liegeplatz in Oslo fuhren wir über Stavanger nach Trondheim. Im Hafen von Florø erhielten wir die Information, dass 20 km nördlich, in Maloe, die Engländer mit Kriegsschiffen gelandet waren. Wir übten die Verteidigung von Florø. Aber die Engländer fuhren mit 130 Norwegern, so wurde uns berichtet, wieder auf See, nachdem eine Ölsardinen-Fabrik in die Luft gesprengt wurde."

Im Nachhinein kann man nur konstatieren, dass Tullum Glück hatte, dass sein Flugsicherungsboot keinen Befehl zur Unterstützung der Verteidigungsmaßnahmen gegen diese britische Unternehmung bekam, und dass deren Aktivitäten offenbar auf den Raum nördlich von Florø begrenzt waren.

Die Operation der britischen Royal Navy mit dem Codenamen *„Archery"* hatte am 24. Dezember 1941 begonnen. An diesem Tag war, unter dem Kommando von Rear Admiral (RAdm) Borrough, ein Verband von einem Kreuzer, vier Zerstörern und zwei Landungsbooten vom Hauptstützpunkt der britischen Flotte in Scapa Flow zwischen den Orkney Inseln nördlich von Schottland aufgebrochen[4]. Unter Mithilfe eines Markierungs-U-Bootes, der *„Tuna"* wurden die Schiffe am 27.12.1941 in den Vaagsfjord gelotst. Fünf Kommandogruppen von zusammen 485 Mann gingen zwischen Vaagsø und Maaløy an Land und zerstörten gezielt die dort befindlichen Anlagen zur Fischverarbeitung (die von Tullum erwähnte „Ölsardinenfabrik") und Fernmeldeanlagen. Währenddessen versenkten die Zerstörer *Onslow* und *Oribi* im Maaløy-Sund das Vorpostenboot *V5108/ Föhn* (207 BRT) und trieben die Frachter *Reimar Edzard Fritzen* (2935 BRT), *Norma* (2258 BRT), *Eismeer* (1003 BRT) und etwas später die *Anita L.M. Russ* (1712 BRT) auf den Strand. Im Raum Vaagsø versenkten die Zerstörer *Offa* und *Chiddingfold* das Vp-Boot *V5102/Donner* (223 BRT) und den Frachter *Anhalt* (5870 BRT). Der Kreuzer *Kenya* wurde im Gefecht mit der Küstenbatterie Rugsundöy mehrfach,

4 Die Quelle www.schiffe-info.de benennt die Schiffe im Einzelnen: Kreuzer Kenya, die Zerstörer Onslow, Oribi, Offa, der Geleitzerstörer Chiddingfold und die Landungsschiffe Prince Charles und Prince Leopold. Die Darstellung der Operation folgt den dortigen Angaben. **[SCHIFFE-INFO, 1941]**

Rolf Trauernicht mit Kamerad auf dem Vordeck von Fl.B 436 im Hafen von Trondheim

aber nicht entscheidend getroffen. Am 27. und 28.12. durchgeführte Gegenangriffe einiger deutscher Flugzeuge blieben ebenfalls erfolglos. Schließlich trafen die alliierten Verbände am 1.1.1942 wieder in Scapa Flow ein und brachten 266, bzw. 77 norwegische Freiwillige mit.

Gegen diese Übermacht an schwer bewaffneten und gepanzerten Kriegsschiffen wäre das schwach bewaffnete Flugsicherungsboot in Florø chancenlos gewesen, geschweige denn, dass bei einer Ausdehnung des britischen Einsatzes auf die Stadt dort viel zu „verteidigen“ gewesen wäre. Tullum konnte also von Glück sagen, dass die Befehle seinem Kommandanten ein Verharren in der kleinen Fischerstadt vorschrieben. Interessant ist noch die Zahl der norwegischen Freiwilligen, die der britische Verband mit nach Scapa Flow brachte. Immerhin war deren Zahl mehr als doppelt so groß, wie sie Tullum vermittelt wurde – auch ein Zeichen für den stillen Widerstand, der im von den Deutschen besetzten Norwegen vorherrschte.

Offensichtlich setzte *Fl.B 436* kurz nach dem Ende der britischen Operation seine Fahrt nach Trondheim fort. Anderenfalls wäre es bereits weniger als zwei Wochen später in eine weitere britische Operation, diesmal direkt vor Florø hineingezogen worden[5]. Auch in Trondheim war die Stationierung gewiss kein Zuckerschlecken, denn das besetzte Norwegen war bereits Anfang 1942 von Hitler als „Schicksalszone des Krieges" und als *„mit allen verfügbaren schweren Einheiten der Kriegsmarine zu verteidigen"*[6] bezeichnet worden. Einer der Hauptgründe hierfür war natürlich die Bedeutung des norwegischen Erzbergbaus, dessen Eisenerzlieferungen für die deutsche Rüstungsindustrie eine entscheidende Rolle spielten. Äußerer Ausdruck dieser Bedeutung war nicht nur die Stationierung des Schlachtschiffes *Tirpitz* und weiterer großer Schlachtkreuzer in Trondheim, sondern auch der Bau einer riesigen U-Boot- Basis und die noch bis 1943 betriebenen Pläne für den Bau einer gigantischen Marinebasis mit angegliederter Großstadt für 200.000 bis 300.000 Menschen. In der Folge war der Standort des Öfteren Schauplatz von Angriffen der Alliierten wie auch Ausgangspunkt diverser Operationen der deutschen Kriegsmarine.

„Von Trontheim aus haben wir die im Fjord liegende Tirpitz besucht. Für mich ein besonderes Erlebnis, war ich doch 1938, nach meiner Entlassung aus der Volksschule, 14 Tage auf der Kriegsmarinewerft Wilhelmshaven Schmelzschweißer-Lehrling und somit am Bau der Tirpitz beteiligt. Die stark militärische Ausbildung behagte mir allerdings nicht. Ich kehrte zu meinem Vater als Schiffsjunge zurück und brachte einen geschmiedeten Nagel mit nach Hause. Diesen zeigte mir mein Vater immer, wenn mir die Schwerstarbeit auf dem Binnenschiff nicht mehr gefiel."

Doch auch die Zeit in Norwegen ging für Tullum schließlich ihrem Ende entgegen. *„Ende 1943 wurde ich zur Marine eingezogen. Die Rekruten-Ausbildung von sechs Wochen in der Ernst-Moritz-Arndt-Kaserne in Stralsund war nicht von Pappe. Danach war die*

5 *„Operation »Kitbag«: Die britischen Zerstörer Inglefield und Intrepid greifen vor Flöröy einen deutschen Konvoi an, während RAF-Whitleys gleichzeitig den deutschen Flugplatz Sola bombardieren. Der Dampfer Hedwigshütte (2221 BRT) wird durch Artillerietreffer beschädigt, der Dampfer Eisblink (423 BRT) bleibt unbeschädigt, das Geleitboot V 5104/Orkan wird auf Strand gesetzt."* zitiert nach [SCHIFFE-INFO, 1942].

6 Zitiert nach [SCHIFFE-INFO, 1942].

Rolf Trauernicht an Bord von Fl.B 436

Marine-Nachrichtenschule in Rantum auf Sylt im Programm. Mein Wunsch zur Nachrichtenschule nach Aurich zu kommen, wurde erfüllt. Nach einem Monat Ersatzkompanie in Aurich auf dem Ellernfeld kam ich in die 10. Kompanie im Barackenlager Hohenberger Weg. Der erste Anpfiff "Trauernicht zum Kompaniechef" von Oberleutnant Brummer galt wohl meinen Heimatkenntnissen."

Die Rückkehr in „heimatliche Gefilde" war nach der langen Zeit in Norwegen sicherlich nicht nur ein heftiger Wunsch, sondern auch ein Glücksfall für Rolf Trauernicht. Die für alle Teile der Reichswehr gleiche Rekrutenausbildung wurde traditionell an einem vom Heimatort entfernten Standort durchgeführt, die anschließende Fachausbildung, bei der er sich wohl, im Wissen um den Standort in Aurich, für die Marine-Nachrichtentechnik entschieden hatte, konnte dann wieder heimatnäher erfolgen. Dennoch war jemand, der sich in einer Region gut auskannte, für die oft aus weit entfernten Regionen stammenden, vorgesetzten Offiziere und Unteroffiziere eine interessante Informationsquelle. Allerdings war die Zeit in der militärischen Ausbildung, zumal in jenen Kriegszeiten, nur kurz.

„Am 6. Juni 1944 kam unsere Kompanie nach Frankreich, wo die Alliierten gelandet waren. Ich erhielt den Marschbefehl nach Pelzerhaken bei Neustadt in Schleswig-Holstein zu einer Funkstelle. Dort erlebte ich das Ende des Krieges."

Wieder hatte Tullum, ohne dies damals wissen zu können, Glück: Wäre er damals mit seiner Kompanie an die Westfront befohlen worden, wäre er, wenn überhaupt, kaum unbeschadet aus dem Krieg zurückgekehrt. Ob der Befehl zur Versetzung seiner Kompanie genau am 6. Juni 1944 erfolgte, erscheint heute zweifelhaft, denn an jenem sogenannten „Längsten Tag", der Invasion in der Normandie, war der Führung der Wehrmacht wohl nicht wirklich klar, welches Ausmaß und welche Folgen diese Invasion haben würde. Ein Marschbefehl in dieser Situation erscheint daher eher unwahrscheinlich. Zudem zeigen die verfügbaren historischen Dokumente, dass eine koordinierte Reaktion der Wehrmacht auf die Invasion, insbesondere das Herbeiziehen weiterer Kräfte, erst in den Tagen nach dem 6. Juni 1944 erfolgte. Möglich also, dass Tullum sich hier über das genaue Datum täuscht. Doch wie dem auch sei: auch die Versetzung in den darauf folgenden Tagen hat ihn vermutlich vor schweren Kriegsfolgen bewahrt.

Der Marine-Nachrichtenstandort in Pelzerhaken, einem Stadtteil von Neustadt in Holstein, war nun allerdings mehr als eine bloße Funkstelle, was Tullum damals ebenfalls kaum wissen konnte. Hier wurde seit 1923, besonders aber seit 1934 in der sogenannten Nachrichtenmittelversuchsanstalt (kurz: NVA) durch die Firma GEMA[7] an der damals sogenannten „Funkmesstechnik", heute bekannt als Radar, geforscht und entwickelt. Von hier stammten wesentliche Bauteile und Komponenten für Radaranlagen, die auf Schiffen und in Flugzeugen verbaut wurden, sowie Großanlagen die landgestützt

---

7 Die GEMA (Gesellschaft für elektroakustische und mechanische Apparate mbH, Berlin) gegründet 1934 von Hans Karl Freiherr von Willisen und Paul-Günther Erbslöh, ist natürlich nicht identisch mit der bekannten, gleichnamigen Verwertungsgesellschaft für musikalische Aufführungsrechte. Die GEMA war eine Ausgründung der auf Sonargeräte spezialisierten Firma Tonographie derselben Eigentümer, die sich allerdings ausschließlich mit der Entwicklung diverser Formen von Radar-Geräten befasste und damit einer der wichtigsten Lieferanten für derartige Geräte auf deutscher Seite während des zweiten Weltkrieges wurde. Entwicklungsstandorte waren Berlin und Pelzerhaken bei Neustadt in Schleswig-Holstein.

montiert und eingesetzt wurden. Obwohl die GEMA und ihre Entwicklungsanlagen später, nach dem Krieg, als Rüstungsanlagen demontiert wurden, dienten die Gebäude der Nachrichtenmittelversuchsanlage (Fernmeldeturm M) nochmals zwischen 1964 und 1992 der Fernmelde- und elektronischen Aufklärung durch den Marinefernmeldesektor der Bundeswehr. Heute sind die Gebäude zu Wohnungen umgebaut worden.

Mag der Standort in Neustadt für die meiste Zeit trotz des Krieges auch ein eher ruhiger gewesen sein, kurz vor Ende des Krieges bot er Tullum doch noch einen tiefen Einblick in seine ganze Grausamkeit und Sinnlosigkeit. *„Ein furchtbares Erlebnis bleibt mir in Erinnerung. Einige 100 Meter vor der Küste ankerte das ehemalige KdF Passagierschiff "Kap Arcona". Vor dem Krieg wurde es für sogenannte "Kraft durch Freude" – Fahrten benutzt.*

Wie wir später erfuhren, hatte die „Kap Arcona“ 7000 KZ – Häftlinge aus dem KZ-Lager auf der Halbinsel Hela an Bord. Ende April trafen wir auf einem Spaziergang an der Küste abgemagerte menschliche Gestalten, die an Land geschwommen waren. Diese berichteten uns von schrecklichen Haftbedingungen, von denen wir bis dahin nichts wussten. Wir versorgten diese heimlich mit Lebensmitteln.

Anfang Mai sahen wir dann, dass vier englische Flugzeuge im niedrigen Anflug über uns hinweg, – die englische Kennzeichnung war deutlich zu sehen – die „Kap Arcona“ in mehreren Anflügen bombardierten, so dass das Schiff kenterte. Das Umfeld der „Kap Arcona“ färbte sich schwarz von den vielen Menschen, die über Bord sprangen. Innerhalb kurzer Zeit lag das Schiff kieloben, woran sich viele KZ-Häftlinge gerettet hatten. Ein Teil rettete sich nach dem Kentern auf den Unterboden (Kiel) des Schiffes und rief laut um Hilfe. Darauf liefen Fischkutter aus dem Neustädter Hafen aus, um die Schiffbrüchigen zu retten. Die Flugzeuge kamen erneut und schossen auf die Boote. Nach unseren Informationen wurden etwa 300 gerettet, von denen noch 150 entkräftet starben. In den Tagen danach wurden an dem Strand von Pelzerhaken Hunderte von Leichen angeschwemmt.“

Viele Informationen in dieser Erinnerung sind tatsächlich nur teilweise korrekt, doch das ist wohl der verworrenen Situation jener Zeit, die voller Gerüchte und zum Teil auch Falschinformationen war und einem am Rande Beteiligten keine Möglichkeit zur genaueren Recherche ließ, zuzuschreiben. Zudem zeigt die Tatsache, dass Tullum sich auch später wohl nicht mit diesem Ereignis auseinandergesetzt hat, sondern es nahm, wie es sich ihm präsentiert hatte, wie verstörend und tief erschütternd die Erlebnisse für ihn gewesen sind.

Tatsächlich war die Cap Arcona, benannt nach dem Kap Arcona auf der Ostseeinsel Rügen, zu keinem Zeitpunkt ein Bestandteil der sogenannten „KdF-Flotte“, mit der das NS-Regime Mitgliedern der „Deutschen Arbeitsfront“ bis zum Beginn des Zweiten Weltkrieges kostengünstige Urlaube ermöglichte. 1927 vom Stapel gelaufen, wurde das 205,9 m lange und 25,8 m breite Schiff bis zum August 1939 von seiner Reederei, der Hamburg-Südamerikanischen Dampfschiffahrtsgesellschaft (HDSG) auf der Linie Hamburg – Madeira – Rio de Janeiro oder Buenos Aires eingesetzt und transportierte auf diesem Weg vor allem Auswanderer und Luxusreisende. Mit einer Spitzengeschwindigkeit von 21 kn konnte es seine bis zu 1315 Passagiere in 15 Tagen von Hamburg nach Buenos Aires bringen. Die *„Cap Arcona“* galt damals als eines der schönsten Schiffe ihrer Zeit. Nach 1940 wurde sie nur noch von der Deutschen Kriegsmarine eingesetzt und verließ die Ostsee nicht mehr. 1943 wurden auf dem Schiff Szenen für eine Verfilmung des Unterganges der Titanic gedreht, der Film kam jedoch letztendlich nicht in die Kinos – wohl weil angesichts der sich verschlechternden Kriegsaussichten die Geschichte eines sinkenden Schiffes wenig Positives zur nationalsozialistischen Propaganda beitragen konnte. Ab Ende 1944 diente das Schiff dann als Flüchtlingstransporter für Flüchtlinge, die aus Ostpreußen nach Westen fliehen mussten. Im Zuge dieser Einsätze muss schließlich ein Maschinenschaden eingetreten sein, der aufgrund der knappen Ressourcen kurz vor Kriegsende nicht mehr repariert werden konnte, daher wurde das Schiff von der Kriegsmarine aufgegeben. Ab dem 14. April 1945 lag die *„Cap Arcona“* dann manövrierunfähig und ausgemustert in der Neustädter Bucht.

Welche Gründe dazu führten, dass auf der *„Cap Arcona“*, sowie zwei weiteren vor Neustadt liegenden, beschädigten Schiffen, der *„Thielbek“* und der *„Athen“* massenhaft Häftlinge aus den Konzentrationslagern Neuengamme (bei Hamburg) und Fürstengrube eingeschifft wurden, ist bis heute unklar. Fraglich ist vor allem, welche Ziele die verantwortlichen SS-Kader damit verfolgten. Möglich ist eine geplante Massentötung durch Versenkung der Schiffe ebenso, wie die Nutzung der Schiffe als Ausweichquartier oder Zwischenstation vor einem Weitertransport. Neuere Untersuchungen sprechen jedoch für den Plan einer Massentötung[8]. In jedem Fall wurden die Schiffe ab dem 20. April 1945 rücksichtslos mit Häftlingen beladen, von denen die meisten zu dem Zeitpunkt einen der berüchtigten Todesmärsche hinter sich hatten. Zunächst waren es ca. 4.000 Häftlinge aus Neuengamme, einige Tage später folgte ein weiterer Schub von 2.500 Häftlingen von dort, sowie die ca. 400 Überlebenden des Todesmarsches aus dem KZ Fürstengrube und anderen Lagern in Schlesien. Zeitweilig müssen auf der „Cap Arcona" – ehemals ausgelegt für maximal 1351 Passagiere – um die 7.500 Menschen gehaust haben. Aufgrund des Platzmangels, Krankheiten, Erschöpfung und mangelhafter Versorgung kam es bereits nach kurzer Zeit zu einem Massensterben an Bord.

Am 30. April wurden die auf der *„Cap Arcona"* befindlichen französischen, holländischen und belgischen Häftlinge mit sogenannten „Weissen Bussen" des Schwedischen Roten Kreuzes zu zwei Dampfern transportiert, die sie nach Trelleborg in Schweden übersetzten. Außerdem wurde ein Teil der übrigen an Bord befindlichen Häftlinge auf die beiden anderen Schiffe, die *„Thielbek"* und die *„Athen"* verteilt, dennoch müssen sich auf der *„Cap Arcona"*Anfang Mai 1945 immer noch zwischen 4.500 und 6.000 Personen befunden haben.

In dieser Zeit, Anfang Mai 1945, müssen zusätzlich auch einige Lastkähne mit Häftlingen aus dem KZ Stutthof bei Danzig bei der *„Cap Arcona"* eingetroffen sein. Diese wurden allerdings wegen der Überfüllung des Schiffes von den Wachmannschaften abgewiesen. Die SS-Wachmannschaften auf den Kähnen haben diese dann, angesichts der militärischen Lage in der Lübecker Bucht und wohl aus Angst vor den vorrückenden britischen Vorauskommandos in der Region, verlassen und die Häftlinge damit sich selbst und ihrem Schicksal überlassen. In der Folge trieben die Lastkähne am frühen Morgen des 3. Mai 1945 bei Neustadt ans Ufer und die darauf befindlichen Häftlinge machten sich auf der Suche nach Nahrungsmitteln auf den Weg in die Stadt. Diese Häftlinge müssen

8 Die Darstellung folgt hier den Ausführungen der Wikipedia zur Versenkung der „Cap Arcona" insbesondere in der Frage der Deutungen der Einschiffung der KZ-Häftlinge.

es gewesen sein, die Rolf Trauernicht am Strand vorfand und, gemeinsam mit seinen Kameraden, heimlich mit Nahrungsmitteln versorgte[9].

Neben der *„Cap Arcona"*, und den beiden anderen Schiffen lagen im direkten Umfeld Neustadts und in der Lübecker Bucht noch eine Vielzahl weiterer Schiffe, so etwa die zum Lazarettschiff umgebaute *„Deutschland IV"*, bei der man mit dem weißen Anstrich begonnen hatte[10]. Weitere Schiffe befanden sich in benachbarten Buchten der Deutschen Ostseeküste. Manche von ihnen hatten sich auf den Weg nach Norwegen gemacht. Hinter diesen Schiffen, und jenen, die noch vor Anker lagen, vermutete die britische Royal Air Force Absetzbewegungen deutscher Truppen Richtung Skandinavien. Um dies zu unterbinden, wurde am 2. Mai 1945 – der Krieg in Berlin war bereits zu Ende gegangen – die „Operations Record Books" gestartet: Zwischen dem 2. und 6. Mai 1945 flogen bis zu 200 Flugzeuge der R.A.F. Angriffe auf deutsche Schiffe in der westlichen Ostsee. So auch am 3. Mai auf die Schiffe in der Lübecker Bucht, zwischen Neustadt und Scharbeutz. Keines der mit KZ-Häftlingen überladenen Schiffe vor Neustadt war besonders gekennzeichnet, und da sie zudem offen Bordwaffen trugen, wurden sie von den britischen Piloten als feindliche Schiffe identifiziert und in vier Wellen angegriffen.

Und so geschah es, wie Tullum berichtet: Die *„Cap Arcona"* wurde – wie auch die *„Thielbek"*– getroffen und kenterte, legte sich

9 Andere Einheiten der Kriegsmarine zeigten weniger Mitgefühl: Die am frühen Morgen des 3. Mai in Neustadt auftauchenden KZ-Häftlinge aus Stutthof schreckten offenbar Neustädter Bürger auf, die dann gemeinsam mit Angehörigen des Volkssturms, einer Versehrteneinheit und eben einigen Mitgliedern der Kriegsmarine in einer „Sammelaktion" die Häftlinge zusammen trieben und etwa 300 von ihnen, darunter Frauen und Kinder, erschossen. Die später am selben Tag in Neustadt eintreffenden britischen Besatzer gaben nach Kenntnisnahme dieses Massakers Neustadt zur Plünderung frei, wohl auch um die Versorgung der etwa gleichzeitig in der Stadt eintreffenden, überlebenden Häftlinge nach dem Luftangriff auf die *„Cap Arcona"*, die *„Thielbek"* und die *„Athen"* nicht selbst organisieren zu müssen. Noch heute ermittelt die Staatsanwaltschaft in Lübeck gegen Unbekannt wegen der Erschießung der Stutthof-Häftlinge. **[WikiPedia: „Cap Arcona"]**

10 Leider reichte die zur Verfügung stehende Farbe nur für die Schornsteine und nur einer von ihnen konnte mit einem Roten Kreuz versehen werden. Als Folge wurde auch die "*Deutschland IV*" von den britischen Flugzeugen bombardiert und sank. **[WikiPedia: „Deutschland (1924)"]**

auf die Seite; sinken konnte sie aufgrund der geringen Wassertiefe nicht. Die Wachmannschaften hatten auf den Schiffen alle Fluchtmöglichkeiten schon Wochen vor der Einschiffung der Häftlinge entfernt. Diejenigen Häftlinge, die nicht schon im Innern des brennenden Schiffes verbrannten oder ertranken, sondern sich aus dem Rumpf retten konnten, hatten keine Chance an Land zu schwimmen, denn das Wasser hatte nur 8°C. Zudem kehrten die britischen Flugzeuge tatsächlich zurück und feuerten auf die am Schiff und im Wasser befindlichen Häftlinge, die die Piloten für Angehörige der deutschen Kriegsmarine hielten. Viel zu spät liefen Rettungsmaßnahmen an, und waren zudem wenig wirkungsvoll, da sich die auslaufenden Boote vor allem um die Rettung der Marineangehörigen bemühten und die Häftlinge missachteten. Rund 6.400 der auf der *„Cap Arcona"* und der *„Thielbek"* vermuteten 7.000 KZ-Insassen verbrannten, ertranken oder wurden erschossen. Bis heute ist die Versenkung der *„Cap Arcona"* eine der drei verlustreichsten Schiffskatastrophen der Neuzeit.

Nahezu zeitgleich mit dem Angriff der R.A.F. auf die Schiffe vor Neustadt war die Stadt selbst ebenfalls besetzt worden. *„Zwischenzeitlich hatten die britischen Invasionstruppen Neustadt in Holstein und Pelzerhaken besetzt. Wir wurden verpflichtet die Leichen provisorisch zu verscharren. Die von uns zum Schutz unserer Hände übergestülpten Plastikhüllen mussten wir auf Anweisung der britischen Soldaten entfernen und mit bloßen Händen zupacken.*

Anschließend wurden die Stärksten unserer Kompanie aussortiert und als Bewachung des Offizier-Gefangenen-Lagers eingestellt. Als ein Offizier dann versehentlich aus Gewohnheit den Hitlergruß von sich gab, war es mit unserer Fassung vorbei, so meine Erinnerung. Wir wurden handgreiflich, weil der Hitler uns um unsere Jugendzeit gebracht hat. Vorher hatten wir einen fast verhängnisvollen Fehler begangen, indem wir unsere Marine-Uniform gegen einen Zivil-Anzug tauschten. Unser Beweis, dass wir nicht zu der SS-Bewachung gehörten, rettete uns vor dem Schlimmsten, denn die Briten waren wie wir erschrocken und erbost über diese vorgefundenen KZ-Folgen. Es kreiste auch das Gerücht: Neustadt solle aus Rache für das vorgefundene KZ-Desaster bombardiert werden, was Gott sei Dank nicht erfolgte. Meine Armbanduhr aber musste ich an die Besatzungssoldaten abgeben."

Diese Erinnerung zeigt sehr deutlich, wie die Situation direkt nach der Besatzung wohl häufig war: Die Besatzungstruppen versuchten sich Respekt zu verschaffen und die verworrene Lage unter Kontrolle zu bekommen. Jede Verhaltensweise, die nicht sofort zu durchschauen war, wurde als verdächtig eingestuft, und nicht selten mit drakonischen Reaktionen, bis hin zu spontanen Erschießungen beantwortet. Diese Einstellung war nicht weiter verwunderlich, hatten viele der – in diesem Fall britischen – Soldaten doch die deutschen Gegner, besonders die jüngeren, als fanatische und rücksichtslose Kämpfer erlebt, die sich oft wenig um die allgemeinen Regeln des Kriegsrechts scherten, wenn es um einen zu erringenden Sieg ging. Das war, angesichts der zumeist mangelhaften Ausbildung, die die als Flakhelfer oder im sogenannten Volkssturm eingesetzten, oft durch die intensive ideologische Indoktrination fanatisierten Kinder und Jugendlichen erhalten hatten, auch kaum anders zu erwarten. Dabei wurden Offiziere, als für die Handlungsweise der Soldaten verantwortliche, als die deutlich gefährlicheren Feinde betrachtet, wogegen einfachen Soldaten – trotz allem – zunächst der Status eines Mitläufers zuerkannt wurde. Aus diesem Grund, und wegen des personalintensiven Verwaltungsaufwandes, wurden häufig Soldaten als Bewacher ihrer ehemaligen Vorgesetzten eingesetzt.

Das hohe Maß an Nervosität, mit dem die Besatzungstruppen, vor allem in den ersten Wochen und Monaten den besiegten Deutschen gegenübertraten, zeigt sich auch an der Reaktion auf den „Kleiderwechsel", den Tullum und seine Kameraden vorgenommen hatten. Dem naiven Glauben, da der Krieg vorbei sei, und das Deutsche Reich untergegangen, könne man als Soldat einfach durch das Ausziehen der Uniform wieder Zivilist sein und zur Tagesordnung übergehen, wurde angesichts des in Neustadt besonders augenfällig präsenten Schicksals der ehemaligen KZ-Häftlinge mit aller Härte begegnet.

Aus Sicht der Besatzer waren alle Deutschen, und insbesondere die Angehörigen des Militärs, gleich in welcher Funktion, mitschuldig an den Verbrechen, die an den KZ-Häftlingen verübt worden waren. Deshalb war Schonung für diese Besiegten, und sei es nur durch schützende Plastikhüllen im Kontakt mit den Leichen der Opfer, unangebracht. Dass für nicht wenige Deutsche das Maß an Verrohung und Unmenschlichkeit in der Behandlung der Häftlinge ebenso erschreckend und verstörend war, wie für die zumeist als erste mit dessen Entdeckung konfrontierten Befreier, wäre auch kaum zu vermitteln gewesen. Schließlich war all dies nur die Konsequenz aus einer Ideologie, der die meisten der Neustädter Bürger noch in den Tagen vorher – wie die Behandlung der Stutthof-Häftlinge zeigt – bereitwillig gefolgt waren. Eine Bombardierung von Neustadt, die nur ein Gerücht blieb, wäre aus dieser Sicht, und interessanterweise auch aus der Perspektive der Bürger nur konsequent gewesen.

Aus diesem, damals sicher uneingestandenen Bewusstsein der eigenen Mitschuld – wie groß oder klein sie auch immer gewesen sein mag – wird sich, ebenso wie aus der Wut über die eigenen, verlorenen Jahre an Lebenszeit, auch die Reaktion auf den unwillkürlich-gewohnheitsmäßigen Hitlergruß des Offiziers gespeist haben. Und sicherlich hat auch das Gefühl, vor dem eigenen Tod im Kriege gerade noch einmal davon gekommen zu sein eine Rolle gespielt, schließlich konnte eine unbedachte Handlung wie ein Hitlergruß, das war den jungen Leuten wohl klar, diesen glücklichen Umstand wieder zunichte machen. In dieser Situation war gegenüber dem, was aus dieser Beteiligung am vollständig gescheiterten Krieg an weiterem, persönlichem Unglück für Rolf Trauernicht hätte hervorgehen können, der Verlust der Armbanduhr nur ein geringer Preis.

Interessant ist, wie Tullum nun, innerhalb weniger Tage und Wochen, und trotz der immer noch vorherrschenden eher chaotischen Umstände, mit diversen Einschränkungen in der Versorgung und der persönlichen Freiheit, sein Leben wieder in den Rahmen einer zivilen Normalität zurückzuführen beginnt, und es ihm sogar gelingt, Nutzen für seine künftige Tätigkeit aus der Situation zu ziehen:

„Nachdem ich einige Tage zusammen mit vielen Soldaten in einem Holz-Importlager einer Eutiner Firma am Neustädter Hafen verbracht hatte, holte mich mein Kamerad Hans Alpen in sein Elternhaus in der Hochtorstraße 16. Mit einem Saarländer namens Sydney und Hans´s Bruder Erich hatte seine Mutter nun vier Jungen zu bewirten. Sie versorgte uns mit großer Liebe und Hingabe, was gar nicht so einfach war, weil auch noch kanadische Soldaten in der Alpen-Villa wohnten. Wir profitierten allerdings auch von der überreichlichen Verpflegung der Soldaten. Die Zeit verbrachten wir mit der

Teilnahme an einem Englischkurs, und ich lernte den Tauschhandel mit Uhren, Zigaretten und Lebensmitteln.

Fast täglich liefen Schiffe mit Soldaten aus dem Ostseeraum in den Neustädter Hafen ein. Darunter viele sogenannte Kurland-Kämpfer. Lange Marschkolonnen bewegten sich in Richtung Eutin. Dort wurde ein großes Waldlager im Freien eingerichtet. Dorthin begab ich mich Ende Juni in das Lager B, wo ich meinen Vetter Jochen kurz vor seinem 17. Geburtstag in der Uniform des Infanterie-Regiments Groß-Deutschland antraf. Die Brote, die ich eingetauscht und dabei hatte, waren schnell verzehrt, denn zu essen gab es wenig. Ich schenkte ihm eine meiner Uhren, die ich aber am nächsten Tag zurückforderte, um sie wieder erfolgreich zu tauschen.

Im Lager B campierten viele deutsche Soldaten aller Waffengattungen unter freiem Himmel. Als Toilette diente ein langer Graben am Rande der Umzäunung. Ein langer Holzbalken in 50 cm Höhe diente als Klo. Hinweis-Schilder waren nicht erforderlich, der penetrante Geruch war auch entfernt noch wahrzunehmen. Auch deshalb wohl der große Andrang vor dem Entlassungsbüro. Die zur Volksernährung notwendigen Berufe kamen zuerst dran. So wurde mein Beruf Binnenschiffer umgemünzt zum Binnenfischer, was ich später als Erlaubnis zum Angeln auslegte."

Die vielen, zumeist vorübergehenden Gefangenenlager, in denen zurückkehrende Soldaten direkt nach dem Krieg inhaftiert wurden, bevor man ihnen die Rückkehr nach Hause gestattete, hatten sehr unterschiedlichen Charakter. Tatsächlich konnte es sich um Lagerhallen handeln, aber auch um Freiluftlager, wie das von Rolf Trauernicht erlebte Lager B in der Nähe von Eutin. Hilfreich war bei der Einrichtung der Lager, dass das Wetter in jenen Tagen Anfang Mai 1945 trotz einiger Niederschläge mild war, zeitweilig lagen die Temperaturen sogar deutlich über 25° C. Dennoch waren die hygienischen Zustände, wie beschrieben, mehr als schlecht. Das lag nicht nur an den großen Massen von Menschen, die in den Lagern untergebracht wurden, sondern auch daran, dass viele von ihnen bereits bei ihrer Ankunft in den Lagern eine Odyssee hinter sich hatten, die ebenfalls unter schlechtesten hygienischen Zuständen stattgefunden hatte.

Ein erneuter Glücksfall für Rolf Trauernicht war sicherlich der, wenn auch kurze, Aufenthalt im Haus seines Kameraden Hans Alpen, das im Zentrum von Neustadt, nahe dem Marktplatz lag. Hilfreich war hier wohl nicht nur die Gelegenheit, im direkten Kontakt mit den einquartierten Soldaten als Vertretern der Besatzungsmacht Übung und Erfahrung im Tauschgeschäft zu sammeln, was sich in der vor ihm liegenden Zeit, zumindest bis zur Währungsreform, auch beruflich als nützlich erweisen würde. Es fällt auch auf, dass er die Zeit für einen Englischkurs nutzte, was dann doch ein Maß an Voraussicht zeigt, das für Mitglieder seiner Generation nicht unbedingt selbstverständlich war.

Die erwähnte Priorität für versorgungswichtige Berufe bei der Entlassung aus den Lagern ist aus der damaligen Situation wenig verwunderlich. Nicht nur musste die alliierte Verwaltung die Versorgung der, durch die Rückkehr der Soldaten, wie auch das Einströmen von Flüchtlingen aus den ehemaligen Ostgebieten anwachsenden Bevölkerung sicherstellen. Es mussten auch in dem in vielen Bereichen zerstörten und ohnehin durch die einseitige Ausrichtung der Deutschen Wirtschaft auf den Krieg in den Jahren seit 1933 in der Entwicklung zurückgebliebenen Land wieder Grundlagen für eine effektive und effiziente Selbstversorgung geschaffen werden. Die „Verwandlung" von Rolf Trauernicht vom Binnenschiffer zum Binnenfischer entbehrt dabei nicht einer gewissen Ironie, doch hat sie auch ihre Logik: angesichts einer Vielzahl zerstörter Straßen und Brücken, gerade in Ostfriesland, war zur Wiederherstellung der Versorgung der Transport von Waren und Lebensmitteln, wie sich erweisen wird, von mindestens ebensolcher Bedeutung, wie deren Herstellung.

Und so machte sich Tullum Ende Mai auf den Weg durch das zerstörte und durch viele Kontrollen beinahe wieder in die Zeit der Kleinstaaterei zurückversetzte Norddeutschland – ein Weg, der nicht nur immer wieder aufgehalten wurdne, sondern an dessen Ende ihn auch eine Begegnung erwartete, die ebenso überraschend war, wie sie sein weiteres Leben mitbestimmen sollte.

„Mit dem Entlassungsschein ausgestattet bestiegen wir einen LKW, der uns am ersten Tage nach Scheeßel brachte, wo wir im Freien übernachteten. Am 2. Juli 1945 landeten wir dann in Aurich,

denn der Ems-Jade-Kanal begrenzte das nördliche Ostfriesland als Sondergebiet. Über die Kanalbrücken kam man nur mit entsprechenden Ausweisen, wie beispielsweise unseren Entlassungsscheinen. Auf dem Fehn wurden wir heimkehrende Fußgänger sehr herzlich begrüßt und willkommen geheißen. An der Kreuzung unseres Firmen-Sitzes traf ich die 19jährige Betty Dirks, die zwei Jahre später meine Ehefrau wurde, wohl die glücklichste Fügung in meinem Leben."

1.5. Der Neubeginn nach dem Krieg

Nur wenige Wochen nach seiner Rückkehr aus dem Krieg, am 23. Juli 1945, wurde Rolf Trauernicht 21. Fünf Jahre seines Lebens hatte er in der Kriegsmaschinerie der Nationalsozialisten verloren. *„Verständlich, dass ich dort weiter machen wollte, wo ich beruflich aufgehört hatte: Ich pachtete die "MS ANTJE", ein eisernes Motorschiff mit einer Tragfähigkeit von 25 t von der Kriegerwitwe Frau Johanne Schoon. Dieses fuhr ich vom Herbst 1945 bis Sommer 1948 auf den Kanälen in Ostfriesland."* So *„tuckerte"* also Tullums kleines Schiff wieder durch die Kanäle und beförderte unterschiedlichste Waren, Baumaterialien, und natürlich Torf zwischen Spetzerfehn und – vor allem – der Krummhörn.

Doch die Region und das Leben dort begannen sich im Gefolge der Niederlage im Krieg zu verändern. Noch 1939 gehörte Ostfriesland zu den fast ausschließlich agrarisch bewirtschafteten Gebieten, die eine verhältnismäßig geringe Bevölkerungsdichte aufzuweisen hatten. Hier lebten insgesamt ca. 300.000 Menschen. Die Haupterwerbsquelle war die Landwirtschaft mit über 25.000 Betrieben und rund 70.000 Beschäftigten, das waren 47% aller überhaupt Beschäftigten. Daran hatte auch der Krieg zunächst nichts geändert. 1946 waren immer noch 46% der Erwerbstätigen in der Landwirtschaft tätig.

Lediglich in Emden gab es industrielle Ansätze mit dem Schiffbau und einigen metallverarbeitenden Betrieben. Der Emder Hafen war zum einen Importhafen für Massengüter, darunter vor allem Eisenerz, bevorzugt aus Norwegen, das per Binnenschiff oder auch die Eisenbahn ins Ruhrgebiet transportiert wurde, zum anderen aber auch Ausfuhrhafen für Kohle, die ebenfalls per Schiff oder Bahn aus dem Ruhrgebiet kam. Kohle wurde aber auch zur Herstellung von Elektrizität im einzigen ostfriesischen Kohlekraftwerk in Emden verbraucht. Das Kraftwerk in Wiesmoor wurde nach dem Krieg mit Torf beheizt.

Die Familie Focke Trauernicht um 1946 (Tullum hinten in der Mitte).

Traditionelle Industriebereiche im Binnenland waren die Torfindustrie (ihr Umsatz lag noch 1964[1] bei immerhin 135 Millionen DM) und die Ziegeleiindustrie (deren Umsatz 1964 bei 12 Millionen DM lag). Der Schiffbau wies einen Umsatz von 179 Millionen DM, die Molkereien 185 Millionen DM und die Spirituosenherstellung 190 Millionen DM bei Doornkaat in Norden auf. Von großer Bedeutung für die Region war auch die Heringsfischerei mit ihren Standorten in Emden und Leer, auf deren bis zu 50 Loggern und an Land 1500 bis 2000 Personen tätig waren – zuzüglich derer, die in den großen Fassfabriken (in beiden Städten entstanden die größten Fassfabriken Europas) die erforderlichen Heringsfässer für den Fang herstellten.

Diese Zahlen zeigen aber auch, dass das wirtschaftliche Leben in Ostfriesland sich in den Jahren nach dem Kriege vor allem wieder auf die Landwirtschaft und die Fischerei konzentrierte, was ange-

1 Die hier genannten Zahlen von 1964 sind die frühesten publizierten Zahlen, die in dieser Form vorliegen. Branchenumsätze waren in der Anfangszeit der Bundesrepublikanischen Wirtschaft weniger relevant als Stückzahlen, also Produktionsmengen, wie sie zumeist etwa noch im „*Leuchtboje*"-Heft 9 von 1955 aufgeführt werden.

sichts der großen Versorgungsprobleme in den Besatzungssektoren besonders in den ersten Jahren nach dem Krieg sicherlich nahe lag. Bis 1949 gab es nur wenig Industrie, wie beispielsweise im Emder Hafen, wichtigster Arbeitgeber war daher neben der Landwirtschaft das Handwerk, denn 1949 gab es in ca. 5.440 Handwerksbetriebe ca. 18.000 Beschäftigte, Schwerpunkt des Handwerks war Bau- und Bauausbau und die Metallverarbeitung. Während 1949 das Bekleidungshandwerk noch stark war, verlor es bis 1971 rund 75% seiner Beschäftigten. Nur halb soviel Beschäftigte, ca. 9.000, gab es in der Industrie. Dabei verloren traditionelle Industriebereiche wie der Torfabbau durch Bedeutungsverlust und die Ziegeleien durch verbesserte Produktionslinien sehr viele Arbeitsplätze.

Hauptverkehrsmittel in der Region waren neben der Westbahn und der Küstenbahn die Kleinbahnen Emden – Greetsiel, Leer – Aurich – Esens und Ihrhove – Westrhauderfehn. Der Kraftfahrtverkehr spielte vor dem Kriege und auch in den ersten Jahren nach dem Kriege noch keine große Rolle. Der Schiffsverkehr war nur noch auf der Ems und dem Dortmund-Ems-Kanal bedeutend. Der Binnenschiffsverkehr auf den Fehnkanälen, dem Ems-Jade-Kanal und den Entwässerungskanälen in der Krummhörn nahm in der ersten Zeit nach dem Krieg einen kurzen Aufschwung, da er die Versorgung der Landbevölkerung verbesserte, kam danach aber immer mehr zum Erliegen.

In den letzten Kriegsjahren und in den Nachkriegsjahren schwoll die Bevölkerungszahl Ostfrieslands stark an. Zu den knapp 300.000 Einwohnern, die bereits vor dem Krieg in der Region gelebt hatten – der Geburtenüberschuss hatte lediglich die Kriegsverluste an Menschen kompensieren können – kamen bis 1948 fast 90.000 Zuwanderer, darunter 68.000 Heimatvertriebene und 20.000 nur zeitweilig in Ostfriesland ansässige Menschen, davon waren 6.000 aus der sowjetischen Besatzungszone geflüchtet. Viele von diesen vorübergehend in Ostfriesland Ansässigen mussten zumindest zeitweise zwangseinquartiert werden, da, nicht zuletzt aufgrund von Gebäudezerstörungen, eine Vielzahl von Unterkünften fehlten oder schlicht nicht bewohnbar waren. Dabei gab es einen erheblichen Frauenüberschuss, ausgelöst vor allem durch die starke Männersterblichkeit aufgrund der Kriegsfolgen. Auf 1.000 Männer kamen 1.240 Frauen. Die Bevölkerungsdichte betrug 1950 123 Einwohner auf dem Quadratkilometer[2].

Nicht einfacher wurde der Neubeginn durch die allgemeinen wirtschaftlichen Verhältnisse, insbesondere die Schwäche der in den ersten Jahren immer noch gültigen Reichsmark. Im Zuge der Finanzierung der Kriegsvorbereitungen und natürlich während des Krieges hatte die nationalsozialistische Reichsregierung vor allem durch Kreditaufnahmen eine ungehemmte Geldschöpfung betrieben, sodass erhebliche Mengen von Geldern im Umlauf waren, denen, insbesondere aufgrund der Vernichtung von (Kriegs-)Materialien und der Zerstörungen durch den Krieg, kaum noch reale Werte entgegenstanden. In der Folge hatte die Reichsmark kaum noch einen Wert, oder besser gesagt: kaum noch Kaufkraft. Da ohnehin viele Güter des täglichen Bedarfs – Lebensmittel und ähnliches – aufgrund der Mangelwirtschaft rationiert und zum großen Teil nur auf Marken erhältlich waren, griff man für alle übrigen Waren entweder auf „Ersatzwährungen“ (beliebt waren damals vor allem amerikanische Zigaretten) zurück oder bot andere Waren im Tausch an.

„Vor der Währungsreform 1948 wurde hauptsächlich Ware gegen Ware getauscht, so z.B. eine Ladung Torf gegen 3 Ladungen Stalldünger.

Ich erinnere mich an ein solches Geschäft mit Bürgermeister Hamer aus Petkum-Münte: 1 Ladung Schwarztorf gegen 3 Ladungen Stalldünger, und zwar soviel das Schiff trägt. Es wurde soweit abgeladen, dass das Wasser in den "Waaden" (den seitlichen Laufrinnen) stand. Wir machten das Schiff unter einer Brücke zwischen Oldersum und Emden fest. Schon nach dem 15. Fuder Mist, der von oben ins Schiff geworfen wurde, rief Hamer von der Brücke: "Dat Schipp geit unner". Meine Antwort: "Das lass´ man meine Sorge sein". So musste er schweren Herzens noch weitere 10 Fuder heranfahren.“

Doch nicht nur bei diesen Geschäften zwischen Einzelkaufleuten waren Tauschprozesse gängig, auch größere Unternehmen beteiligten sich an dieser „naturalienbasierten“ Wirtschaftsform: *„Bei den Dyckerhoff-Werken war ich seit 1946 bekannt. Auch dort war man im Zeitalter des Tauschens: Ware gegen Ware, weil die Reichsmark fast wertlos war.*

2 Die meisten dieser Zahlen entstammen einer 1950 durchgeführten Volkszählung.

So bekam ich für 10 Pfund Speck 500 Sack Zement. Auch die Papiersäcke wurden gegen Speck eingetauscht und mussten bei der Abholung beigestellt werden. In meinem Absatzgebiet Ostfriesland bekam ich für einen Sack Dyckerhoff-Zement ein Pfund Speck – ein „lohnendes" Geschäft. Diese Zeit habe ich dann später als Pfund-Währung bezeichnet. So bin ich bei den Dyckerhoff-Werken in Wiesbaden als ältester Kunde bezeichnet worden. Später haben wir mit der TRAUCO bis zu 70.000 Tonnen Dyckerhoff-Sack-Zement pro Jahr an Kunden verkauft."

Solche Tauschgeschäfte, die in dieser Zeit vor allem in ländlichen Gegenden die einzige Möglichkeit waren, wirtschaftliche Prozesse „am Laufen" zu halten, beruhten natürlich darauf, dass beide Seiten für die jeweils getauschte Ware einen Verwendungszweck hatten, und das geschickte Aushandeln der Tauschmengen war, besonders unter Geschäftsleuten, eine Wissenschaft für sich. Doch immerhin konnte man sich unter ehrbaren Kaufleuten – und als solcher verstand man sich auf dem Fehn und in der Krummhörn – darauf verlassen, dass ein vereinbartes Geschäft auch eingehalten wurde. Dass dies nicht für jeden zutraf, auch diese Erfahrung musste Tullum in dieser Zeit machen:

„1947 hatten wir das Haus meiner Schwiegereltern in der Rolofswieke umgebaut. Als wir zu der Zeit mit einem selbst gezüchteten und schwarz geschlachteten Schwein nach Fedderwarden fuhren, um am anderen Morgen mit dem LKW die besichtigte Schlafzimmer-Einrichtung bei Frau Arnold abzuholen – so lautete die Vereinbarung – bekamen wir lediglich die Drohung einer Anzeige wegen Schwarz-Schlachtung. Um die vier Wochen Gefängnis zu vermeiden, waren wir um eine Erfahrung reicher. So wurde unsere Arbeit kalorienarm begleitet."

Natürlich wurde auf dem Fehn, wie seit altersher – und im Kapitel 1.3 beschrieben – zur Selbstversorgung in geringem Umfang Viehwirtschaft betrieben. Eine Kuh, ein oder zwei Schweine, Kaninchen, diese Tiere gehörten ganz selbstverständlich zu einem Kolonistenhaushalt. Und natürlich wurde zumindest ein Schwein zum eigenen Bedarf, das zweite zum Verkauf oder Tausch bei besonderen Anschaffungen gezüchtet und gegebenenfalls auch zuhause geschlachtet. Derartige „Schwarz-Schlachtungen" waren jedoch bereits seit September 1939 in der Kriegswirtschaftsverordnung (KWVO) –

also bereits von den Nationalsozialisten – verboten worden. Der Grund war damals selbstverständlich der, jede Art von produziertem Fleisch der allgemeinen Versorgungsbewirtschaftung zuzuführen. Und tatsächlich waren während des Krieges in nennenswertem Umfang Haftstrafen oder sogar Todesurteile wegen Schwarz-Schlachtung von der Nazi-Justiz ausgesprochen worden. Somit war eine solche Anzeige, auch unter der „erleichterten Rechtsprechung" der Nachkriegszeit, keine Bagatelle. Die KWVO wurde übrigens erst 1949 durch das Wirtschaftsstrafgesetz der Bundesrepublik Deutschland ersetzt.

Trotz solcher nicht einfach zu verkraftenden Rückschläge entwickelte sich Rolf Trauernichts Tätigkeit als selbständiger Binnenschiffer durchaus positiv und erfolgreich. „*Von Februar bis April 1947 brachte ich aus dem Emder Raum 35 Ladungen Stalldünger nach Spetzerfehn. Der Naturdünger war sehr gefragt; denn alle wollten viel düngen und viel ernten. Im Februar 1946 widerfuhr mir das Missgeschick, dass ich das untere Tor der Schleuse Ulbargen rammte und diese gesperrt werden musste.*

Glücklicherweise war das Schiff meines Vaters oberhalb dieser Schleuse als dieses passierte. So konnten jeweils 15 t Stalldünger – das war auf dem Fehn eine Ladung (sign. Bagholdsladung) – mit mehreren "Krodern" von meinem Schiff übergeladen werden. Der Rest von jeweils ca. 10 t lagerten wir am Ufer. Nach 2-3 Monaten war dort ein Misthaufen von über 100 m Länge entstanden – ein enormes Kapital in Natura.

Der Wasserstand im Fehntjer Kanal sank im Frühjahr. Beladen konnte das Schiff nur bis ca. 150 m an die Schleuse heranfahren. Dann wurden pro Überladung bis zu 1 Dutzend "Kroder" eingesetzt. Aus dieser Zeit stammt der Ausspruch eines Mitbürgers über den schweren Tag- und Nachteinsatz: "Hee quält sück dood". Als wir dann 1947, gleich nach unserer Hochzeit ein neues Haus bauten, sagten die gleichen Leute: "Wo kummt hee doorbij?"." Hier drückt sich ein offenbar tief sitzendes – bis zur Missgunst reichendes – Misstrauen gegenüber der erfolgreichen Arbeit eines Nachbarn und Mitbürgers aus, eine Haltung die auch heute noch oft problematisch ist. Dabei sollte es doch ganz selbstverständlich sein, dass größere Leistung und Härte gegen sich selbst sich auszahlt – in welcher Form auch immer.

Die "MS Antje" (hinten), Tullums Schiff, angelegt auf dem Fehn.

Doch nicht nur Stalldünger wurde mit der „MS Antje" transportiert: *„Nach jedem Entladen wurde das Schiff gründlich gereinigt. Sauberkeit war auf dem kleinen Frachter höchstes Gebot, denn zeitweilig fuhr ich auch Lebensmittel von Leer und Emden nach Spetzerfehn zu den Lebensmittelgeschäften. Dann hieß es: Der "Bört-Schipper" kommt."*

Wesentlichen Anteil an diesem positiven Neubeginn hatte wohl von Anfang an jene Betty Dirks, die Rolf am Tag seiner Rückkehr, markanterweise an der Kreuzung vor dem heutigen Firmensitz begrüßte. Betty Dirks wurde am 15.08.1926 in der Rolofswieke, Wilhelmsfehn I geboren. Ihre Eltern Balse und Omalie Dirks waren 1922 aus Jheringsfehn dorthin gezogen. Für Tullum war sie bei der Begegnung bei seiner Rückkehr durchaus keine Unbekannte, denn ihre Eltern waren befreundet. Diese verband wohl vor allem der gemeinsame, tiefe Glaube, eine Haltung, die sie auch an ihre Kinder weitergaben. Auch Betty Dirks erlebte die Kindheit und Jugend einer Kolonistenfamilie auf dem Fehn, die, wie bei Tullum, geprägt war von harter Arbeit und Entbehrungen. „*Im Herbst 1940 wurde ich aus der Volksschule entlassen. An eine weiterbildende Schule war nicht zu denken, da die nächste Realschule sieben Kilometer entfernt war. Die Bahnstation, um nach Aurich zum Gymnasium zu kommen, war acht Kilometer entfernt. Wir hatten keine Fahrräder mehr, weil es keine Ersatzteile für defekte Fahrräder gab. Die Arbeitskräfte für die Landwirtschaft und bei der Torfarbeit wurden immer weniger, weil mit Beginn des Zweiten Weltkrieges so ziemlich alle wehrpflichtigen Männer zum Wehrdienst eingezogen waren. Frauen und Kinder mussten schwere Arbeit verrichten. So musste ich als 16-jährige bei der schweren Torfarbeit (Torf graben für die Winterheizung) mithelfen. Täglich acht Stunden im Moor die schweren Torfkarren schieben.*“

Besonders die Kriegszeit erinnert sie heute allerdings als eine Zeit von Repressionen. „*Die Arbeiten im Moor begannen, wenn der Frost abgetaut war. Im Februar, wenn manchmal schon die Frühlingssonne warm schien, dachte ich mit Grausen ans Torfgraben im März! Ich schaffte die acht Stunden täglich auch nur mit Müh' und Not. Eines Tages war es besonders schwer: Kein Windhauch, und schon die warme Frühlingssonne bewirkte, dass ich die acht Stunden kaum durchhalten konnte. Ich hatte Schmerzen in der Brust und musste mich nach Feierabend zu Hause gleich hinlegen. Mutter war ratlos und rief den Arzt. „Was hat das Kind gemacht, es ist ja völlig erschöpft,“ war seine Frage. Eine Woche Ruhe und keine Arbeit. Nach drei Tagen kam ein Soldat. Er hatte Urlaub bekommen, um seinen Torf als Winterheizung graben zu können. Zum Karreschieben brauchte er noch jemand. Überall sei er gewesen; ohne Erfolg. Mutter sagte ihm, dass der Arzt mir Ruhe verordnet hätte, weil ich völlig erschöpft sei. Er zog wieder ab. Nach einer halben Stunde kam der Nazi-Ortsgruppenleiter: „So, Betty hat sich geweigert, unseren tapferen Soldaten zu helfen?“ Nicht geweigert, sagte meine Mutter, und sie erzählte auch ihm, was der Arzt gesagt hatte. „Na,“ meinte dann der Ortsgruppenleiter, „da müssen wir mal sehen: In Polen, wo unsere Armeen siegreich einmarschiert sind, brauchen wir viele junge Mädchen für den Kriegsdienst. Der ist ja wahrscheinlich nicht so schwer wie diese Torfarbeit!“ Und Betty stand am nächsten Morgen um 7 Uhr wieder im Moor.*“

Doch nicht nur derartiger, zwangsweiser Ersatz der männlichen Arbeitskräfte in der Landwirtschaft stand auf der Tagesordnung. Mit dem Beginn des Zweiten Weltkrieges wurden auch Frau-

Betty Trauernicht als 16jährige mit ihrer Mutter bei der Torfarbeit.

en zum Reichsarbeitsdienst herangezogen. *„Eines Tages, ich war 17 Jahre alt, bekam ich die Aufforderung zur Musterung für den weiblichen Arbeitsdienst. Wir bekamen einen Tipp, dass wir einen Antrag auf Befreiung des Arbeitsdienstes stellen konnten, wenn ich bei meinem Onkel Gede de Wall als Kriegsdienst in der ziemlich großen Landwirtschaft arbeiten würde. Onkel Gede war schon etwas älter und krank. Meine Tante Neti musste – fast alleine – die Arbeit schaffen. So wurde der Onkel zum Gesundheitsamt zur Untersuchung beordert, und ich wurde vom Arbeitsdienst befreit.*

Wenn im Frühjahr – meistens im Mai – das Torfgraben beendet war, gab es in der Landwirtschaft viel Arbeit. Dann begann mein Kriegsdienst bei Onkel Gede. Der sah dann so aus: Morgens um 5:30 Uhr weckte mich meine Mutter. Mit dem Fahrrad – ein Fahrrad hatten wir inzwischen wieder fahrbar gemacht – fuhr ich zum Melken. Auf halber Strecke von uns zu Hause bis zu Onkel Gede (6 km) mussten wir fünf Kühe melken, die dort auf der Weide waren. Drei er, zwei ich. Eimer säubern und weiter zu Onkel Gede's Haus. Dort bei der Hausarbeit helfen. 8:00 Uhr Frühstück und dann aufs Land. So hieß die landwirtschaftliche Arbeit in ihrer Vielfalt. 10:00 Uhr Teetrinken und wieder aufs Land. 12:00 Uhr Mittagessen, eine halbe

Stunde Pause und wieder aufs Land. Nachmittags um 14:30 Uhr Tee und wieder bis 16:30 Uhr zurück zum Melken: Er drei, ich zwei. Milcheimer säubern und dann – kein Feierabend, sondern es ging wieder zurück zu Mutter. Kurze Erholung und dann weiter bis manchmal 20:00 Uhr. Mutter schaffte die Arbeit nicht alleine. Für Onkel Gede mussten wir den Torf für seine Winterheizung, der bei uns im Moor irgendwo gegraben worden war, fast täglich eine Lage zum Trocknen aufschichten. Dafür haben Onkel und Tante dann für uns ein Schwein gemästet, weil jeder Haushalt für „Großdeutschland" ein Schwein gratis abliefern musste. Genauso war es mit der Aussaat und Ernte von 1 Ar (10 x 10 m) Wurzelgemüse. Auch gratis für „Großdeutschland". Wer in seinem Leben Wurzelsamen gesät hatte, und nach dem Aufgehen der Saat dann das unvermeidliche Jäten kennt, kann sich vorstellen, wie lange und mühsam 1 Ar an Zeit und Geduld gekostet hat. Also mussten Mama und ich einmal für uns selber, einmal für den Onkel je ein Ar Wurzeln abliefern. Diese Arbeit machten wir oft abends. Das Wort Feierabend haben wir nie umsetzen können. Vor Müdigkeit schmeckte uns das Essen oft nicht mehr. Was gab es? Rationiert waren alle Lebensmittel. Im Sommer hatten wir Milch von unserer Kuh, im Winter wurde ein Schwein geschlachtet. Hunger wie vielerorts in Deutschland hatten wir nicht, nur kräftemäßig schafften wir die Arbeit kaum."

Zwischen Rolf und Betty gab es so von Anfang an einige wichtige Gemeinsamkeiten, die sie verbanden: *„Sein Leben war wie meines abgelaufen: Spielen war Luxus! Der Zweite Weltkrieg hatte verhindert, dass wir Jugendlichen einen Beruf erlernen konnten. So wie ich in der Landwirtschaft und bei der Torfarbeit arbeiten musste, war in der Trauernicht-Familie die Torfarbeit mit dem Binnenschiff seines Vaters verbunden. Rolf und seine Brüder wurden voll eingesetzt, wenn die Schulzeit es zuließ."*

Bis 1954 wohnten Rolf und Betty bei Bettys Eltern in deren Haus in der Rolofswieke. Das war damals, auch für jung Verheiratete, nicht zuletzt aufgrund der schlechten Wohnsituation auf dem Fehn, nicht unüblich. Dennoch dürfte bereits damals die Zusammenarbeit und gegenseitige Unterstützung sehr eng gewesen sein. *„Im Juni 1946 haben wir uns verlobt und wir wollten feiern. Rolf tauschte gegen Speck, Torf usw. Lebensmittel ein. Eine Cousine von Rolf half Kuchen zu backen und wir feierten eine super Verlobung.*

Aber zu einer Verlobung gehörten auch zwei Ringe. Dazu gibt es eine kleine Geschichte:

Meine Mama und ich mussten ja auch unsere kleine Landwirtschaft versorgen. Dazu gehörte neben einem großen Garten auch noch „Ackerbau und Viehzucht". Eines Tages war der Kartoffelacker unser Programm. Bevor die jungen Pflanzen sichtbar wurden, mussten die Furchen, die bei der Pflanzung entstehen, begradigt werden. Das Wetter war angenehm mild, die Sonne schien und die Furchen verschwanden. Dann, plötzlich, ein kurzes, intensives Glänzen in der Ackererde. Ich nahm eine Münze auf. Nach dem Trockenrubbeln erkannten wir eine österreichische Münze von 1765. Viel von Münzen verstanden wir nicht – woher auch. Aber dass es etwas „Goldenes" war erkannten wir wohl und das war in dieser Zeit besonders wertvoll. Das war das richtige Material für unsere Verlobungsringe."

1947, zwei Jahre nach der Wiederbegegnung, wurde geheiratet. *„Am 26. Juli 1947 war die standesamtliche Trauung. Mit dem Fahrrad – wir hatten durch Tausch unsere alten Fahrräder wieder flott – fuhren wir sieben Kilometer nach Großefehn zum Standesamt. Am nächsten Tag, Sonntag dem 27. Juli 1947, einem wunderschönen Sonnentag, war die kirchliche Trauung. Ein lieber Freund von Rolf, Jürgen Saathoff, bot uns an, uns mit dem Auto zur Kirche zu fahren. Diese Fahrt war die erste, die ich in einem PKW machte!! Als der Hochzeitstermin festgelegt war, musste auch die Kleiderfrage gelöst werden. Festliche Kleidung gab es nicht 1947, vor der Währungsreform. Gut, dass meine Eltern auch liebe Freunde hatten. Die hatten vor Jahren geheiratet, und die Festkleidung lag wohl verpackt im Schrank. Da Onkel Leffertus, ähnlich wie Rolf groß und schlank war, Tante Käthe eine Figur ähnlich wie ich hatte, war die Kleiderfrage geklärt! Blumengeschäfte gab es nicht, aber ein schöner Rosenstrauß aus dem Garten hielt allen Erwartungen stand. Der Hochzeitswagen kam. Ein nettes Hochzeitspaar wartete: Sie im weißen langen Kleid mit Schleier und sogar weißen Schuhen. Er im schwarzen Anzug, weißem Manschettenhemd und Fliege. Wir waren glücklich. Man wusste wohl, dass wir an dem Sonntag heiraten wollten und so fanden wir eine ziemlich besetzte Kirche vor. Als Trauspruch wünschten wir uns nach unserer Überzeugung (Rolf und ich hatten die gleiche) den Spruch, der auch schon vor unserer Verlobung meine Zielrichtung war: „Befiehl dem Herrn deine Wege und hoff auf ihn, er wird alles wohl machen." Es war eine eindrucksvolle Trauung."*

Das glückliche Paar. Das Hochzeitsfoto von Betty und Rolf Trauernicht am 27. Juli 1948.

Das ein solches Fest unter den damaligen Bedingungen seine ganz besonderen Schwierigkeiten bietet, machen die weiteren Erinnerungen von Betty Trauernicht deutlich: *„Natürlich hatte Rolf auch für ein „Festmenü“ gesorgt. Ein schwarz geschlachtetes Schwein lieferte den Rippchenbraten, dazu Salat und Rotkohl. Als Nachtisch – heute hieße es wohl „Dessert“ – gab es etwas ganz Besonderes: Nicht nur Milchreis, sondern sogar Rosinen – oh Wunder – hatte Rolf am „Schwarzen Markt“ eingetauscht. Torten, wieder mit Unterstützung von Cousine Feuke, gab es in Mengen. Und in Mengen wurde auch diese Gelegenheit des Genießens wahrgenommen. Sogar Wein für eine Bowle gab es.“*

Direkt anschließend *„machten Betty und ich mit unserem Steuermann Kornelius Trauernicht unsere Hochzeitsreise. Eine Ladung Stalldünger tauschten wir in Saerbeck gegen eine Ladung losen Baukalk. Davon bekamen wir auf der Rückfahrt rote Augen, was uns als Verliebten aber nichts ausmachte.“*

Im Sommer 1948 fand endlich die lange fällige Währungsreform statt, die die Grundlage für eine wieder regulär sich entwickelnde Wirtschaft sein sollte. Ziel war es, den durch die ungehemmte Geldschöpfung der Vorkriegs- und Kriegszeit entstandenen „Geldüberhang“ abzubauen und der grassierenden Geldentwertung entgegen zu wirken. Damit sollte zugleich die Basis für ein wieder stabiles und wachstumsorientiertes Wirtschaftssystem mit verlässlichen Preisen und – vor allem – verfügbaren Waren geschaffen werden. Die Deutsche Bevölkerung traf die Währungsumstellung – wie von den Besatzungmächten gewünscht – nahezu unvorbereitet: Am Freitag, dem 18. Juni 1948 wurde die Bevölkerung der drei Westsektoren via Rundfunk und durch Aushänge über die am folgenden Wochenende stattfindende Währungsumstellung informiert. Diese kurzfristige Information diente vor allem dem Zweck, dem Horten von Waren in den Geschäften und bei Händlern entgegen zu wirken. Bereits am folgenden Sonnabend waren die meisten Geschäfte wegen „Erkrankung“ oder „Umbau“ geschlossen, oder waren schlicht „ausverkauft“. Ab dem 20. Juni 1948, einem Sonntag, fand die Auszahlung der neuen Währung für alle Bürger in Form eines „Kopfgeldes“ von 40 DM statt (und einen Monat später von nochmals 20 DM). Und bereits am Montag dem 21. Juni 1948 war die DM allein gültiges Zahlungsmittel. Die Umstellung der Bankkonten, auf die auch das noch vorhandene Reichsmark-Vermögen eingezahlt werden musste, erfolgte auf Antrag zu einem späteren Zeitpunkt. Die Umstellung von Schulden erfolgte zum Kurs von 100 RM zu 10 DM, insgesamt wurden 100 Reichsmark in 6,50 DM umgewandelt.

Entscheidend für den Erfolg der Währungsumstellung war die Erfahrung der Bevölkerung am 21. Juni 1948: *„Plötzlich gab es wieder ALLES!“* In den Läden war wieder eine Vielzahl an Waren zu finden (bisweilen mit dem Hinweis: *„Keine gehorteten Waren“*), und diese waren auch zu akzeptablen Preisen zu erwerben – wobei es in den ersten Tagen aufgrund der geringen Höhe des „Kopfgeldes“ noch eine gewisse Kaufzurückhaltung – und vorübergehend, in der folgenden Zeit auch eine höhere Arbeitslosigkeit – gab. Letztendlich stellte die Währungsreform von 1948, auch wenn es Verlierer, wie die Sparer und die Arbeitslosen gab, das Fundament zu einem erfolgreichen Neustart des Wirtschaftslebens in Deutschland dar, von dem auch Rolf Trauernicht bald profitieren sollte.

Doch zunächst stand, etwa einen Monat nach der Währungsreform ein privater Anlass im Vordergrund. *„Meine Frau erinnert sich an Sonnabend, 17. Juli 1948, den Vorabend der Geburt unseres ersten Kindes. Gegen Abend hörte sie den Motor der "ANTJE" tuckern, für sie ein vertraulicher Klang. Statt aber nach dem Tag- und Nachtdienst der arbeitsreichen Woche nun am Wochenende Feierabend zu machen, kam ich erst gegen Mitternacht nach Hause. Wir hatten das Schiff noch entladen. Ich kam aber noch früh genug, um die Hebamme "Tante Adele" zu holen.“* So kam am 18. Juli 1948 Tullums und Bettys erstes Kind, Focko Trauernicht zur Welt. Diese Erinnerung zeigt deutlich, wie in dieser Zeit – und der kommenden Zeit – der Aufbau des Unternehmens im Vordergrund von Tullums Leben stand. Dies sollte sich nicht nur fortsetzen, sondern zum Leidwesen gerade der jüngeren Mitglieder seiner Familie, wenigstens zeitweise noch verstärken. Aber es gab dazu keine Alternative.

Ein erster Schritt zur Ausweitung des Geschäftes fand bereits kurz nach der Währungsreform statt: *„1948 kaufte ich ein 70-Tonnen-Motorschiff. Es erhielt den Namen meiner Frau: "MS BERTA". Um den Kaufpreis zahlen zu können, verkauften meine Frau und ich unser gesamtes Inventar für 8.000 DM. Von Heinrich Diepen aus Oldersum nahm ich 12.000 DM als Darlehen auf für das ich ganze 20%*

Zwei Segelschiffe
und ein
eisernes Motorschiff
auf der Hauptwieke
von Großefehn
auf Höhe der Mühle
in Ost-Großefehn.

Zinsen zahlen musste. Entgegen der Meinung seines Bruders Theodor konnten wir innerhalb von zwei Jahren das Darlehen zurückzahlen."

Der Kauf dieses Motorschiffes war eine wesentliche Grundlage für die weitere Entwicklung von Tullums Tätigkeit. Erst der deutlich vergrößerte Laderaum der „MS Berta" ermöglichte Transporte und Geschäfte, die die Grundlage für die spätere Entstehung der Trauco und aller damit verbundenen Unternehmungen darstellten. Auslöser für den Kauf war offenbar die intuitive Einsicht und Erfahrung der vorangehenden Monate, dass nach dem Krieg und mit der Verfügbarkeit von werthaltigem Kapital auch der Bedarf an Waren steigen würde. Und offenbar sah Tullum bereits damals das Bauwesen als den Schwerpunkt dieses Bedarfs in den kommenden Jahrzehnten voraus.

„Gleich nach dem Erwerb von „MS Berta" im Sommer 1948 transportierte ich Kalksandsteine von Lathen an der Ems nach Großefehn. Kamen wir abends an, konnte man am anderen Morgen die 20.000 Kalksteine, die wir zwei – mein Steuermann Kornelius Trauernicht und ich – nachts per Karre ausgeladen hatten, manchmal an 10 verschiedenen Baustellen sehen." Allein die Zahl an Baustellen, bereits kurz nach der Währungsreform, ist hier bedeutsam, zeigt sie doch, dass gerade in Ostfriesland, nicht nur aufgrund der immer noch hohen Einwohnerzahl, ein erheblicher Bedarf an Neubauten in Form von Wohnhäusern, aber vor allem auch landwirtschaftlichen Wirtschaftsgebäuden bestand.

„Vorwiegend aber wurde in dieser Zeit Zement über den Dortmund/Ems-Kanal von Saerbek – Hafen nach Leer über die Ems transportiert. In Lengerich/Westfalen war das nächstgelegene Zementwerk betrieben von der Dyckerhoff AG. Dort wurden vier Waggon Zement in je 50 kg-Papiersäcken = 63 Tonnen (oder 1260 Säcke) beladen und mit der Teutoburgerwald – Eisenbahn nach Saerbeck-Hafen befördert. Wir waren zwei Mann auf der „MS Berta", davon legte einer die Zement-Säcke auf eine Rutsche und der zweite verstaute diese in ca. vier Stunden im Laderaum. Danach wurde sofort der Motor gestartet und die „MS Berta" fuhr die Ems hinunter Richtung Leer. Während der eine steuerte, machte der zweite Mann die Luken dicht, welche mit einer Plane wasserdicht abgedeckt wurden. Wenn das Schiff vollgeladen war und auf der Ems bei starkem Wind hohe Wellen erzeugt wurden, spülte so manches Mal Wasser über die Luken.

MS Berta 1948 beladen mit 1.260 50 kg Papiersäcken Dyckerhoff-Zement auf der Fahrt von Saerbeck Hafen über die Ems nach Leer

Wenn wir dann abends durch die Schleuse den Leeraner Hafen erreichten, folgte die Schwerstarbeit des Löschens per Hand. So wurden die Zement-Säcke à 50 kg aus dem ca. 2 m tiefen Laderaum gehoben, dann in etwa gleicher Höhe auf den Kai gelegt, danach auf eine Lore gepackt und ca. 100 m weit in eine Halle geschoben. Dort wurden die Säcke mit Dyckerhoff-Zement einzeln ins Lager getragen. Bei Sonnenaufgang lagen dann die 1.260 Zement-Säcke im Lager. Dann holten wir die nächste Ladung."

Die beiden Schilderungen machen deutlich, welch eine Schinderei der Transport von Baumaterial in die Region oft war. Das blieb natürlich auch für die beiden Binnenschiffer nicht ohne Folgen. „*Trotz Übermüdung konnte nur einer schlafen und der andere musste steuern, um erneut eine weitere Ladung zu holen. Dabei kann es vor, dass man einschlief und durch einen Ruck, den der Zusammenstoß mit dem Ufer erzeugte, wieder aufwachte.*"

Anders gesagt: die Dauerbelastung verursachte Gefahren und war nicht nur für das Schiff gefährlich. Dabei war es nicht nur die durch ständigen Einsatz entstehende, körperliche Überlastung allein, die für Gefahren sorgte: „*Selbst bei Nebel fuhren wir. Durch diesen Leichtsinn verursachte ich im Herbst 1948 zwischen Haren und Lathen auf der Ems einen Zusammenstoß, der noch glimpflich mit ein paar Beulen verlief. Dieser Unfall brachte mir aber vom Staatsanwalt eine Anklage wg. fahrlässiger Körperverletzung ein, da ein Besatzungsmitglied des gerammten Kahns einen Schock erlitten hatte. Nur die Amnestie, die voraussichtliche Vergehen bis zu 6 Monaten amnestierte, bewahrte mich vor dem Prozess und evtl. einer Verurteilung.*"

Doch am Ende waren es nicht die ständigen Transporte und Fahrten allein, die die Arbeit auf den Fehnen schwer werden ließen. „*Es war auch insofern ein "schweres Brot", als die Fehnanlagen langsam verfielen. Schleusentore, Brücken und Drehpfosten ließen sich nur noch sehr schwer bewegen. Auch war lange nicht mehr gebaggert worden. Die Untiefen haben uns manchen Schweißtropfen abverlangt. Unrat verfing sich in der Schiffsschraube und die Zeitung berichtete einmal: "Berta hatte Schwierigkeiten". Das führte wiederum zu Fragen von Bekannten: "Was ist denn mit Deiner Frau?"*.

So humorig dies im Rückblick daherkommen mag, hier rächte sich dann die Vernachlässigung der Infrastruktur auf den Fehnen, vor allem während der Zeit des Nationalsozialismus und des Krieges. Eine Reaktivierung der Fehnkanäle in ihrer ursprünglichen Form war schon damals nur schwer vorstellbar, nicht zuletzt, weil nach dem Zweiten Weltkrieg der bis heute unaufhaltsame Aufstieg des straßenbasierten Kraftverkehrs begann. Dem hatte die kleinteilige Binnenschifffahrt der „Fehnspediteure" bereits auf mittlere Sicht nichts entgegen zu setzen, wie wir auch im nächsten Kapitel sehen werden.

Auch aus heutiger Sicht kann der ursprüngliche Zustand der in Betrieb befindlichen Fehnanlagen nur schwer nachvollzogen werden, auch da diese inzwischen, vor allem aufgrund jahrzehntelanger Nichtbenutzung verfallen und die meisten Kanäle unwiederbringlich verlandet sind. Die Versuche, die beispielsweise in Spetzerfehn und Großefehn unternommen wurden, aus touristischen Erwägungen, um einen Anziehungspunkt und eine Sehenswürdigkeit zu schaffen, die ehemaligen Kanäle weitestgehend wieder auszubaggern und mit musealen Schiffsnachbauten zu füllen, können dem Betrachter nur einen schwachen Abglanz der ehemaligen Nutzung und Aktivitäten am Fehnkanal verschaffen.

Die Leistung von Rolf Trauernicht in jenen Jahren ist auch deshalb so hoch einzuschätzen, weil er sich nicht, wie dies die meisten sicherlich getan hätten, mit dem Erreichten zufrieden gab, sondern, auch mit dem Blick auf den von ihm früh erkannten, entstehenden Markt im Bereich Baumaterialien, auf die Zukunft hin arbeitete.

„In der wenigen freien Zeit während der Fahrt habe ich gepaukt, um die Sachkundeprüfung vor der IHK zum Baustoffkaufmann ablegen zu können. Dies gelang mir 1949 vor der Industrie- und Handelskammer in Emden. Anfang 1949 machte ich meinen Steuermann Hans Bruns zum Schiffsführer. Da hatten die Baustoffaufträge so zugenommen, dass ich als Baustoffkaufmann an Land blieb. Diese Aufträge – auch für andere Baustoffe – führten am 1.5.1949 zur Gründung unserer Baustoffhandlung R. Trauernicht & Co.. Die „MS Berta", mit Hans Bruns und Fokki Trauernicht, hat dann noch bis 1961 Zement transportiert, danach lohnte es sich nicht mehr."

1.6. Der Aufbau der Trauco

Die Gründung der *R. Trauernicht & Co.* Baustoffhandlung – deren Name bald zum volkstümlichen „Trauco“ zusammengezogen wurde – am 1. Mai 1949, war die logische Konsequenz aus den Entwicklungen der Transporte in den vorangegangenen Jahren. Mehr und mehr waren statt der zuvor vielseitigen, vom traditionellen Torf und Dünger über Baumaterial zu Lebensmitteln reichenden Transportgüter der „Fehnspediteure“ vor allem Baumaterialien zum Neu- und Wiederaufbau von Wohnhäusern, vor allem aber von landwirtschaftlichen Gebäuden, das hauptsächliche Transportgut geworden.

Wichtiger noch waren für Rolf Trauernicht aber wohl zwei andere Gründe: zum Einen hatten die transportierten und zum Verkauf bereitstehenden Waren – nicht zuletzt aufgrund des deutlich größeren Schiffes – einen Umfang angenommen, der ohne Lagerräume kaum noch zu überblicken und zu verwalten war. Und zum Anderen war ein Verkauf der Baumaterialien direkt vom Schiff nicht mehr effizient: es wurde eine Verkaufsstelle mit Büro und Mitarbeitern erforderlich. Die notwendigen Kenntnisse der Baumaterialien und ihrer Verwendung hatte Tullum sich bereits mit der Prüfung zum Baustoffkaufmann erworben. Sein Geschäftspartner in der *R. Trauernicht & Co.*, Dietrich Rademacher, seines Zeichens Bäckermeister in Großefehn, verfügte für den Anfang über die notwendigen Kontakte, damit die verfügbaren und darunter insbesondere die wetter- und wasserempfindlichen Waren auf den Dreschdielen von Bekannten und Freunden gelagert werden konnten, von wo auch oft genug verkauft wurde.

„Ich teilte mit meinem Kompagnon, Bäckermeister Dietrich Rademacher ein Büro von 9 qm. In der Scheune lagerten Zement, Kalk, Latten, Dachpappe und draußen lagerte der Rest.

Schwerster Einsatz Tag und Nacht ergaben für das Jahr 1949 einen Verlust von 1.300 DM. Wir wurden wohl zu sehr bestohlen, und auch die Buchführung war wohl mangelhaft. 1950 erwirtschafte-

ten wir den ersten Gewinn. 1951 bauten wir am Kirchweg in Ostgroßefehn die erste Lagerhalle mit zwei Büroräumen.“

Rolf Trauernicht, Portrait aus den 1950er Jahren.

Man sieht, dass dies ein Neubeginn mit dem kleinsten möglichen Risiko war. Dass eine Neugründung im ersten Jahr ihrer Existenz einen Verlust macht, gilt heute als eine Binsenweisheit und Normalität – der Trauco hätte dies damals beinahe das Genick gebrochen. Nur die Tatsache, dass Umsatz und Lagermenge den entstandenen Verlust auffangen konnten, rettete das Unternehmen, das sonst hierfür erforderliche Kapital wäre schlicht nicht vorhanden gewesen. Die Erinnerungen von Betty Trauernicht, die bereits kurz nach der Unternehmensgründung mit ihrem zweiten Kind schwanger war – Marlene Trauernicht erblickte am 26.01.1950 das Licht der Welt –, geben einen kleinen Einblick in die damaligen Verhältnisse, beginnend mit dem Kauf der *„MS Berta“* 1948:

„1945 nach seiner Entlassung aus der Kriegsgefangenschaft hatte Rolf von einer Kriegerwitwe das Motorschiff „Antje" gepachtet. Jetzt – 1948 – kauften wir die „M. S. Berta"; einige Wochen nach der Währungsreform.

Folgende Begebenheit zwang uns zu diesem Kauf:

Der Neffe von der Kriegerwitwe war auch aus der Kriegsgefangenschaft entlassen worden. Auch er war arbeitslos und fragte seine Tante, ob er nicht einen größeren Anspruch auf das Schiff seines Onkels hätte als Rolf Trauernicht. Ein Gespräch fand statt und Rolf überließ ihm die M. S. Antje.

Was nun? In Wiesmoor wurde ein größeres Schiff zum Verkauf angeboten. Eine sehr interessante Sache. Aber woher das Geld nehmen? Bei der Währungsreform vor einigen Wochen gab es als „Start" für jede Person 40,00 Deutsche Mark. Mit diesem Betrag von Mama, Papa und Opa = 120,00 Deutsche Mark mussten wir die Arztrechnung der Geburtshilfe unseres Babys bezahlen. So waren wir wieder „blank"."

Wie berichtet, wurde die Finanzierung des dringend benötigten Schiffes durch einen privaten Kredit und den Verkauf der eigenen Möbel gestemmt. Doch mit der Gründung des Unternehmens und seinem schnellen Wachstum wurde der Finanzbedarf für die kleine Familie mit zwei Kindern bald zu einem Problem. *„1951 kauften wir das Grundstück für die Halle, und die Kosten für die Halle selber hatten unsere Kredite bei den Banken erschöpft. Wir wohnten weiterhin bei meinen Eltern und schätzten uns glücklich, mit „von dem Tisch" meiner Eltern leben zu können, weil die kleine Landwirtschaft das ermöglichte. Ich selber hatte während des Krieges einen Nähkurs mitgemacht und konnte so für mich und die Kinder manches Kleidungsstück selber fertigen. Einmal gab Rolf mir vor Weihnachten 20 Deutsche Mark! Aber wir versuchten aus allem das Beste zu machen."*

Auch wenn das neu erworbene Grundstück am Kirchweg 10 in Ost-Großefehn anfangs nur 10 Ar groß war, bildet es doch die Keimzelle des heutigen Unternehmens. Neben der Lagerhalle entstanden zwei Büroräume. Und natürlich mussten nun Mitarbeiter eingestellt werden. Betty Trauernicht erinnert sich: *„Da die Baustoffe auf diversen Dreschdielen unserer Freunde lagerten, brauchten wir unbedingt eine Baustoffhalle. Dafür konnten wir einen Bauplatz am Kirchweg 10 erwerben und unsere erste Halle planen und bauen.*

Die erste Lagerhalle und -fläche der Trauco am Kirchweg.

Nun gab es wieder einen Anfang: Nachdem die Familie, die Mitarbeiter, gute Freunde und Nachbarn in wunderbarer Stimmung die Gläser geleert hatten, war der nächste Tag die erste große Wahrnehmung eines völlig anderen Geschäftsalltages. Die Männer, die von der Dreschdiele unseres Kompagnons Rademacher Baumaterialien verkauft hatten, zogen jetzt als feste Mitarbeiter zum Kirchweg. […] Teil [der dort errichteten] Halle waren zwei Büroräume und weitere zwei 3x4 Zimmer, wo die Familie unseres ersten LKW-Fahrers Johann Trauernicht eine Wohnung bezog.

Eline, eine liebe, tüchtige Bekannte, wurde als Sekretärin engagiert. Sie war, wie wir alle, begeistert, endlich ein Büro einzurichten. Als erstes bekam Chef Rolf seinen Schreibtisch und einen bequemen Stuhl für seine langen Beine. Im Übrigen wurden die Räume sparsam eingerichtet. Es fehlten einfach die dafür notwendigen Finanzen. Eline wusste [auch] auf alle praktischen Fragen, die auf ein junges Unternehmen zukommen, eine gute Antwort. Schon am ersten Tag musste eine wichtige Frage geklärt werden: Wo können wir uns zum Frühstück wohl hinsetzen? Schon wurde ein Zimmer als „Kantine" angepeilt. Einen Tisch und Stühle besorgt, und natürlich gab es bald den wohltuenden Ostfriesentee. Wo Ostfriesen sich zusammensetzen ist die Teefrage kein Problem. Aber dieser Anfang hatte Folgen. Jahrelang spendete die Firma immer den Tee für immer mehr Mitarbeiter."

Aber letztendlich war es nicht die familiäre Atmosphäre, die den Erfolg des Unternehmens ermöglichte, sondern die harte Arbeit aller Beteiligten, und – nicht zuletzt – die Chancen, die sich immer wieder aus den aktuellen politischen und wirtschaftlichen Entwicklungen jener Jahre ergaben. So *„wurden 1953, zur Zeit der Brennstoff-Bewirtschaftung, Tausende von Tonnen Torf aus Brok im Waterland importiert und auf Schiffen in Emmerich auf Waggons geladen.*" Dies war zugleich die letzte Chance, aus dem Torf, jenem Brennstoff, mit dem die Karriere von Tullum einmal begonnen hatte, einen nennenswerten Ertrag zu erwirtschaften, denn am 10.02.1953 trat der Vertrag zur Montanunion (dem Vorläufer der EU) in Kraft, mit dem die Brennstoffbewirtschaftung der Nachkriegszeit ihr Ende fand, Steinkohle zu günstigen Preisen verfügbar wurde, und gleichzeitig der Preis für Torf als Brennstoff ins Bodenlose fiel.

Torftransport in der Zeit der Brennstoffbewirtschaftung

Überhaupt war das Umfeld für ein aktives und findiges Unternehmen auch in Ostfriesland so gut wie selten in der Geschichte: Nach 1950 ging die Bevölkerungszahl stetig zurück, was auch der vorhandene Geburtenüberschuss nicht wettmachen konnte. Bis 1959 verlor Ostfriesland 68.000 Menschen durch Abwanderung. Ursache waren dafür vor allem die fehlenden Arbeitsplätze, denn auch die Landwirtschaft bot immer weniger Arbeitsplätze. Zwar gab es 1961 immer noch rund 24.500 landwirtschaftliche Betriebe, die vor allem in der Milchwirtschaft tätig waren, aber nur noch 30% aller Tätigen fanden ihr Auskommen in der Landwirtschaft. Der Anteil der Grünlandflächen betrug 1964 ca. 67%, die Ackerflächen nur 30% aller genutzten Flächen.

In den Folgejahren nahm die Zahl der landwirtschaftlichen Betriebe, vor allem der Kleinbetriebe, weiterhin stetig ab. 1970 gab es noch 20.200 Betriebe mit rund 26.300 Beschäftigten (16,5%) in der Landwirtschaft. Bis 1971 gaben davon allein in einem Jahr mehr als 1.000 auf. 1984 gab es nur noch ca. 12.400 landwirtschaftliche Betriebe. Parallel dazu setzte das Molkereisterben ein. Befand sich bis dahin in fast jedem Ort eine eigenständige Molkerei, so sind davon heute nicht einmal fünf übrig geblieben.

Ursache dieses Strukturwandels war das Anliegen der Politik, durch Ansiedlung von Industrie und Gewerbe sichere Arbeitsplätze zu schaffen, denn die Arbeitslosigkeit war in Ostfriesland traditionell hoch. Vor allem saisonal gesehen, schwankte z.B. 1964 die Arbeitslosigkeit in den Arbeitsamtbezirken Emden und Leer zwischen 10.138 im Januar und 1.336 im August.

Als 1957 das erste Olympia Werk in Leer, 1959 das zweite in Wilhelmshaven-Roffhausen gegründet wurden, hatte dies erhebliche Auswirkungen auf dem ostfriesischen Arbeitsmarkt. Zwar mussten die Menschen angelernt werden – der Anteil der ungelernten Arbeiter war in Ostfriesland sehr hoch – doch wurde hier vielen bisher Arbeitslosen erstmalig die Möglichkeit geboten, regelmäßiges Geld zu verdienen. Die Ansiedlung des VW-Werkes in Emden 1964 verstärkte diese Entwicklung. Tausende Kleinbauern gaben ihre Kolonate, vor allem in den Fehngebieten und in den Geestrand- und Heidfeldsiedlungen auf, blieben aber auf den angestammten Siedlungsflächen. Einen erheblichen Anteil ihres Einkommens gaben sie in der Folgezeit dafür aus,

Tullum und sein Büroteam in den 1950er Jahren.

ihre Häuser zu renovieren, Badezimmer, Heizungen usw. einzubauen. Die Selbstversorgung ging stark zurück, zahlreiche bis dahin selbst genutzte Gasrennflächen verfielen der Vergrasung.

Parallel zur Industrieansiedlung wuchsen die Handwerksbetriebe, die an Zahl zwar abnahmen – 1961 gab es nur noch 4.600 Betriebe – sich aber zu größeren Einheiten, die mehr Menschen beschäftigten entwickelten, 1961 waren es 26.250. In diesen Betrieben war denn auch die Sorge am größten, dass sie durch die Ansiedlung der Industriebetriebe fähige Mitarbeiter verlieren würden.

Die Bevölkerungszahl Ostfrieslands wuchs mit der Möglichkeit, hier sein Brot zu verdienen. Während 1961 369.000 Einwohner hier lebten und das Verhältnis zwischen Männern und Frauen sich verbesserte (1.000:1.116), waren es 1971 409.000 Einwohner, mit einem Verhältnis Männer zu Frauen wie 1.000:1087, und 1975 411.000 Einwohner, die Bevölkerungsdichte stieg auf 136/km^2.

Mit der Aufnahme eines ständigen Arbeitsplatzes und dem Zwang, täglich zwischen Wohnung und Arbeitsplatz pendeln zu müssen, entwickelte sich rasch die Motorisierung. Immer mehr Personenwagen, aber auch Kraftwagen waren auf den Straßen zu sehen. Die Nutzung der Kleinbahnen und der Haupteisenbahn nahm stetig ab, weil sie auch nicht in ihren Fahrplänen dem Bedarf entsprachen.

Typisches Beipiel ist dafür die Kleinbahn Leer – Aurich – Esens – Wittmund, deren Beförderungsleistungen sich wie folgt entwickelten:

Jahr	Personen
1938	0.230.213
1946	1.622.159
1949	0.701.154
1951	0.507.890
1953	0.401.502
1954	0.313.800

Nach 1954 erfolgte weiterer starker Abfall der Beförderungsleistung, so dass die Strecke endgültig am 31.12.1969 stillgelegt wurde. An der letzten Fahrt nahm Rolf Trauernicht als Kreistags-Mitglied teil. Heute führt über diese ehemalige Trasse der Ostfriesland – Wanderweg. Die übrigen Kleinbahnen erlitten früher oder später das gleiche Schicksal. Am 25.5.1963 wurde bereits die Strecke Emden – Greetsiel stillgelegt und abgebrochen. Zwar wurden im Jahre 1954 noch 175. 274 Personen und 11.607 t Güter befördert, aber diese Zahlen nahmen durch die Konkurrenz der privaten Pkw und der Verlagerung des Güterverkehrs auf die Straße schnell ab.

Bei der Kleinbahn Ihrhove – Westrhauderfehn übernahm ab dem 22. März 1965 die Deutsche Bundesbahn den Betrieb, weil die Gesellschaft keine eigenen Fahrzeuge mehr unterhalten konnte. Am 31. Dezember 1973 erfolgte schließlich die Stilllegung der gesamten Strecke. Heute befindet sich ein Radweg auf der alten Bahntrasse. Als Nachfolgegesellschaft wurde der VLL (Verkehrsbetrieb des Landkreises Leer) gegründet.

Auch die Deutsche Bundesbahn spürte die Folgen, sie legte den Betrieb zwischen Norden und Esens wegen Unrentabilität still, zwischen Norden und Dornum verkehrt nur noch ab und zu die Muse-

Tullums erstes eigenes Auto – er gab es zunächst, einen Tag nach dem Kauf, zurück, weil er es sich noch nicht leisten konnte.

umseisenbahn. Von Esens bis Wilhelmshaven blieb die Bahnstrecke erhalten. Auch die Verbindung Aurich Abelitz wurde 1996 stillgelegt, aber 2008 als Industriegleis für die Enercon - Werke in Aurich wieder eröffnet.

Diese Frage der Verkehrswege, die zunächst, während der Zeit als „Fehnspediteur", für Rolf Trauernicht keine Frage war, begann sich nun, in der Rolle als Unternehmer für Baumaterialien ganz neu zu stellen. Schon früh hatte er erkannt, dass oftmals die Geschwindigkeit einer Lieferung für den Verkaufserfolg entscheidend war und für eilige Transporte ein Motorrad, eine BMW R 35 als Transportmittel eingesetzt. Mit einem Zementsack, quer über den Lenker gelegt, konnten auch eilige Lieferungen prompt erledigt werden. Dabei mag ihm zum ersten Mal die Problematik der in jener Zeit immer noch vor allem aus Sandwegen bestehenden Straßen bewusst geworden sein. In der Kriegszeit hatte er in anderen Regionen die Vorteile befestigter Straßen kennengelernt, auf denen auch schwere Transporte per LKW durchgeführt werden konnten. Daran war in Ostfriesland, insbesondere in den Fehngebieten, nicht zu denken.

„Unsere Väter als Schiffer hatten verständlicherweise den Straßenbau verhindert, weil sie darin einen Wettbewerb sahen.

Ich erinnere mich an 1952: Das Bauamt im Landkreis Aurich bestand im wesentlichen aus dem Wiesenbaumeister Lübbe, dem Vater von Prof. Hermann Lübbe, unserem jetzigen Ehrenmitglied im Rotary Club Aurich, den ich 1966 mit gegründet habe. Herr Lübbe erzählte mir, dass er als junger Beamter mit dem damaligen Landrat Dykerhoff in einer Pferdekutsche zum Gartenhaus Hinrichs nach Spetzerfehn fuhr, um die Bürger zu informieren:

'Wir bauen euch eine Straße von Moorlage nach Voßbarg, ihrem Firmensitz, (in der Linienführung der späteren K 36)'. Da hatte er die Rechnung aber ohne den Wirt gemacht. Der weißbärtige Vorsitzende der Schiffer-Vereinigung stand auf und sagte unter Beifall der vielen Schiffer: "Dor word nichts van – die Kanäle sind unsere Straßen".

Nachdem aber die Fehnschifffahrt immer unwirtschaftlicher wurde, verlagerte sich der Schwerverkehr mehr und mehr auf Lastwagen. Die nicht befestigten Sandwege, die teilweise auch noch Moorreste enthielten, waren für den LKW-Verkehr völlig ungeeignet. So wurde der Straßenbau zur Voraussetzung aller wirtschaftlichen Existenz. Das war auch der Grund, dass ich mich 1952 als Kandidat zum Kreistag aufstellen ließ – sehr zum Leidwesen meiner Frau und unserer kleinen Kinder, die mich fast nur sonntags sahen.“

Wirtschaftliche Notwendigkeit, die grundlegende Veränderung der Transportmittel und -wege in den 50er Jahren waren somit der Beginn eines gesellschaftlichen und politischen Engagements zusätzlich zur unternehmerischen Tätigkeit – eine weitere Belastung für die junge Familie. Betty Trauernicht erinnert sich, wie es dazu kam:

„An einem Sonntagvormittag besuchte uns Revert Beekmann. Herr Beekmann war Bürgermeister in Großefehn, ein lieber, guter Bekannter. Bald merkte ich, dass er wohl mit Rolf ein wichtiges Gespräch führen wollte. Ich nahm unsere Kinder und ging in die Wohnung meiner Eltern. Nach dem Besuch von Onkel Revert war Rolf sehr nachdenklich. Ich ließ ihm Zeit, um seine Gedanken zu ordnen und fragte dann nach der Ursache des Besuches.

Herr Beekmann hatte mit seinem Bruder ein Fuhrunternehmen gegründet. Bislang gab es fast ausschließlich die Kanäle, sie waren die Wasserstraßen für die Fehngebiete [...]. Die Schiffsladungen konnten

Rolf Trauernicht (ganz rechts) im Kreisausschuss des Kreistages Aurich.

nur immer am Kanalufer bei den Kunden entladen werden. Darin sahen die Gebrüder Beekmann eine Marktlücke und gründeten ein Fuhrunternehmen. Doch dieses junge Unternehmen stieß hart an seine Grenzen, wenn – besonders im Frühjahr – die von Frost aufgeweichten Wege nicht passierbar waren. Um also den weiteren Fortschritt der jungen Unternehmer nicht zu gefährden, mussten Straßen gebaut werden.

Im Landkreis Aurich standen irgendwann Kommunalwahlen an. Herr Beekmann wollte Rolf dafür gewinnen und davon überzeugen, dass es sehr wichtig sei, dem Landkreis Aurich auf die Wegeprobleme der Fehngemeinden aufmerksam zu machen, um bei den Investitionen des Landkreises berücksichtigt zu werden. Das bedeutete: Rolf müsse sich als Kandidat bei den Kommunalwahlen des Landkreises Aurich zur Verfügung stellen. Ich sah die Notwendigkeit wohl, aber Rolf und somit auch ich, hatten keine freie erholsame Zeit für uns. Unmöglich, noch für viele Kreistagssitzungen Zeit zu erübrigen. Aber Onkel Revert redete mal mit Engelszungen, mal mit Dynamik.

Rolf Trauernicht (Dritter von links) in einer Sitzung des Kreistages des Landkreises Aurich.

Auf Rolf's Einwand, von der Politik endgültig übersättigt zu sein, hatte unser lieber Bürgermeister auch eine Melodie: „Ich hatte auch an eine politische Richtung nicht gedacht; (er selber war parteilos). Es müsste doch möglich sein, eine überparteiliche Kommune als wirtschaftliche Einheit anzustreben."

Nach einigen Stunden verabschiedete sich Herr Beekmann. Meinem lieben Rolf rauchte der Kopf und ich dachte: Wie soll das weiter gehen? In der Tat musste die Landbevölkerung „die Hand aufhalten" und nur über die kommunale Politik war dieses möglich. Trotz vieler Wenn und Aber hat Rolf sich schließlich bereit erklärt, in dieser wichtigen Sache mitzuarbeiten. Dadurch kam eine völlig andere Denkweise zusätzlich in unseren Alltag. Waren es einerseits die sehr wichtigen Kontaktaufnahmen zu möglichst vielen Baustoffhandlungen und die vielen Anfragen im Tagesgeschäft wegen der finanziellen Möglichkeiten bei diversen Bauvorhaben, war es andererseits das völlig fremde Metier in das man sich hineinarbeiten musste. Viele Abende kam Herr Beekmann zu uns ins Haus, um mit Rolf die Möglichkeiten und

Notwendigkeiten zur Gründung der „Unabhängigen Wählergemeinschaft" – so sollte die neue Partei genannt werden – zu diskutieren.

Kandidaten mussten gefunden werden. Diese Vorarbeit leistete Herr Beekmann. Aber um die Bevölkerung aufzurütteln und zu überzeugen, dass für die wirtschaftliche Existenz unserer ostfriesischen Heimat nur dieser Weg Chancen hat, dafür musste Rolf in vielen Ortschaften unseres Wahlkreises Versammlungen abhalten. Manchmal bat er mich, ob ich ihn wohl fahren könnte, dann könne er sich während der Fahrt noch etwas ausruhen. So brachte ich ihn manchmal zu den Veranstaltungen. Weil man nie wusste wie die abliefen – pro und contra – war die Wartezeit vor den Gaststätten unterschiedlich lange. Ich mochte an diesen Veranstaltungen nicht teilnehmen und blieb im Wagen. Solange es hell war konnte ich lesen. Aber dann merkte ich auch bald, dass mein Tagesablauf „ohne Punkt und Komma" – das ist die Beschreibung für „ohne Ruhepause" – ablief und ich dementsprechend müde war. Oft war es gegen Mitternacht, wenn wir wieder zu Hause waren.

Aber am Tage der Kommunalwahlen gab es einen verdienten Erfolg. Rolf wurde in den Kreistag gewählt. Mit den Ja-Stimmen für die „Unabhängige Wählergemeinschaft" schaffte er gleich den Start. Mit 28 Jahren in den Kreisverwaltungsausschuss. Die Freude war groß.[1] *Aber die Termine, die damit verbunden waren, engten die kostbare Zeit noch mehr ein. Rolf kam fast nur noch abends spät nach Hause. Kreissitzungen und die notwendigen Kundenberatungen nahmen soviel Zeit in Anspruch, dass man fast nur noch sonntags merkte, dass wir eine Familie waren."*

Tatsächlich war es unter den gegebenen Umständen für einen jungen Unternehmer nicht selbstverständlich, sich praktisch ohne Zögern für ein solches zusätzliches bürgerliches Engagement zur Verfügung zu stellen. Angesichts seiner Erfahrungen in den Jahren des Nationalsozialismus war es auch nicht verwunderlich, dass Tullum kein Interesse an der Mitgliedschaft in einer Partei hatte. Die Gründung einer unabhängigen Wählergemeinschaft musste daher weit mehr seinem Naturell entsprechen. Kurz nach der Gründung wurde Tullum deren Vorsitzender und blieb dies für 15 Jahre.

1 Tatsächlich war Rolf Trauernicht damals der jüngste Kreistagsabgeordnete im gesamten Bundesgebiet (nach einer Notiz in der Ostfriesen Zeitung, Leer).

Die Gründung und der Wahlkampf im Anschluss gaben Rolf Trauernicht zum ersten Mal Gelegenheit, seine bereits im Geschäft erprobte Fähigkeit zu nutzen, eine größere und kleinere Öffentlichkeit in Versammlungen für seine Ziele oder die einer Organisation zu begeistern. Dass er auch hierin erfolgreich war, sollte sich bald zeigen: Bei den Wahlen 1952 bekam die UWG in einem der drei Wahlkreise zwei Mandate. Rolf Trauernicht wurde Mitglied der bürgerlichen Fraktion im Kreistag und kam sofort in den Kreisausschuss. Im Kreistag hatten 1952 auch die Kommunisten noch ein Mandat durch Jan Buss aus Riepe.

Dieser Erfolg zeitigte allerdings auch seine lustigen Folgen: *„Nach der Kommunalwahl 1952 war ich natürlich gespannt, woher ich die vielen Wählerstimmen bekommen hatte. So in Großefehn einige 100 und in Fiebing eine Stimme. Darauf kam ein Bürger aus Fiebing und sagte mir: „Wir haben Dich nun alle gewählt, nun erwarten wir, dass du dich als Mitglied des Kreisausschusses für eine Straße bei uns verwendest." Ich fragte, wer mich denn nun „alle" gewählt hat. Seine Antwort: „Mindestens meine Frau und ich." Ich sagte ihm, dass das nicht stimme könne und er antwortete mir: es war doch eine geheime Wahl. Die inzwischen vom Landkreis angeforderte Tabelle überzeugte ihn, dass meine Zweifel berechtigt waren. Für den Straßenbau im Kreisgebiet habe ich dann allerdings trotzdem 24 Jahre im Kreisausschuss gekämpft."*

1956 bewarb sich die UWG in allen drei Wahlkreisen und bekam sechs Mandate. Auch erhielt Rolf Trauernicht ein Mandat im Gemeinderat Ostgroßefehn. Diesem gehörte er bis 1976 an, dann konnte er nicht wieder kandidieren. Seine Aufgaben als Geschäftsführer und die großartige Entwicklung seiner Unternehmens-Gruppe ließen es zeitlich nicht mehr zu.

Was den ursprünglichen Anlass des politischen Engagements betraf, trat allerdings, zum Vorteil seines eigenen Unternehmens, wie auch der Lebensverhältnisse auf dem Fehn insgesamt, Besserung ein: *„Es gelang mir sehr bald, die Sandwege mit Zementbrocken vom Flugplatz Marx zu befestigen. So wurde zunächst die Strecke Mühle Großefehn bis zum Kirchweg fertiggestellt. Dieses "Straßennetz" wurde nach und nach über den Neuen Weg nach Wiesmoor erweitert. Erst später wurden diese Straßen mit einer Verschleißdecke versehen."*

Der erste Mitarbeiter der Trauco 1951, Johann Trauernicht, als Kraftfahrer.
Nicht immer ging alles glatt – gut, wenn dann ein anderer LKW aus dem Fehn half.
Der 1. neue Magirus LKW war 1951 in den Großefehn-Kanal gerutscht.

Doch auch im Unternehmen gab es unvorhergesehen eine einschneidende Veränderung: „*1953 wurde die Firma OHG gegründet, weil Dietrich Rademacher als Teilhaber ausschied. Die Fehntjer fragten: "Was bedeutet OHG?" Tullum ist mit dem Holzimporteur Hinrich Garrels befreundet. Dieser hat aber mit seiner Firma nichts zu tun – deshalb: O HNE H INRICH G ARRELS.*“ Damit war Rolf Trauernicht nun alleiniger Unternehmer und Verantwortlicher für das Unternehmen und seine Mitarbeiter. Die vielfältigen Aktivitäten im Unternehmen selbst und auch außerhalb davon prägten dabei seinen Führungsstil, der auf größtmögliche Eigenverantwortung aller Mitarbeiter setzte: „*Es war immer mein Anliegen, meine Mitarbeiter für ihre Aufgaben zu begeistern. Wer selbst nicht brennt, kann Andere nicht entzünden*“ – dieses Zitat von Augustinus aus dem 4. Jahrhundert nach Chr. wurde Tullums Leitspruch.

Hilfreich war in dieser Zeit des Aufbaus auch die allgemeine wirtschaftliche Entwicklung, inklusive der immer noch verbreiteten Arbeitslosigkeit – auch wenn das aus heutiger Sicht zynisch klingen mag. Doch die zur Verfügung stehenden Arbeitskräfte ermöglichten erst das schnelle Wachstum des Unternehmens. Mit Betty Trauernichts Worten: „*Die Wirtschaft machte Fortschritte – aber zögernd. Die Zahl der Arbeitslosen hatte in unserer Gegend noch zugenommen. In Wiesmoor, wo die Nordwestdeutschen Kraftwerke seit 1906 durch die Torfgewinnung und –verarbeitung für den ostfriesischen Raum die Versorgung mit Elektrizität ermöglichten, hatte man aus wirtschaftlichen Gründen von Torf auf Gas umgestellt. Die negative Folge davon waren sehr viele Arbeitslose. Eines Tages kam ein Bekannter zu mir ins Haus und wollte gerne mit Rolf sprechen. Er wolle fragen, ob Rolf ihm noch zwei Jahre Arbeit geben könne. Er wäre 63 Jahre alt und könnte in zwei Jahren seine Rente bekommen. Rolf stellte ihn ein! Doch nicht nur Ältere, sondern auch junge Männer fragten nach Beschäftigung. Ist es da ein Wunder, wenn man nachts darüber grübelt, welche Möglichkeiten noch machbar wären in unserer Firma!?*“

Derartige Gedanken machten sich Rolf und Betty ab 1954 in ihrem eigenen Haus am Kirchweg, mitten auf dem Gelände des wachsenden Unternehmens. Wichtigster Grund für diesen Umzug war der immer enger werdende Tagesablauf, der für die Wege zwischen Unternehmen und Wohnung und die Versorgung der beiden

Das eigene Haus am Kirchweg 10. Gegenüber das Trauco-Lager.

Kinder kaum noch Zeit ließ. „*Diese Situation machte sehr deutlich, dass wir in der Nähe unserer Firma einen Bauplatz für unsere private Wohnung finden mussten. Durch Landtausch mit einigen Landwirten konnten wir gegenüber unserer Firma einen kleinen Bauplatz erwerben. Glück pur! Bald begannen die Bauarbeiten und am 11.10.1954 konnten wir einziehen. Nun wohnten wir „mitten im Geschehen“.*“

Das war auf den ersten Blick natürlich eine tägliche Erleichterung des Arbeitsalltages, hatte aber auch Folgen für das familiäre Leben: so wie jede Münze zwei Seiten hat, endet die Nähe zum Geschehen nicht an der Haustüre. Letztendlich hatte dies vor allem Folgen für die Hausfrau Betty Trauernicht: „*Eigentlich blieb es immer so, dass unser Wohnhaus ins Geschäftsleben integriert wurde. 1954 gab es noch keine Restaurants, wo man wichtige Geschäftspartner hätte zum Essen einladen können. Im 10 Kilometer entfernten Wiesmoor war das einzige Lokal noch auf spontane Gäste nicht eingestellt. Und in Großefehn gab es nur eine kleine Kneipe für ein kleines „Gute-Nacht-Bier“. Also ging es wie folgt: „Betty – heute Nachmittag kommen uns einige wichtige Herren besuchen. Könntest Du für kalte Platten und Tee sorgen?" Einen Fleischer gab es im Ort und auch ein Kolonialwarengeschäft; (so hieß es damals noch). Da konnte ich einkaufen und damit musste ich dann „zaubern". Ich habe viele Jahre „gezaubert". Wenn es Gäste für den Abend geben sollte, musste ich 17 km nach Aurich fahren, um einzukaufen. Dazu brauchte ich dann Rolf's VW. Wehe mir, wenn Rolf unterwegs war. Ich musste warten! So stand mein Einkauf sehr oft unter Zeitdruck. Manchmal, wenn ich in Aurich in der Geschäftsstraße Bekannte sah, habe ich mich in eine Hausnische zurückgezogen, um nicht ins Gespräch zu kommen, weil mir dazu die Zeit fehlte.*

Rolf war ein guter Geschäftsmann mit Erfolg. Sicher trug auch seine sympathische und einladende Art dazu bei. Wir hatten Gäste ohne Ende!

Ein Beispiel: Bei älteren Baustoffhändlern gab es eine Art Händlertreffen im Landkreis Friesland. Rolf wurde als junger Kollege auch dazu eingeladen. Von dort kam Rolf eines Tages zurück und sagte: „Das nächste Treffen ist für Dezember vorgesehen und findet bei TRAUCO statt. Meine Gedanken blitzten um das WIE? Wir sprachen darüber. Wie laufen denn diese Treffen ab? Da wird ein Vortrag gehalten mit einer Diskussion und anschließend wird gegessen in dem Restaurant. Dann müssen wir uns wohl nach einem Lokal in Wiesmoor umsehen war meine Frage. Nein, sagt der Chef, die wollen (sollen) nicht in ein Lokal, die wollen zu TRAUCO. Meine Blitzgedanken bekamen neue Nahrung, weil ich wusste wie Rolf sich dieses Treffen vorstellte. Ich konnte seine Gedanken in „Großbuchstaben" lesen. Meine Frage deshalb nur: Wie viele Herren sind es? Das sage ich Dir morgen! Meine Gedanken platzierten Tische und Stühle bis ich 25 Personen akzeptieren konnte.

Am nächsten Tag kam die Antwort: ca. 23/24 Personen. Womit können wir dienen? Meine Küche ließ sich auf 25 Personen nicht „aufheizen". So überlegten wir, dass ein Aalessen wohl angebracht wäre. In Bad Zwischenahn wurde Aal bestellt, Käse gekauft, und Mettwurst für die Nicht-Aalesser. Am nächsten Abend sah man ein buntes Bild von appetitanregenden Platten. Am Nachmittag war die Konferenz gewesen. Weil es die vorweihnachtliche Zeit war, hatte ich die Tische adventlich für Tee und Kaffee mit Gebäck geschmückt. Im Schein der Kerzen war die Stimmung festlich. Der Aalabend wurde genüsslich und beim „Auf Wiedersehen" meinten alle: Wir kommen gerne wieder!

Bettys und Rolfs Gastfreundschaft wurde bald zu einem wichtigen Baustein des Geschäfts (Aufnahme aus der Mitte der 1950er Jahre).

Dieses „Wir kommen gerne wieder" hat sich sehr viele Jahre wiederholt. Alle Jahre wieder hat Rolf die Gruppe bei uns eingeladen, um uns als junge, aber aufstrebende Firma darzustellen. Das freundschaftliche Verhältnis zu den befreundeten Firmen war sehr positiv."

Tatsächlich war die Gastfreundschaft der Unternehmerfamilie nicht nur ein beiläufiges „Extra", sondern wurde zu einem Markenzeichen und damit auch zu einem wichtigen Faktor in der geschäftlichen Entwicklung. Dabei erstreckte sich die Gastlichkeit des Hauses Trauernicht nicht nur auf Firmenvertreter, sondern ebenso sehr auf die eigenen wie Mitarbeiter von Partnerunternehmen. Nicht selten kam es vor, dass aus einer Tasse Tee ein langer Abend wurde. Auch dieser Beitrag von Betty Trauernicht zum Erfolg des Unternehmens ist daher kaum zu überschätzen – kein Wunder, dass Tullum ihre Begegnung auch heute noch als den größten Glücksfall seines Lebens preist.

Allerdings fanden nicht nur größere Versammlungen, sondern vor allem auch wichtige geschäftliche Gespräche statt: *„Eines Tages* *meldete sich ein Vertreter aus Bremen an. Er möchte uns eine neue Erfindung vorstellen, eine sehr gute Variante zu Dachziegeln für landwirtschaftliche Gebäude. In wellenförmige Platten gepresst war es ein Material aus Asbest-Zement. Eternit, ein Produkt aus Österreich hatte den Markt, hauptsächlich den Baumarkt, zu einem großen Boom verholfen. Eternit-Werke gab es in Berlin und in Süd- und Norddeutschland. Die Bedachung mit diesem Material befürwortete man gerne für große Hallen. Ein Gesetz forderte, dass die landwirtschaftlichen Betriebe aus den Ortskernen der Dörfer ausgesiedelt werden sollten und von dem „Grünen Plan" subventioniert wurden. Dadurch gab es einen Aufschwung in der Bauwirtschaft. Dieses Programm mit Asbest-Zement lief unter dem Namen ETERNIT – und TRAUCO wurde Eternit-Händler: z u s ä t z l i c h.*

Sehr bald wurde das Eternit-Programm erweitert. Nach den wellenförmigen Platten gab es eternitebene Tafeln. Rolf's Grübeln: Was kann man mit diesen Platten machen? Er hatte Erfolg. Mit pfiffigen Mitarbeitern reifte sein Vorschlag zur Fertigung einer Garage. Aus ebenen Tafeln die Wände und Türen, mit jetzt abgerundeten, wellenförmigen Platten das Dach. Eines Tages wurde eine Betonplatte gegossen in der Größe der vorliegenden ebenen Tafeln. Eine feste Holzkonstruktion wurde das Gerüst für eine geräumige Garage. Nachdem die Betonplatte trocken war, stand nach einigen Tagen die erste TRAUCO-Garage. Einfach genial das Ganze! Genehmigt und vorgestellt wurde die TRAUCO-Garage auf der ersten Ostfriesland-Ausstellung in Leer.

Aber es ging weiter. Die ebenen Tafeln konnten auch geschnitten werden. In gewünschten und vorgegebenen Größen wurden sie gerne als „Eternit-Fensterbänke" und „Eternit-Treppenstufen" genommen. Also brauchten wir jetzt eine „Eternit-Schneidemaschine". Aus Hamburg reiste ein Installateur an, um die Maschine aufzustellen."

So wurde ETERNIT neben Dyckerhoff-Zement die zweite große Erfolgsmarke der TRAUCO. Die Liefermengen nahmen von Monat zu Monat zu, nicht nur weil immer mehr Landwirte die Dächer ihrer Hallen mit Eternit deckten und somit eine große Flächennachfrage entstand. Auch größere Unternehmen ließen sich Hallen und Unterstände mit Eternit decken, und nahmen dabei die Unterstützung der Experten der Trauco in Anspruch, was zu einem gewaltigen Verbrauch der gewellten Dachplatten führte.

Rolf Trauernicht präsentiert die Trauco Eternit-Garage – ohne, und mit "Innenleben".

Der "Longseller" der Trauco: Ein Bauernhaus, gedeckt mit Eternit-Platten.

Eine Panzerabstell-Halle, wie die Trauco sie Mitte der 1950er Jahre gebaut hat.

„Mitte der 50er Jahre wurde die Firma TRAUCO von der Firma Krupp angeschrieben und um ein Angebot zur Bedachung von Panzerabstellhallen gebeten. Uns wurden Aufträge für viele 100 000 qm erteilt. Auch für die Eindeckung der VW-Halle 2 in Kassel- Altenbauma haben wir uns beworben. An drei Firmen wurden diese Aufträge vergeben. Sehr froh waren wir, als wir den Auftrag für 1/3 dieses Programms bekamen. Es war im Januar und bitterkalt. Wie vereinbart, zog eine Gruppe von TRAUCO-Mitarbeitern zur Baustelle nach Kassel.

Natürlich war der Chef dabei. Für „seine Truppe" übernahm er die Bauleitung. Auch Ostfriesen sind arbeitsam, fleißig und mutig. Und das haben sie auch bewiesen. Trotz Kälte und Schnee – durch eine Schneeglätte in großer Höhe nicht ungefährlich – arbeiteten sie planmäßig, während die anderen 2/3 gerne mehrere und größere Pausen einlegten. Die Pausen hatten zur Folge, dass TRAUCO ihr 1/3 vor der vereinbarten Zeit geschafft hatte. Als Kompliment dafür konnte man die Frage der Auftraggeber werten, ob TRAUCO bereit wäre, weiter zu arbeiten. Unsere Mitarbeiter waren bereit und so waren alle über diesen Erfolg glücklich."

Doch aus der schieren Menge an Material ergab sich – neben der Lagerung auf dem ständig wachsenden Firmengelände in Großefehn – ein weiteres Problem: Die LKW-Transporte aus dem Werk in Berlin, das die Trauco belieferte, wurden immer zahlreicher und damit auch immer teurer. Die daraus resultierenden Endpreise stiegen und dies war nicht gut fürs Geschäft. Ein weiteres Mal kam Tullum seine Erfahrung als Binnenschiffer zugute: *„Weil das Eternit-Werk in Berlin - Rudow am Kanal lag, machte ich als ehemaliger Binnenschiffer der Werksleitung den Vorschlag, die Bestellungen per Schiff zu verladen. So wurden ca. drei- bis vierhundert Tonnen jeweils in einen Kahn geladen und im Oldenburger Hafen, später auf einem eigenen Gelände in Husbäke-Edewecht am Küstenkanal entladen. Von der Frachtdifferenz zwischen LKW-Tarif und Schiffs-Tarifvergütungen konnten wir unsere Kosten gut abdecken. So kamen wir in die Lage, ein großes Lager des sehr komplizierten Lager-Programmes zu unterhalten und kurzfristig zu Werksbedingungen an die Baustoffhändler im Weser-Ems-Gebiet liefern zu können.*

Nachdem unser Wunsch zunächst bei der Eternit AG, Berlin auf Unverständnis stieß, wurde uns gesagt, als wir einmal an einem Tag über 1000 Tonnen verladen hatten: „Das hätten wir mit LKW's nicht

Das Gelände der Eternit AG am Kanal in Berlin-Rudow in den 1950er Jahren (Quelle: Eternit AG).

geschafft." So bekamen wir schon im Sommer 1958 ein Fernschreiben: „Wir haben heute die 10.000ste Tonne Eternit in diesem Jahr für Sie verladen." Es blieb bis zum heutigen Tage ein Schwerpunkt im TRAUCO-Verkaufsprogramm. Auch 2010 waren es mehr als 10.000 Tonnen! Diese Mengen brachten auch die Werksleitung zum staunen. So wurde ich einmal gefragt: „Was macht Ihr mit den Massen, fahrt Ihr die in die Nordsee?"."

Und ein weiteres Mal beeinflusste diese Veränderung der Lieferwege, die ja eine erhebliche wirtschaftliche Verbesserung bedeutete, die Tagesabläufe der Familie: *„Nicht immer kamen die Schiffe in Husbäke so an, dass über Tag entladen werden konnte. Also bis in den Abend bzw. bis in die Nacht hinein kamen unsere LKW's mit den Platten zur Firma. Platte für Platte musste so von den Paletten abgehoben und gestapelt werden. Abends kochte ich dann Tee und machte belegte Brote für kleine Pausen zwischendurch. Einmal, es war schon sehr spät, kam Rolf und fragte: „Betty, machst Du uns noch einmal*

Zwei Blicke auf das Eternit-Lager der Trauco zeigen die Vielfalt der angebotenen Produkte: neben den bekannten, gewellten Dachplatten und dazu passenden, gebogenen Firststücken finden sich beispielsweise auch Rohre mit unterschiedlichem Querschnitt.

Betty Trauernicht mit den Kindern: Focko (links), Marlene (rechts), und Rolf jun. (vorne). Ein Foto aus dem Anfang der 1960er Jahre

Tee und Brote? Dann bleiben die Jungs vielleicht noch etwas." Von allen Seiten war es ein „Anpacken", das Freude machte."

Die intensiven Geschäftsverbindungen nach Berlin sorgten dafür, dass auch Tullum immer in Bewegung blieb, auch wenn die Begleitumstände nicht immer angenehm waren: *„Ich war oft geschäftlich in Berlin. Die Reisen per PKW durch die DDR waren unheimlich, weil die Kontrollen fast menschenverachtend waren. Ich habe einmal den Sarg eines Berliner Freundes, der durch einen Herzinfarkt in Norderney starb, begleitet. Die Kontrolleure an der Grenze verlangten, dass der Sarg geöffnet werden musste."*

Die Entwicklung der Trauco vom Baustoffhändler zum Baustoffgroßhändler war gegen Ende der 1950er Jahre kaum noch aufzuhalten. Zu groß waren die Mengen, die vom Standort in Großefehn aus jährlich umgesetzt wurden, und zu deutlich veränderte sich auch die Klientel vom Endverbraucher und Bauherren zum Baustoffhändler und Bauunternehmer. Für letztere wurde die Vielfalt der angebotenen Waren neben verfügbarer Menge und Preis ein entscheidendes Einkaufsargument. In den folgenden Jahren wurden diese Vorteile, die nicht nur auf den hart erarbeiteten logistischen Vorteilen des Unternehmens basierten, konsequent ausgebaut.

Zum Ende des Jahrzehnts ereilte Rolf und Betty Trauernicht dann noch eine private Überraschung, mit der sie selbst wohl am allerwenigsten gerechnet hatten: Am 13.01.1958 wurde ihr zweiter Sohn, Rolf jun. geboren. Acht Jahre nach seiner Schwester geboren, blieb er dennoch nicht das letzte Kind in der Familie.

Und ein wenig war diese Geburt dennoch die Ankündigung weiterer Veränderungen, durch die der Unternehmer Rolf Trauernicht im folgenden Jahrzehnt aufbrach, um neue Horizonte zu erschließen, manche davon weit jenseits dessen, was er bis dahin erlebt und begonnen hatte.

1.7. Neue Horizonte

Wollte man dem anbrechenden Jahrzehnt der 1960er Jahre ein Motto voranstellen, so wäre es sicherlich dies: Rolf Trauernicht und sein Unternehmen – und nicht zuletzt auch seine Familie – erschließen neue Horizonte. Das ist nicht nur unternehmerisch zu verstehen, sondern auch ganz persönlich und privat.

Zunächst vermitteln solche Zuschreibungen, gerade im Rückblick, natürlich einen falschen Eindruck: keineswegs ist davon auszugehen, die Entwicklungen, die sich in jenen Jahren vollzogen, seien das Ergebnis von absichtsvoller Planung oder Voraussicht. Im Gegenteil: wie wir sehen werden, kamen manche Entwicklungen eher trotz und entgegen vorheriger Planungen und Absichten zustande, und über manche Ereignisse herrschte auch keineswegs nur eitel Freude.

Beherrscht wurde der Tagesablauf der Familie Trauernicht nach wie vor vom Tagesgeschäft im Unternehmen und dessen weiterem Aufbau. Neben Dienstleistungen und dem regelmäßigen Baustoff-Zubringerdienst im nordwestdeutschen Raum, wird dem Fachhandel im Laufe der Jahre ein breitgefächertes Baustoff-Großhandelssortiment geboten. Außer ETERNIT und Dyckerhoff Zement umfasst das Programm u. a. alle wesentlichen Spezial-Baustoffe, Fertigelemente, Fliesen- und Grobkeramik vieler Proveniencen, Teppiche und Fußbodenbeläge, den Küchen-, Glas- und Tapetenbereich. Dabei beschränkt sich Rolf Trauernicht auf die Belieferung des Fachhandels und der entstehenden Baumärkte, statt selbst in großem Stil in die Vermarktung beim Endkunden „einzusteigen". Diese Strategie wird sich auch in den folgenden Jahrzehnten bewähren und eine der Grundlagen für das kontinuierliche Wachstum des Unternehmens bleiben. Zunächst gilt die Hauptaufmerksamkeit des Unternehmers der Vervollständigung seines Lieferprogramms und dem Schließen von Lücken in der Produktpalette. Eine der Folgen dieser Strategie ist das ständige Wachstum der Fläche des Unternehmens am Standort in Großefehn, wo die Waren gelagert werden.

Ein Blick auf das Trauco Betriebsgelände Ende der 1950er Jahre, der einen Eina

Rechts zwei Fotos mit Blicken
auf Lager- und Produktionshallen.
Rechts die Lagerhalle für Holz und Fliesen,
links Werkstatt und Schneideanlage,
vor der Betonbauteile,
wie z.B. Betonfensterstürze gelagert wurden.

t von der Menge und Vielfalt des gelagerten Materials (Montage aus drei Einzelbildern).

Die Reisegruppe des Verbandes Norddeutscher Baustoffhändler vor dem Abflug in die USA. Rolf Trauernicht als 9. von links.

Neben den Aktivitäten im Unternehmen, im Kreistag und dem Gemeinderat war für einen Unternehmer mit Tullums Erfolg auch die Mitarbeit in den verschiedenen Unternehmerverbänden seiner Branche unvermeidlich. So war er auch im Verband Norddeutscher Baustoffhändler aktiv, und diese Aktivitäten führten schließlich zu einem ersten Schritt über die Grenzen Ostfrieslands, ja Deutschlands hinaus. Betty Trauernicht erzählt: *„Der Verband Norddeutscher Baustoffhändler tagte einige Male im Jahr. Firmen wurden besichtigt und Vorschläge zur Rationalisierung diskutiert. Auch Auslandsreisen wurden populär. Mitglieder des Verbandes reisten 1961 nach Amerika. Auch Rolf flog mit. Amerika – im Vergleich zu Ostfriesland wirklich eine ganz andere Welt! Nicht nur die Wolkenkratzer, sondern auch die viel weiter entwickelte Wirtschaft im Vergleich zu unserer Deutschen Heimat, die wegen der Folgen des verlorenen Krieges noch viel Zeit brauchte, waren bemerkenswert interessant.*

Ein sehr interessanter Tipp für den Transport unseres Eternit-Programms war schon ein Erfolg dieser Reise. In Amerika gab es den Gabelstapler. Auf Paletten gestapelte Materialien jeglicher Art wurden mit dem Gabelstapler von dem LKW abgehoben und an Ort und

Zwei Bilder der ersten Gabelstapler auf dem Gelände der Trauco – nicht ganz scharf, aber das ist wohl dem Arbeitstempo geschuldet.

Dies Bild zeigt, welche Mengen an Material jeder der Gabelstapler bewegen konnte, und welche Mengen an Leistungsfähigkeit für andere Tätigkeiten dadurch frei wurden.

Stelle gelagert. So kam mit dem Gabelstapler eine völlig neue Entwicklung in unsere Firma. Alle Materialien ließen sich auf diese Art verladen. Auch für den Transport mit unseren LKW's. Das Problem bei den Schiffsladungen „Eternit aus Berlin" war damit gelöst."

Allerdings war die Anschaffung der Gabelstapler im Unternehmen auf Tullums Vorschlag durchaus nicht unumstritten: *„Die Anschaffung wurde vom TRAUCO-Betriebsrat missbilligt mit der Bemerkung: "Dann werden wir alle arbeitslos"."* Tatsächlich war genau das Gegenteil der Fall: Die durch die Nutzung von Gabelstaplern entstehenden Kosten und Zeitvorteile bei der Verladung von Waren schufen den nötigen Spielraum bei den Kosten für die Schaffung neuer Arbeitsplätze. Erneut zeigte sich, dass Tullums Blick für logistische Vorteile die Grundlage für weiteres Wachstum bildete.

Gleiches gilt für die beiden anderen „Entdeckungen", die Tullum von der Amerika-Reise mitbrachte: Der Fernschreiber – heute längst ein Museumsstück – ermöglichte schnellere und verbindliche Bestellungen und Lieferbestätigungen auch auf große Distanzen und unterstützte so den weiteren Ausbau der Aktivitäten der TRAUCO. Bedeutsamer jedoch war die Idee eines Unternehmens für Transportbeton, die bereits kurz nach der Rückkehr, 1962/63 umgesetzt wurde. *„1962 gründete ich mit einigen Kollegen in Aurich das erste Transportbetonwerk VETRA. Mit der erfolgreichen Geschäftsführung von Hermann Ulferts entwickelte sich die Vetra-Gruppe in Weser-Ems, in Mecklenburg-Vorpommern und Berlin in 14 Standorten."* Neben dem Transport von Flüssigbeton zu Baustellen wurden bereits in den 1970er Jahren Fertigbetonteile – in Form von, beispielsweise, Elementdecken – hergestellt und vermarktet. Das Unternehmen konnte so den Trend zum Bau mit Fertigteilen und mit Beton, gerade auf Großbaustellen für sich nutzen. Auch hier zeigte sich die Überlegenheit des logistischen Blicks, mit dem Tullum seine Umgebung betrachtete: Den Transport und seine Wege verkürzen und vereinfachen, dies brachte für alle Seiten – Händler und Bauherren – organisatorische und Kosten-Vorteile, die der Unternehmer Rolf Trauernicht nicht selten zum eigenen Vorteil und natürlich dem seines Unternehmens zu nutzen verstand.

Aber auch andere Tugenden, wie das Durchhalten auch bei widrigen Umständen waren die Grundlage für Erfolge, auch wenn es

Tullum in New York.

Noch eine Idee aus Amerika: Fertigbauteile aus Beton, später ein Produkt der Vetra.

Rolf Trauernicht während der ersten Reise in die USA bei den Verwandten in Iowa.

um bereits gut eingeführte Produkte ging: *„Zum zweiten Standbein beim Produkt ETERNIT entwickelte sich das Eindecken von größeren Hallen. So bekamen wir 1963 einen Auftrag für das Eindecken einer VW-Produktionshalle in Kassel Altenbauna. Große Teile davon mussten auf Sheatdächer in großer Höhe verlegt werden. Während zwei weitere Auftragnehmer ihre Leute zum Winter abzogen, blieben wir am Bau, wozu uns die Bauleitung animierte. So waren die Hallen zur Zufriedenheit der Bauleitung im Frühjahr fertig eingedeckt und die Wettbewerber mussten ihr Material wieder abfahren."*

Wirklich beeindruckt war Rolf Trauernicht offenbar von seiner Reise nach Amerika. Denn bereits für das Jahr 1965 bereitete er eine zweite, längere Reise vor, diesmal privat und ausdrücklich vor allem als Urlaubsreise mit seiner Betty, auch wenn sich diese Unternehmung für sie als nicht ganz einfach zu realisieren darstellte.

„Noch eine Folge dieser Amerika-Reise [neben den unternehmerischen Errungenschaften] brachte in meine Gedanken viel Bewegung. In Amerika – im Staate Iowa – wohnen Verwandte der Familie von Rolfs Mutter. Bei seiner [ersten] Amerika-Reise hatte er eine Woche die Familien besucht und dort versprochen: In vier Jahren komme ich wieder zur Weltausstellung 1965 und bringe meine Betty mit. Was kam da auf mich zu? Mein Alltag war voll ausgelastet. Im Tagesablauf unserer Firma war ich verplant. Die nicht auskurierte Krankheit Hepatitis ließ mich meine gesundheitlichen Grenzen oft stark erkennen, aber der Alltag akzeptierte sie nicht. Ich hatte wohl Hilfe im Haushalt, aber das Tagesprogramm war manchmal so voller Überraschungen, dass ich kräftemäßig an diese Mammut-Reise nicht denken mochte.

Aber eines Tages war es dann soweit. Am 18. September 1965 brachten unsere Verwandten uns nach Bremerhaven. Wir hatten statt einer Flugreise die Schiffsreise gewählt, um – wie Rolf entschieden hatte – die sechstägige Seereise zu unserer Erholung zu nutzen. Weil wir noch nie Urlaub gehabt hatten – unsere kleine Firma und auch das nötige Urlaubsgeld hatten es nicht zugelassen – so wollten wir vieles mal nachholen und einige Wochen in Amerika sein. Die Vorfreude für diese Reise konnte ich nicht genießen, weil meine Gedanken so vieles zurücklassen mussten. Die beiden Schulkinder Focko und Marlene und unser siebenjähriger Rolf jun. die uns nach Bremerhaven begleitet hatten, machten mir den Abschied sehr schwer. Lange winkten wir von oben der M. S. „Bremen" unseren Kindern zu. Da-

nach wurden wir von der Größe dieses Ozean-Riesen gefangen genommen. Die Kabine wurde uns zugewiesen und ich wurde sehr schweigsam, weil alles Neue für mich nicht so schnell aufgenommen werden konnte. Das Erleben dieser Schiffsreise war von der Reederei so geprägt, den Gästen soviel Interessantes und Schönes zu bieten, dass die Tage wie im Fluge vergingen. Andere Mitreisende kennen zu lernen, von deren Erzählungen und Erlebnissen zu hören, war schon für mich eine andere Welt! In den großen Speisesalons wurde man verwöhnt, wie wir es in unserem Nachkriegsdeutschland noch nicht kannten. Einfach Genuss pur! […]"

Bereits diese Seereise sollte allerdings den Keim zur schwerwiegendsten Folge dieses zweiten Besuchs in der Neuen Welt legen – darauf werden wir später zurückkommen. Und während der erste Besuch durch den Verband Norddeutscher Baustoffhändler vorbereitet worden war, hatte Tullum für diese zweite Reise eine auf den ersten Blick sicherlich ungewöhnlich, aber damals durchaus mögliche Art der Vorbereitung gewählt, die allerdings auch heute, wenn auch mit gänzlich anderen Mitteln wieder denkbar erscheint. Wir folgen hier den Erinnerungen von Betty Trauernicht an diese Reise.

„Der erste Gruß, noch weit vor den vielen sich trennenden Einfahrten zu diversen Häfen, war die Freiheits-Statue in ihrer großen Pracht. Ganz still wurde es einem in seinem Innern. Worte waren gar nicht angebracht. Danach betraten wir die „Neue Welt".

Durch viele Passkontrollen ging es in eine große Halle, wo die Ankommenden erwartet und begrüßt wurden. Auch wir hatten ein schönes Willkommen-Erlebnis: Hero Kleen und Hermann Groß – beide aus „Ursprung-Großefehn" – waren gekommen, um uns herzlich Willkommen zu heißen. Sie waren Nachkommen der vielen Auswanderer vor und nach dem ersten Weltkrieg und begrüßten uns auf plattdeutsch. Kurz darauf gab es noch ein schönes Erlebnis: Wir waren zu dem „Willkommens-Tee" in einem Lokal gewesen und verabschiedeten uns draußen vor dem Eingang. Aus dem Nachbar-Lokal kamen zwei Herren und verabschiedeten sich ebenfalls mit den Worten: „Tjüss, un grüss Dien Olske!" „New York up platt"!

Um den „Schlüssel" zu finden, der uns die sieben Wochen unserer Reise Türen öffnen ließ oder mit Rat und evtl. Hilfe in einem großen, fremden Land ihre Hilfe ermöglichte, hatte Rolf an die Stadt-

Genuss auf der Reise: Betty und Rolf Trauernicht beim Tanz auf der "MS Bremen".

verwaltungen der von uns gewünschten Orte geschrieben: Ein junges Ehepaar (mit Bild) aus Norddeutschland möchte auf ihrer Amerika-Reise gerne Ihre Stadt besuchen. Da Englischkenntnisse leider nicht gegeben sind, die folgende Frage: „Gibt es in Ihrer Stadt Deutsch sprechende Einwohner die Freude daran haben, diesem Ehepaar Ihre Stadt zu zeigen?" Daraufhin meldeten sich nicht nur äußerst positiv die Stadtverwaltungen, sondern gaben zugleich Namen und Adressen an, mit denen wir dann vor unserer Reise schon Kontakt aufnahmen. Diesen Kontakt brauchten wir in New York noch nicht, weil wir von der Familie Gross/Peters in Großefehn schon die Adresse hatten. So wohnten wir fünf Tage auf Long Island bei Therese, geb. Peters und Ehemann Hermann Gross. Man merkte, wie groß die Sehnsucht nach Deutschland/Ostfriesland immer geblieben ist. Gleich morgens und tagsüber haben wir gerne erzählt was sie aus der alten Heimat wissen wollten. Für sie waren wir ein Stück „Heimat".

Einige Male waren wir auf der Weltausstellung 1965 in New York City. Dort gab es nur ein Staunen, wie weit die Wirtschaft und

Betty und Rolf kurz vor dem Abflug mit "Air Alaska".

die Technik schon unbegrenzte Möglichkeiten zu bieten hatte. Dann die Stadt selber. New York war 1950 die zweitgrößte Stadt der Erde mit 7,89 Millionen Einwohnern in einer hervorragenden Lage an der Mündung des „Hudson River". Man hatte das Gefühl, dass die Wolkenkratzer von Manhattan dem Tageslicht viel Helligkeit nahmen. Um die Höhe der Bauten am Broadway zu erfassen, musste man sich stützen, um ein Schwindelgefühl zu vermeiden. Die Aussicht/Übersicht über die Stadt ermöglichte uns der Blick vom „Empire-State-Building"."

Um in der, trotz der geplanten „einigen Wochen", doch recht kurzen Zeit möglichst viel von Land und Leuten sehen und erleben zu können, war die Reise als Rundreise angelegt, und New York nur die erste Station. Nach einem – unvermeidlichen – Abstecher zu den Niagara Fällen ging es weiter gen Westen und Norden nach Kanada und Alaska.

„Über Vancouver, Fairbanks, Anchorage, Nome, Kotzebue. Auf diesem Flug lernten wir einen Amerikaner kennen. Er hatte wohl

Freude an unserem „Unternehmen“ und bat uns, wenn wir in Anchorage landen, ihn doch bitte anzurufen. Er würde uns gerne seine Stadt zeigen. (Für mich war es ein Vergnügen, wenn die Amerikaner immer von „ihrer Stadt“ sprachen; das war überall so. „Ich zeige Ihnen/Euch so gerne meine Stadt.“ Darin lag Stolz und Liebe zur Heimat.)

Mit einer Übernachtung in Vancouver war die Nacht mit Sorgen belastet: Von unserem Reisegepäck fehlte ein Koffer – der von Rolf. Wenn ich über den Verlust nachdachte, malte ich mir aus, wie wir am nächsten Tag von einem ins nächste Geschäft eilten, um – vergeblich – nach Anzuggröße 60 und Schuhgröße 48 zu suchen. Da unsere Reise feste Buchungen hatte, konnten wir unmöglich auf eine spätere Maschine umbuchen. Zum Glück kam der Koffer zwei Stunden vor dem geplanten Abflug – Gott sei Dank!!

Aber wir flogen erst einmal nach Fairbanks/Alaska. Dort wurden wir von einer herzlich-freundlichen Dame mit ihrer Schwester erwartet. Sie waren von den Großeltern her „Deutschen Ursprungs“ und hatten große Freude daran, uns ihre Stadt zu zeigen. Inmitten einer großartigen Landschaft mit seltenen interessanten Bäumen verlieh die besondere Herbstfärbung der Natur dem Ganzen einen besonderen Reiz und entlockte uns manche Bewunderung. Die Stadt Fairbanks hatte, der Natur angepasst, eine kanadisch ruhige Atmosphäre.

Wie versprochen meldeten wir uns am nächsten Tag bei unserem Reisefreund Bill in Anchorage. Wir wurden herzlich zum Kaffee eingeladen und Bill zeigte uns anschließend „seine Stadt“. Sie liegt am „Sea of the Alaska“ und wurde einige Jahre zuvor von einem starken Erdbeben heimgesucht. Einen sehr breiten Küstenstreifen nahm sich das Meer. Die „Zeitzeugen“ waren noch vereinzelt: Bäume, die im Wasser standen. Die Stadt selber lebte von der Industrie.

Gegen Abend verabschiedeten wir uns mit einem großen Dank und die Frage stand im Raum, ob man sich noch mal im Leben begegnen würde. Da wussten wir noch nicht, dass wir uns abends schon wieder sehen würden.

Rolf und ich freuten uns auf einen notwendigen, ruhigen Abend. Aber dieser notwendige, ruhige Abend wurde jäh durch das Klingeln des Telefons unterbrochen. Es war Bill. Bill und seine Frau hatten überraschend eine Einladung aus ihrem Freundeskreis bekom-

men und baten uns, mit ihnen gemeinsam daran teilzunehmen. Rolf sah mich an. Er sah auch so aus wie er sich fühlte: sehr müde! Im Plattdeutschen gibt es da einen Begriff für müde! Nein, nicht müde – ich bin richtig fertig. Also: so richtig alle! Und das wollte er dem lieben Bill auch schonend – aber deutlich – sagen. Rolf kramte sein Englisch hervor und sagte: „Lieber Bill, aber Betty und ich sind zu müde. Und um diese Müdigkeit noch zu dramatisieren, damit wir die freundliche Einladung nicht annehmen mussten, sagte Rolf: „Lieber Bill, wir sind sehr müde. Nun kam sein „Gemisch" von plattdeutsch/englisch zusammen. Und weil er wusste, dass „fertig" auf Englisch „ready" heißt sagte Rolf: „Lieber Bill, wir sind total ready. Bill war überschwänglich in seiner Freude. Ob er uns um 8 a clock abholen könnte/dürfte? Rolf sah mich an, so dass ich einen Lachkrampf bekam. Bill und seine liebe Frau waren pünktlich und führten uns in eine große Abendgesellschaft ein. Der Abend wurde wunderschön in einer sehr interessanten Gesellschaft mit großer Harmonie, die unsere Müdigkeit vergessen ließ.

Wir verabschiedeten uns ein zweites Mal. Ob sich unsere Wege noch einmal kreuzen würden im Laufe der Zeit? Wir alle haben es uns gewünscht. Die Luftpost sorgte für eine ziemlich lange Zeit dafür, die freundschaftliche Verbindung zu erhalten. Aber, wie so oft im Leben, haben die Gedanken irgendwann die Luftpost abgelöst."

Solche Reisebegegnungen haben, wie wir sehen werden noch häufiger stattgefunden, und sogar zu längeren persönlichen Kontakten geführt. Sie zeigen einmal mehr die Offenheit und Kontaktfreudigkeit des Ehepaars Trauernicht, die sich in dieser Reisesituation ebenso vorteilhaft zeigten, wie sie es bereits beim Aufbau ihres Unternehmens dargestellt hatten. Sicherlich ist dabei auch zu bedenken, dass in einer solchen Situation der Begegnung mit der Fremde die Neigung, Kontakte einzugehen und zu nutzen noch verstärkt wird, und gerade in den USA und Kanada auf eine ebensolche Neigung traf.

Anchorage, zu deutsch: „Ankerplatz", war noch die südlichste Station auf dem Teil der Reise durch Alaska und das erwähnte Erdbeben, das „große Karfreitagsbeben" hatte erst im vorangegangenen Jahr, 1964 stattgefunden. Dass sich im darauf folgenden Jahr noch Spuren der entstandenen Verwüstungen fanden, ist daher nicht verwunderlich. Insbesondere in der Innenstadt waren damals einige der wenigen historischen Gebäude der Stadt dem Beben zum Opfer gefallen. Das Beben gilt noch heute als die heftigste seismische Aktivität, die auf dem Gebiet der USA je gemessen wurde. Die unter Wasser stehenden Bäume, die Betty und Rolf Trauernicht sahen, waren das Ergebnis mehrerer, bis zu 67 Meter hoher Tsunamis, die in der Folge des Bebens, das sein Epizentrum im Prince-William-Sound hatte, die umgebenden Küsten überspülten. 125 Tote, vor allem aufgrund dieser Tsunamis, wurden im Anschluss gezählt.

War Anchorage, nicht zuletzt aufgrund seiner geschützten und südlicheren Lage – es liegt auf einem Breitengrad etwas nördlich von Oslo –, gerade im Sommer dem europäischen Klima noch nahe gewesen, führten die beiden nächsten Stationen nun in die arktische Zone Alaskas. Nome, bekannt geworden durch den Goldrausch in Alaska um die Jahrhundertwende, liegt an der arktischen Beringsee, ebenso wie Kotzebue, benannt nach Otto von Kotzebue, dem Sohn des deutschen Dramatikers August von Kotzebue. Hier hatten die beiden Reisenden auch Gelegenheit, ganz andere Lebensweisen kennen zu lernen.

„Ab Anchorage ging es […] über Nome nach Kotzebue. Eine kleine Maschine startete. Bislang waren die Temperaturen noch sommerlich gewesen. Aber Nome und Kotzebue liegen am nördlichen Teil der Beringsee in Alaska. Auf dem Flug dorthin wurden gefütterte Anoraks verteilt. Während des Fluges ver-

Begegnung auf den Straßen Alaskas: Betty und Rolf mit zwei Inuit-Jungs.

suchten wir auf Englisch die Fragen der weiblichen Flugbegleiterin zu beantworten. Sie sah uns freundlich an und sagte: „Snakt man platt, ick bin Hambörger Deern." Und so was in Alaska! Die Überraschung war perfekt. Sie nahm uns unter ihre Regie und plante auch das Ehepaar mit ein, das uns in Nome führen wollte; lt. Hapag Lloyd. Die Huskies bellten an kurzen Pflöcken und warteten ungeduldig auf Eis und Schnee, um sich austoben zu können.

Abends wurden wir von Freunden des Flugteams und der Behörden eingeladen. Es wurde eine lange Nacht. Der Zeitunterschied zu Deutschland betrug 12 Stunden.

Die Einwohner dieses Ortes richteten sich auf den langen harten Arktis-Winter ein. Das letzte Versorgungsschiff hatte vor der Küste geankert und entladen wurden in Mengen Lebensmittel und Medikamente. Eben Vieles von dem, was die Natur nahe am Nordpol selber nicht hervorbrachte.

In großen luftdurchlässigen Hallen waren Fische aufgereiht. Sie wurden luftgetrocknet und waren der Hauptteil der Versorgung für die zum Teil großen Familien. Die Einwohner dieses Ortes lebten überwiegend von der Vorbereitung des langen Winters. Die Tundra lieferte noch die letzten Beeren für den natürlichen Eisschrank, die die Ernährung mit Vitaminen anreicherte.

Außerhalb des Ortes sahen wir schrägstehende Masten für die Stromversorgung. Warum schräg? Weil die Sommertemperaturen den Boden ca. 1½ m aufgeweicht, frostfrei gemacht hatten. So, dass die Masten wohl aufrecht bleiben aber nicht senkrecht. Sie wurden neu eingestampft und so dem Kreislauf des Winters angepasst. Aufgeschüttete Sandhügel fielen uns auf. Erklärung: Diese waren die Folge ausgehobener Gräber, welche für Todesfälle die Beerdigung im langen Winter ermöglichten. Der nächste Tag wurde für die „Goldsuche" eingeplant. Eine Goldmine war in Nome noch aktiv für Besucher. Die Party-Gäste vom Vorabend gingen jetzt auf Goldsuche! Der Bagger sog geräuschvoll den lehmigen Boden auf und transportierte durch Wasserzugabe ein steiniges Material auf eine lange Schüttelbank, die am Ende die Hoffnung auf Gold steigerte. Es glitzerte auch, manchmal aber mehr in unserer Phantasie als in unserer Hand. Es war ein großes Erlebnis und die Erkenntnis, dass wahrscheinlich der Ertrag von Nuggets selten jemand reich macht. Einige Wochen nach unserer

Amerika-Reise erhielten wir als Gruß und Andenken von Nome von den Freunden dort einige glitzernde „Nuggets".

Der nördliche Teil dieser Nordpol-Reise war Kotzebue. Der Ort ist noch wesentlich kleiner und den Bewohnern merkte man an, dass nicht oft Gäste diesen abgelegenen Ort besuchen. Sie sind nach meiner Meinung die Iglu-Bewohner, deren Leben und Alltag im Fernsehen manchmal dokumentiert wird.

Aber auf unseren Besuch der kleinen Gruppe waren sie vorbereitet. In einer Blechhütte, wo der Schornsteinrauch uns einen warmen Aufenthalt versprach, – die Temperaturen lagen schon um den Gefrierpunkt –, wurden wir herzlich empfangen. Beim Eintreten stockte uns automatisch der Atem. Wir mussten umschalten von der frischen Luft auf eine Wärme, die angereichert war mit Knoblauch pur!! – Auf einer langen Bank saßen die Eskimos, lachten willkommen freundlich und hielten in ihren Händen bespannte Tierfell-Platten. Mit einem Stab schlug man den Takt darauf, wobei sie wahrscheinlich ihr National-Lied sangen. Danach wurde eine flotte Melodie gespielt und gesungen, während man auch unsere Gruppe zum Tanz einlud. Alle hatten Freude daran und für uns war es außerdem ein selten schönes Erlebnis.

Nach dieser Erfahrung ging es wieder gen Süden, wobei die nächste Station, fast unvermeidlich, neben den Besichtigungen auch wieder einen Termin mit geschäftlichem Charakter umfasste. „Wieder nahm uns der Flieger auf und brachte uns in eine südlich wärmere Zone. Mit Zwischenstopp in Seattle war unser nächstes Ziel San Francisco. Dort hatten wir für uns etwas mehr Zeit eingeplant. Rolf hatte vor unserer Reise einen Termin mit einer Firma abgesprochen, die – auch für Deutschland – aus einem bestimmten Material holzähnliche Wandplatten fertigte. Diese Firma wollte er besuchen, während ich einen Friseurbesuch plante und die restliche Zeit zum Aufräumen unserer Reisekoffer nutzen wollte. Eine Ruhezeit war für mich auch noch möglich."

Dass diese Ruhezeit nicht in allen Punkten das erwünschte Ergebnis bringen würde, war zu dem Zeitpunkt nicht voraussehbar, allerdings führte dies auch – zwanzig Jahre nach dem Ende des Zweiten Weltkrieges – zu einer Begegnung mit den Folgen desselben – glücklicherweise mit einem überraschend positiven Erlebnis.

Rolf Trauernicht und das Ehepaar Kenler im Yosemite Nationalpark.

„Am nächsten Tag lockte uns eine „Vier-Tages-Fahrt“ in den Yosemite-National-Park. In der Nacht davor, wo ich mich nach einem Ruhetag so entspannt gefühlt hatte, fühlte ich körperliche Schwäche die mich richtig lähmte. Ich konnte nicht frühstücken und merkte beim Gehen einen leichten Schwindel. Ich sagte es Rolf. Aber notwendig war, dass wir den Start dieser Fahrt an einem Sammelplatz nicht verpassen durften. So nahm ich den Rest meiner Energie zusammen und wir waren „am Start“.

Es war sehr heiß. Ich suchte nur Schatten. Bei dem ersten Stopp beobachtete mich immer ein mitreisender Herr. Bei dem nächsten Stopp sprach er Rolf an, ob ich Schwierigkeiten hätte. Rolf erzählte es ihm. Er stellte sich vor als Dr. Kenler (Internist) und sagte, dass er evtl. helfen könnte, weil es bei dem nächsten Stopp eine Apotheke gäbe. Die Fahrt ging weiter. Unvorstellbar beeindruckend war der Naturpark. Mit einem Mini-Besichtigungsbus mit mehreren Besuchern besetzt, fuhren wir an 1000-jährigen Bäumen vorbei. Einmal sahen wir in einem solchen Baum unten im Stamm eine Lücke – und der

Mini-Bus fuhr hindurch. Der hohe Baum hatte noch ein starkes grünes Laub. Ein Zeichen dafür, dass er „lebendig" war.

Innerhalb dieses Naturparks war eine Übernachtung vorgesehen. Dr. Kenler und seine Frau baten uns an ihren Tisch zum Abend-Dinner. Frau Kenler war in Deutschland aufgewachsen und sprach ein klares Deutsch. Bewegt erzählte sie uns ihre Lebensgeschichte, um dadurch sich zu entschuldigen, dass sie ihrem Ehemann nicht gestattet hatte, mir beim ersten Stopp seine Hilfe anzubieten.

Frau Kenler war Jüdin, wie auch ihre Familie, und in Deutschland aufgewachsen. Sie war geschieden und hatte eine Tochter. Ihr Mann war nach der Scheidung ausgewandert nach Amerika. Doch die Familie von Frau Kenler lebte in Deutschland. Nach Ausbruch des Zweiten Weltkrieges wurden die Juden das Opfer von der NSDAP und der SS. Die Juden wurden überwacht und oftmals mehr! Immer wieder hat aus Amerika ihr geschiedener Mann sie angefleht Deutschland zu verlassen. Bis sie schweren Herzens ihre Familien-Angehörigen verließ und mit ihrer Tochter nach Amerika übersiedelte. Die in Deutschland verbliebenen Verwandten sind alle in den Konzentrationslagern in Deutschland umgekommen. Da hatte Frau Kenler sich geschworen, sich nie, nie wieder mit einem Deutschen zu unterhalten!

Frau Kenler ließ ihr Leben Revue passieren und wir bekamen Einblicke in die Zeit ihrer deutschen Vergangenheit. Wir hörten wie erstarrt ihre Lebensgeschichte. Worte dazu findet man nicht und sie sind wohl auch nicht angebracht. Herr Kenler erzählte uns noch, dass seine Frau am nächsten Tag Geburtstag hätte.

Wir versuchten abends noch Blumen zu kaufen und schenkten Frau Kenler am nächsten Morgen die Blumen und einige Silberlöffel, die wir als Reiseandenken für uns gekauft hatten. Bei der Gratulation hat sie sehr geweint und uns erzählt, dass sie am frühen Morgen mit ihrer Tochter in Montreal/Kanada telefoniert und gesagt hätte, dass sie wieder nach Deutschland fliegen würde. Nach einer sehr stillen Pause hat die Tochter gefragt: „Mama, was ist geschehen, dass Du wieder nach Deutschland möchtest?" Frau Kenlers Antwort: „Ich habe Rolf und Betty Trauernicht kennen gelernt und weiß jetzt, dass die Deutschen anders sind als das unglückliche Regime seinerzeit."

Wir, und auch sie, hatten eine Freundschaft gefunden, die viele Jahre lebendig blieb. Sie haben uns in Ostfriesland besucht. Mit ihnen

Eindrucksvolle Landschaft: Betty und Tullum am Grand Canyon.

zusammen fuhren wir zu unseren Freunden ins „Alte Land" und nach Hamburg. Danach begleiteten wir sie nach Heidelberg, wo Dr. Kenler einige Studien-Kollegen hatte. Im Laufe der Jahre gab es noch gegenseitige Besuche in Amerika und Deutschland. Nach etlichen Jahren verstarb die liebe Jean Kenler an einer unheilbaren Krankheit. Dr. Kenler hat wieder geheiratet und zog von New York in eine andere Gegend. Und irgendwie verloren wir die „Kenler-Spuren"."

Nach diesem Erlebnis führte die Reise Rolf und Betty Trauernicht über Los Angeles und Las Vegas, mit einem Abstecher in den Grand Canyon nach Miami, von wo aus sie nach weiteren Wochen

Wie versprochen: Der Besuch mit Betty bei den Verwandten in Iowa.

die Heimreise antraten. Die Erlebnisse dieser Reise und die vielen neuen Bekanntschaften haben in vieler Hinsicht das weitere Leben der Trauernichts mitbestimmt und in ihrem Lebensweg ihre Spuren hinterlassen. Kaum eine Bekanntschaft aber hat so nachhaltigen Einfluss auch auf die unternehmerische Entwicklung genommen, wie jene, die bereits in den ersten Tagen der Reise, an Bord der „MS Bremen" zustande kam und nach dem Ende der Reise, von Großefehn aus, wieder aufgenommen wurde. Auch über diese Entwicklung unterrichten uns die Erinnerungen von Betty Trauernicht an die Amerika-Reise.

„Tagsüber [an Bord der „Bremen"] fiel mir auf, dass Rolf sich öfter mit einem Herrn unterhielt. Es war schon deutlich, dass sie sich keine Witze erzählten. Am Abend hatte Rolf dann für mich die Neuigkeit: Dieser Herr Wilfert und seine Frau machen ihre Silberhochzeitsreise als Schiffsreise von Bremerhaven nach New York und als Flugreise zurück nach Deutschland. Herr Wilfert hat eine Firma in Dortmund. Dort werden Armaturen aus Edelstahl für die Getränke-

Industrie gefertigt. Ein sehr interessantes Unternehmen. Rolf unterhielt sich öfter mit Herrn Wilfert und ich dachte, die Silberbraut ist sicherlich nicht sehr erfreut darüber. Ich sah, dass Rolf sich Notizen machte und seine Gedanken kreisten wohl mehr um das Unternehmen des Herrn Wilfert, als dass er die schönen Tage an Bord – mal so richtig vom Alltag abzuschalten – nutzen würde. Diese sechs Tage an Bord reichten dann dazu, dass Rolf nach unserer Amerika-Reise einen vollen Kopf hatte, wie man ein solches Unternehmen nach Ostfriesland holen könnte. Immer wieder waren es die Arbeitssuchenden in unserer Heimat, die Rolf in seinem Bemühen Arbeitsplätze zu schaffen, nicht losließen.

Schon bald reiste die Familie Wilfert aus Dortmund an. Vier Personen und ein Hund! Sie übernachteten in Aurich, aber tagsüber gehörten sie „zur Familie“. Da unser kleines Häuschen noch nicht über ein größeres Esszimmer verfügte, habe ich die Gäste vorweg bewirtet. Unser Focko besuchte das Wirtschaftsgymnasium in Emden, er hatte einen Führerschein. Marlene besuchte das Heimgymnasium in Esens und musste abgeholt werden. Beide kamen zum Wochenende nach Hause. Wenn die Gäste ihren Mittagsspaziergang machten, konnte ich dann mit den Kindern zusammen essen. Mir taten die Kinder leid. Die familiäre Gemütlichkeit konnte ich ihnen in den paar Stunden am Wochenende kaum bieten. Diese Wochenenden gab es sehr oft. Es gab eben viel zu bedenken: Das Wo, das Wie und eine wesentliche Schwierigkeit war die, dass dieser Berufszweig (Edelstahlverarbeitung) im ostfriesischen Raum wenig vorhanden war. Es gab in Emden und Wilhelmshaven Werften etc., aber wenn wir eine branchenfremde Tätigkeit auf unserem Fehn schaffen wollten, würde es Schwierigkeiten geben. Der Berufszweig im mittelostfriesischen Raum war die Landwirtschaft, das Handwerk und die Binnenschifffahrt. Welche Qualifikation brauchten die Mitarbeiter? Und welche handwerklichen Fähigkeiten verlangte die Fertigung von Edelstahlarmaturen? Lange gingen diese Überlegungen, ob ein solches Unternehmen eine Zukunft hätte.

Am 06. Juni 1966 wurde die Nocado GmbH & Co. KG gegründet, eine Partnerschaft zwischen unserer Familie und der Familie Wilfert fünfzig zu fünfzig.

Mit der Industrie- und Handelskammer in Emden wurden Fragen geklärt und gelöst. In sehr kleinen Schritten zeichnete sich eine

Alles fängt mal klein an: Rolf Trauernicht vor dem ersten Betriebsgebäude der Nocado.

Hoffnung auf Erfolg ab. Mitarbeiter wurden gefunden und von Herrn Riekmann (von der Industrie- und Handelskammer) angeleitet und zum Teil umgeschult. Die Leitung des jungen Unternehmens blieb vorläufig unter der Regie von Herrn Wilfert. Der war mit dem Start sehr zufrieden. Man merkte es ihm an, wenn er wöchentlich seine Aufwartung machte bei der Firma „Nocado, Großefehn"!"

Auf den ersten Blick mag die Gründung eines solchen Unternehmens zur Verarbeitung von Stahl zu Edelstahlarmaturen mitten in Ostfriesland, abseits der großen Industriezentren, merkwürdig erscheinen. Tatsächlich wäre sie heute, 2011, kaum noch denkbar, weil sich die Kosten-Ertrags-Relationen grundlegend verändert haben. Damals, 1965, lag der Gründung jedoch eine einfache, natürlich logistisch – also mit den Frachtkosten – begründete Rechnung zugrunde: *„Nehmen wir an, eine Tonne normaler Stahl kostet 500 Mark, und die Frachtkosten dafür betragen 50 Mark. Edelstahl kostete 1965 das Zehnfache und somit der Transport nur 1 % des Materialwertes. Dadurch wurde auch in unserer Randlage eine konkurrenzfähige Verarbeitung möglich."* Anders gesagt: der von der Nocado erwirtschaftete Mehrwert lag gerade in der Veredelung des Grundmaterials Stahl, das als rostfreier Stahl nach Großefehn geliefert wurde und die Fabrik in Form von höherwertigen Edelstahlarmaturen wieder verließ.

Rolf Trauernicht, Portrait aus den 1960er Jahren.

Damit lag das Unternehmen im Trend, der damals die Region bestimmte. Die 1960er Jahre waren die Zeit des größten Umbruches in Ostfriesland – weg von der Dominanz der Landwirtschaft, hin zu einer industriell geprägten Erwerbsstruktur. Den Anfang hatten die Olympiawerke in Leer und Roffhausen gemacht, 1964 war das VW-Werk in Emden hinzu gekommen. In der Folge nahm die Zahl der landwirtschaftlich Beschäftigten rasant ab: waren es 1961 noch 30% der Erwerbstätigen, lag die Zahl zehn Jahre später nur noch bei 16,5%. Die Zahl der Betriebe in der Landwirtschaft sank im selben Zeitraum von 24.500 auf 20.200. Vor allem waren es die Nebenerwerbs-Landwirte, die bis dahin auf ihren Parzellen, vor allem in den Fehngebieten kleinere Landwirtschaft zur Versorgung ihrer Familien betrieben hatten. Viele von ihnen begannen nun als zunächst ungelernte Arbeitskräfte, die in den Betrieben angelernt wurden, eine Tätigkeit bei Olympia, VW, der Meyer-Werft in Papenburg, oder sogar als Auspendler im Ruhrgebiet bis hin zu Mercedes-Benz in Sindelfingen. 1970 lag die Zahl der Auspendler bereits bei 38% der 147.200 Erwerbstätigen in Ostfriesland. Insofern lag die Gründung eines Unternehmens wie der Nocado durchaus im allgemeinen Trend, Regionen jenseits der eigentlichen Industriezentren als Arbeitskraft-Ressourcen oder als „verlängerte Werkbänke" zu verstehen und ihre Kapazitäten einzusetzen. Dieser Trend versprach erhebliche Vorteile für alle Beteiligten.

„Und alles hätte auf diesem schwierigen aber interessanten Weg weitergehen können, wenn nicht wie ein Donnerschlag sich eine Kette von Ereignissen ergeben hätte, die dieses junge Unternehmen in seinen Grundfesten erschütterte. Nach ca. 1 bis 1 ½ Jahren kam Rolf mit einem Schreiben von der Firma Wilfert, Dortmund. Herr Wilfert wollte eine Lieferung Edelstahlarmaturen nach Süd-Afrika exportieren, für die keine finanzielle Sicherheit bestand. Rolf wollte und konnte seine Zustimmung dafür nicht geben. Daraufhin verlangte Herr Wilfert eine Mehrheitsbeteiligung der Firmenanteile und forderte statt 50:50 % eine Mehrheit von 51:49 % zu seinen Gunsten. Diese Situation brachte Rolf und auch mich in eine völlig andere Denkweise.

Wir sahen diesen Geschäftspartner in einem anderen Licht. Was hatte er vor? Zwei Tage später kam ein Einschreibe-Brief. Es war eine von beiden unterzeichnete Kündigung der Geschäftspartnerschaft von Herrn Wilfert sen. und seinem Sohn Ingo. Wir fanden lange keine Worte, weil sich die Gedanken überschlugen. Welche Situation: Vor kurzem erst unter schwierigsten Bedingungen und bis „zur Halskrause" finanziell ermöglicht durch unsere Baustoff-Firma TRAUCO. Sollte das nun das Ende bedeuten? Diese Forderung von der Firma Wilfert aus Dortmund kam einer Erpressung gleich. Rolf beriet sich mit unseren TRAUCO-Prokuristen. Alle waren sich einig, dass ein solcher Mensch unseres Vertrauens nicht würdig sei. Zum Wochenende hatte sich Herr Wilfert angemeldet, um Klarheit in dieser Situation zu schaffen. Stundenlang war Rolf mit Herrn Wilfert im Gespräch. Diese Gespräche dauerten über viele Wochenenden. An einem Abend kam Rolf ins Haus. Mich packte eine große Unruhe – so, wie er aussah! In meiner Not rief ich einen unserer Prokuristen an, ob er wohl gleich kommen könnte. Ich hatte das Gefühl, dass Rolf zum „Bersten" geladen war und unbedingt sprechen müsse. Dieses Gespräch gab bei Rolf dann etwas Luft und die Klarheit, die Kündigung anzunehmen, weil eine Vertrauensbasis nicht mehr vorhanden war."

Allerdings ist eine solche Entwicklung, insbesondere angesichts der vorangegangenen intensiven Vorbereitung der Unternehmensgründung erschreckend, insbesondere, da das Unternehmen selbst vor allem aufgrund der Finanzkraft der TRAUCO überhaupt entstanden war. Dabei geht es weniger um die Frage von Differenzen in der Unternehmensführung allgemein, die sicherlich, wie in jeder funktionierenden Beziehung, an der Menschen beteiligt sind, zu den Normalfällen gehören. Wirklich entscheidend war und ist in diesem Fall die Eskalation, die das Ganze angenommen hat, ohne dass ein wirklich zwingender Grund hierfür vorhanden war. Lieferungen ohne Sicherheiten, noch dazu in ein weit entferntes Ausland, konnten in dieser frühen Phase der Unternehmensentwicklung, besonders für Tullum als dem Haupt-Geldgeber des Unternehmens, nicht akzeptabel sein. Unter dieser Voraussetzung ohne weitere Rücksprache eine Kündigung auszusprechen, musste Misstrauen hervorrufen und konnte nur zu einem Zerbrechen der unternehmerischen Partnerschaft führen. Bezeichnend ist aber, dass Tullum unter diesen Umständen keineswegs den Rückzug antrat, sondern statt dessen einen Neubeginn in Eigenständigkeit wagte.

„Und so standen wir wieder vor einem Anfang! Die Dortmunder hatten wohl nicht damit gerechnet, dass Rolf die Kündigung akzeptierte. Fast drängend wurden danach von Dortmund Vorschläge gemacht, doch noch wieder einen Weg der Gemeinsamkeit zu finden. Aber der Weg war versperrt! Ein neuer Weg musste gefunden werden. Unsere tüchtigen Mitarbeiter hatten sich schnell auf eine neue Branche eingestellt und waren mit Freude bei der Arbeit. So stellten sie sich auch auf die neue Situation ein. Sie trauten es Rolf spontan zu, dass er, der schon seine Erfolge unter Beweis gestellt hatte, auch hier eine Zukunft sah. Aber die Zukunft sah nicht so rosig aus. Wohl hatten wir von Großefehn aus unsere Lieferungen versandt und fanden so unsere „Kundschaft" in unserer Kartei, aber das Knowhow für eine Weiterentwicklung fehlte uns „Neulingen". Es war das A und O, einen Betriebsleiter zu finden. Wo würde es jemanden geben, der Freude daran hätte, eine interessante Firma zu führen?

Auf Umwegen erfuhren wir von einem Deutsch-Amerikaner, der in der Branche tätig, verheiratet war und drei Kinder hatte. Diese Kinder sollten nicht in Amerika aufwachsen und so suchte Herr Wagner einen Weg nach Deutschland. Herr Wagner kam 1968 nach Deutschland; nach Ostfriesland zum Kirchweg 3: Nocado. War das

Schon früh präsentierte die Nocado die Vielfalt ihrer Produkte auf Messen.

wohl ein Wagnis? Wir waren zufrieden mit dem Beginn und Herr Wagner war tapfer und hoffnungsvoll. Da uns die Kontakte zu der Branche fehlten, wurde Rolf der „Vermittler in eigener Sache". Rolf besuchte die von uns belieferten Firmen in Belgien, den Niederlanden und auch in Deutschland. Nach Belgien und den Niederlanden begleitete ich Rolf. Wir waren erstaunt und auch entsetzt wie wir erfuhren, mit welchem Geschäftsgebaren Herr Wilfert zu seinen Gunsten manipulierte. Bei allen Besuchen – auch in Deutschland – wurde uns bewusst, dass das Ende dieser Geschäftspartnerschaft mit Dortmund letzten Endes ein „Geschenk" war.

[...] Rolf besuchte unermüdlich Firmen dieser Branche und konnte Erfolge verbuchen. Die Hoffnung wurde schon „stabil" bis Herr Wagner mit Rolf ein ernstes Gespräch führen wollte/müsste. Herr Wagner war keine robuste Erscheinung, so dass ich manchmal dachte, der Wechsel von Amerika in die gesunde ostfriesische Atmosphäre würde dem blassen Teint vielleicht zu einem frischeren Aussehen verhelfen. So konnte (musste) Rolf mir nach dem Gespräch mit Herrn Wagner mitteilen, dass er sich entschlossen habe, wieder zu-

rück nach Amerika zu wollen. Sehr deutlich hätte er es nicht gesagt, aber Rolf vermutete, dass eine Krankheit die Ursache war.

In den Jahren 1966 – 1968 ergaben sich bei Nocado hohe 6-stellige Verluste, die Dank guter TRAUCO-Gewinne ausgeglichen werden konnten. Weil es am Anfang nur wenige Aufträge gab, fertigte Nocado Fahrgastunterstände aus Stahlprofilen und Eternitverkleidungen an.

Inzwischen hatten wir 17 Mitarbeiter bei Nocado. Alle waren von Anfang an voller Hoffnung gewesen. Sie hatten auch bei dem Wechsel der Nocado-Leitung den Mut nicht verloren. Aber welche Art von Beschäftigung würde gefunden werden – und für wie lange? Und zu sagen: „Das war's dann wohl, es tut uns leid," daran haben wir nicht einmal gedacht."

Diese Einstellung, auch dann durchzuhalten, wenn es schwierig wurde, sich nicht beirren zu lassen und nach neuen Wegen der Vermarktung und des Wachstums zu suchen, auch wenn die Situation nicht hoffnungsvoll erschien, war (und ist auch heute noch) eine der wichtigsten Voraussetzungen für langfristigen Erfolg. Dass dieser sich auch bei der Nocado schließlich einstellte, ist wohl ausschließlich diesem Durchhaltewillen von Rolf Trauernicht und seiner Betty zu verdanken. Dass die Entwicklung für einige Jahre die stattlichen Gewinne der TRAUCO „auffraß", war in dieser Zeit mehr als nur eine ärgerliche Begleiterscheinung und trug sicherlich mit dazu bei, dass Tullum unter den Folgen der frühen schweren Arbeit in seiner Jugend litt.

„Rolf, der wegen starker Rückenschmerzen – eine Folge der vielen schweren Arbeit bei der Binnenschifffahrt – eine ärztliche Empfehlung einhalten und möglichst zweimal pro Woche Wassergymnastik bekommen sollte, konnte das seinem lückenlosen Terminkalender nicht zumuten (meinte er). Die Rückenschmerzen waren es dann wohl, die Rolf auf eine Idee brachte: Unser Garten ist groß genug, um darin eine Schwimmhalle zu bauen. Der erste Spatenstich für eine große Erdbewegung kam in Gang. Bagger waren für diese Erdarbeiten noch nicht auf dem Markt. Also wurde bei Trauernichts gebaut. Auch dabei wurde fröhlich angepackt."

Doch um die Arbeitsplätze bei der Nocado zu retten, bedurfte es mehr als nur einer Schwimmhalle im Garten der Familie. Vor al-

Dafür blieb kaum Zeit in diesen Jahren: Tullum entspannt in seinem Garten.

lem brauchte es einen Branchenexperten für die Leitung des Unternehmens, jemanden, der als Geschäftsführer und zugleich wichtigster Verkäufer und Motor des Geschäfts tätig sein konnte. Erstaunlicherweise gelang es, einen solchen Mann zu finden.

„Nun galt es wieder einmal, einen Fachmann für Edelstahl zu suchen. Um den zu finden brachten wir in diversen Zeitungen bundesweit unsere Suchanzeigen. Unter vielen Bewerbungen kamen sechs in die engere Wahl. Darunter war Herr Franke aus Emsdetten. Da uns noch nicht sehr viele Firmen dieser Branche bekannt waren, nahm Rolf Kontakt auf mit Herrn Jan Berkhout, Bürgermeister in Malden/Niederlande. Herr Berkhout hatte eine Vertretung für Milch-Sammelwagen von der Firma Jansky in der Herr Franke Prokurist war. Herr Berkhout beurteilte Herrn Franke als einen hervorragenden Mitarbeiter und könnte ihn uns wärmstens empfehlen. Der Chef, Herr Jansky, war durch einen tragischen Flugunfall tödlich verunglückt. Die Führung dieses Unternehmens hätte Herr Franke lücken-

Für sie war viel zu wenig Zeit: Tullum mit den Kindern im Garten.

los übernehmen können. Doch die Ehefrau des Herrn Jansky, nicht ausreichend in und mit der Firma vertraut, überließ Herrn Franke keine wichtigen Entscheidungen. Sie fühlte sich als Chefin. Herr Franke sah für sich keine Zukunft in diesem Unternehmen und hatte auf unsere Anzeige reagiert. Das junge Nocado-Unternehmen war für Herrn Franke eine besonders interessante Aufgabe, der er sich gerne stellen würde. So kam Erich Franke aus Emsdetten nach Großefehn.

Diese Personalentscheidung sollte sich für die Nocado als richtungweisend erweisen. Bis 1987 führte Erich Franke das Unternehmen, bevor sein Nachfolger Hans-Jürgen Drauth die Geschäftsführung übernahm. Sie stabilisierten das Unternehmen und bauten es nach und nach zu einem international tätigen Zulieferbetrieb für Fachfirmen aus. Die Nocado stellte – wie ursprüngliche geplant – Industriearmaturen aus Edelstahl her, die für Produktionsanlagen in verschiedensten Industriebranchen verwendet wurden: für die Nahrungsmittel- und Getränke-Industrie, wie Molkereien und Brauereien, für Betriebe der biotechnischen und pharmazeutischen Industrie ebenso wie für die chemische und abwassertechnische Industrie. Mehr als 15.000 unterschiedliche Armaturenteile umfasste der Produktkatalog des Unternehmens, von Verlängerungs- und Reduzierstücken über Montage- und Verschraubungsteile, bis zu T-Stücken und Rohrbögen. Natürlich fertigte das Unternehmen auch Sonderarmaturen nach Kundenwunsch, in schwierigen Fällen auch unter Mitarbeit der Fachhochschule Ostfriesland, bei der ein firmeneigener Versuchsstand errichtet wurde, um statische und dynamische Untersuchungen durchführen zu können.

Das angelieferte Rohmaterial in Form von Blechen oder Profilen, sowie Schmiedestücken wurde in der Fabrik zunächst ins Materiallager befördert. Von dort gelangten die Rohlinge, je nach Bedarf in die Fertigungshallen, wo sie in die jeweils gewünschten Formen gedreht, gefräst oder gebohrt wurden. Je nach gefordertem Endzweck geschah das auf manuellem Weg oder mittels elektronisch gesteuerter Maschinen. Rohre wurden in der Abteilung Biegetechnik in die vorgeschriebenen Krümmungen gebogen, während in weiteren Bereichen des Werkes geschweißt, geschliffen oder auf Hoch- und Mattglanz poliert wurde. Die Lagerzeiten in den firmeneigenen Auslieferungslagern wurden im Laufe der Jahre immer kürzer.

Gleichzeitig entstanden, neben den notwendigen Werksvertretungen Filialen des Unternehmens – nicht nur durch Übernahme von kleineren Konkurrenten, sondern als eigenständige Neugründungen unter dem Namen Nocado in der ganzen Welt: in Brasilien, Spanien, Skandinavien, Ungarn, Argentinien und China gab es schließlich Werke der Nocado.

Trotz dieser positiven Entwicklung über die Jahre geriet das Unternehmen nach dem Jahrtausendwechsel aufgrund der stärker werdenden Konkurrenz aus Asien, vor allem China, die billiger produzieren konnte, und für die am Ende die selben logistischen Vorteile galten, wie ehemals für die Nocado, in Schwierigkeiten. Das Unternehmen geriet schließlich in eine solche wirtschaftliche Schieflage, dass Rolf Trauernichts Söhne sich letzten Endes entscheiden mussten, die Nocado ohne Gegenwert abzugeben. Durch den Verkauf der ca. 29% Anteile an der Vetra kurz vor der Finanzkrise 2007/08 konnte der Verlust wieder ausgeglichen werden. Diese Ent-

Tullum bei einer Richtfest-Ansprache.

wicklung war, gerade wegen aller vorangegangenen Erfolge und besonders des schwierigen Beginns eine schmerzhafte Niederlage, eine der wenigen, die Tullum in seiner Zeit als Unternehmer erleben musste. Was im übrigen nicht heißt, dass er selbst in seiner aktiven Zeit keine Unternehmensschließungen durchführen musste: immerhin 19 waren es (und auf Seiten seiner Söhne auch schon 2), sei es durch Einstellung der Geschäfte oder Verkauf der Gesellschaftsanteile – mit hohen Kosten war das immer verbunden.

Dennoch überwiegt für ihn im Fall der Nocado das Positive: „*In der Zeit von 1966 bis 2000 wurden in 34 Jahren bei Nocado den Mitarbeitern ca. 23 Millionen Arbeitsstunden ermöglicht. In dieser Zeit wurden fast 400 Mio. DM an Lohn und Gehalt gezahlt. Nach dem Vorwurf: Warum hast Du Nocado gegründet, habe ich diese Zah-*

len ermittelt und geantwortet: Wo hätten die Mitarbeiter von Nocado sonst Arbeit gefunden. Es hat sich somit gelohnt.“

Doch noch einmal zurück in die 1960er Jahre. Neben den geschilderten Entwicklungen bei der Nocado wurde auch der Aufbau der TRAUCO weiter fortgeführt. Deren Weiterentwicklung war ja die entscheidende Grundlage für das Weiterbestehen der Nocado. Gleichzeitig stieß das Wachstum am Standort in Großefehn mit den Jahren an gewisse Grenzen. Dies betraf weniger die rein räumliche Ausdehnung des Unternehmens, sondern vor allem die Frage der Bereitstellung bestimmter Dienstleistungen und Produkte. So kam es dazu, dass die TRAUCO sich ab 1967 am Unternehmen der Baustoff-Union in Aurich beteiligte, und 1968 die Fubau Fußbodenbau GmbH eben dort übernahm. In einem Buch der IHK Emden zur Präsentation der regionalen Wirtschaft in Ostfriesland findet sich ein Luftbild des Firmengeländes der TRAUCO, die bereits dort als größter Eternit-Händler im Nordwesten der Bundesrepublik bezeichnet wird.

Schließlich wird am 1. Mai 1969 bereits das 20. Jubiläum der TRAUCO gefeiert, eine Jahresmarke, die Rolf und Betty Trauernicht gemeinsam mit ihren Mitarbeitern begehen, nicht ohne Dankbarkeit und Hoffnungen auf die Zukunft.

Gleichzeitig mit diesen Entwicklungen verstärkte sich auch nochmals das private und soziale Engagement von Rolf Trauernicht. 1966, offenbar in einem Nachklang auch der Amerika-Reise, gehörte er zu den Mitbegründern des Rotary Clubs Aurich und war 1971/72 auch dessen Präsident. Sein politisches Engagement nimmt mit den Jahren einige selbst für ihn überraschende Weiterungen: *„Als der Fraktionsvorsitzende der Gruppe, Dr. Voget 1967 Landrat wurde, musste ein neuer Vorsitzender gewählt werden. Ich nahm an der Sitzung nicht teil, weil angesichts von nur sechs Mitgliedern von 19 aus der UWG natürlich der CDU mit 11 Mandaten der Vorsitz zustand. Nach der Sitzung wurde ich informiert, dass ich einstimmig zum Vorsitzenden gewählt worden sei. Ich bekam den Auftrag, bei der CDU-Landesregierung um Zuschüsse zu bitten. Ich trat dann der CDU bei und hatte auch Erfolg bei dem CDU-Wirtschaftsminister Karl Möller. 2010 erhielt ich die Ehrennadel für 40-jährige Mitgliedschaft. Als 1972 das 19. Mandat aus der Gruppe ein NPD-Mitglied Johann Heyen bekommt, wird eine neue Konstellation mit SPD und FDP installiert.“*

Seine neue Rolle in der Orts- und Kreispolitik hat Folgen: ab 1968 ist er für einige Jahre stellvertretender Landrat, er wird Vorsitzender des Aufsichtsrates der Volksbank Großefehn und bleibt dies für 30 Jahre; 30 Jahre ist er Mitglied des Verwaltungsrates der Ostfriesischen Landschaftlichen Brandkasse und stellvertretender Vorsitzender im Verwaltungsrat des Arbeitgeberverbandes der Region. Hinzu kommen langjährige Mitgliedschaften in den Beiräten der DG Bank und der Deutschen Bank. Nicht zuletzt wird er Vizepräsident und Vorsitzender des Großhandelsausschusses der Industrie- und Handelskammer Emden und Papenburg, bevor man ihn dort zum Ehrenmitglied ernennt. Doch das geballte ehrenamtliche Engagement wird auch gewürdigt: Am 1. März 1976 erhält Tullum das Verdienstkreuz Erster Klasse des Niedersächsischen Verdienstordens.

Kein Wunder aber, dass er angesichts dieser Vielzahl an Verpflichtungen – neben den tagtäglichen Anforderungen seiner Unternehmen – in den 1970er Jahren beginnt, seine Aktivitäten zu ordnen und zu delegieren.

1.8. Tullums Zeit als „Reeder“

Es war nur ein äußeres Zeichen für die fortgesetzt positive Entwicklung in den Geschäften der TRAUCO, dass das neue Jahrzehnt mit dem Bau eines neuen Verwaltungsgebäudes begann. Noch 1970 fertiggestellt, musste es bereits drei Jahre später erweitert werden. Und auch auf den übrigen Teilen des sich immer weiter ausdehnenden Firmengeländes wurde in den folgenden Jahren fleißig gebaut und erweitert. Dabei erwies es sich als Glücksfall, dass Trauco nach Ost und West in die Wiesen wachsen konnte; weil die Landwirtschaft rückgängig war. Während das erste Grundstück in der Größe von 10 Ar nur 1 DM kostete, entwickelten sich die qm-Preise kontinuierlich nach oben bis über 30 Euro.

Im Laufe der 70er und 80er Jahre des 20. Jahrhunderts wurde die geschäftliche Entwicklung der TRAUCO vor allem von zwei Trends bestimmt und angetrieben. In Ostfriesland war es – neben der weiterhin bestehenden Tendenz zur Erneuerung und Erweiterung der eigenen Häuser – vor allem der entstehende regionale Tourismus, der durch die Errichtung von Gästehäusern und Appartements, die in den sich bildenden touristischen Hochburgen wie Greetsiel und den anderen Küstenorten die Entstehung großer, neuer Baugebiete bewirkten, seinen Ausdruck fand. Fast noch bedeutender allerdings wurde in den 70er und 80er Jahren der Anfang der 60er Jahre bereits entstandene Trend zum Heimwerken oder „Do-it-yourself“, der bundesweit die Entstehung von immer neuen Baumärkten und Baumarktketten bis zum heutigen Tag bewirkte.

Ausschlaggebend für diese Entwicklungen war das seit Beginn der 70er Jahre ansteigende Lohnniveau, verknüpft mit einem weiter ansteigenden Angebot an Arbeitsplätzen innerhalb und außerhalb der Region Ostfriesland. Eine weitere Voraussetzung dafür war die zunehmende Mobilität durch das Auto, auch Fahrgemeinschaften ermöglichten den Fehntjern Arbeitsaufnahmen als Pendler in der Bau- bis hin zur Automobilindustrie, z.B. im Ruhrgebiet oder in Baden-

Tullum als Skipper auf seinem Motorsegler "Bettina".

Württemberg, später auch in den umliegenden Städten wie Leer, Papenburg, Oldenburg. Mit der Zeit entstanden immer mehr Arbeitsplätze, z.B. auch bei der benachbarten Industrie wie Olympia in Leer und Wilhelmshaven, der Meyer-Werft in Papenburg, beim Volkswagenwerk und den Werften in Emden und anderen Städten.

Vor Ort, auf dem Fehn, führte dies in vielen Fällen zur Aufgabe der Kleinlandwirtschaft, die zuvor ja eine Grundlage der familiären Versorgung war; das Ergebnis war die beginnende Vergrasung vieler Vor- und Gemüsegärten. Durch gestiegene Steuereinnahmen der Städte, Gemeinden und Landkreise und die wachsenden Anforderungen des Autoverkehrs und der Bürger verdichtete sich in jenen Jahren auch die Infrastruktur in den Orten, besonders viele neue Straßen entstanden oder wurden befestigt, sowohl innerhalb von Orten als auch auf Kreisebene, allerdings wurden auch viele Fehnkanäle zugeschüttet. Die Folge der verbesserten Infrastruktur war der Bau von modernen Wohnhäusern mit voll ausgestatteten Badezimmern, WCs und aktuellen Heizungsanlagen, angeschlossen an die modernen Versorgungsstrukturen entstanden immer neue Siedlungen.

Deren Entstehung ging einher mit einem immer stärkeren Rückgang der Zahl der landwirtschaftlichen Betriebe, allein zwischen 1970 und 1971 gaben mehr als 1.000 Höfe auf. 1971 gab es noch ca. 20.200 landwirtschaftliche Betriebe. Im selben Jahr waren in der Landwirtschaft noch ca. 16,5% aller Erwerbstätigen Ostfrieslands beschäftigt, d.h. es gab in diesem Sektor noch ca. 26.300 Vollerwerbsstellen. Insgesamt gab es im Jahr 1970 bereits mehr als 400.000 Einwohner in Ostfriesland, davon waren 147.200 Erwerbspersonen, von denen 38% als Auspendler außerhalb von Ostfriesland beruflich tätig waren.

Ein Jahr später war die Zahl der Einwohner Ostfrieslands auf 409.000 gestiegen, zwischen Männern und Frauen herrschte ein Verhältnis von 1000 zu 1087. Immer noch waren die meisten Bewohner der Region, soweit sie einen handwerklichen oder industriellen Beruf erlernt hatten, auf die Angebote der Unternehmen außerhalb Ostfrieslands angewiesen. In der Region gab es 1971 ganze 3.730 Handwerksbetriebe mit 12.000 Beschäftigten, während in den Industriebetrieben, die vor allem den Branchen Stahlbau und Maschinenbau, Fahrzeugbau, Schiffbau, Schuhindustrie angehörten, nur 27.500 Industriearbeiter beschäftigt waren.

Tullum waren diese Zahlen natürlich bekannt, und er sorgte sich, wie bereits in den Jahren und Jahrzehnten vorher, um die Region und ihre Bürger. Als Vizepräsident der IHK Ostfriesland-Papenburg, aber auch in seinen weiteren politischen Ämtern in der Gemeinde und im Kreistag konnte er – wenn auch in bescheidenem Maßstab – Einfluss nehmen auf wirtschaftliche, politische und unternehmerische Entwicklungen die über seine eigenen Unternehmungen hinausgingen. Als Gründer, Mitglied und – in den Jahren 1971/72 – Präsident des Rotary-Clubs in Aurich konnte er zudem durch verschiedene wohltätige Aktionen an den Stellen helfen, die er als Unternehmer sonst nur schwer erreichen konnte.

1996 wurde Rolf Trauernicht auch Ehrenmitglied des Rotary-Clubs auf Norderney. Die Insel hatte schon vorher, frühzeitig in seiner Unternehmer-Karriere die Rolle eines Fluchtpunktes gespielt. Hierhin zog sich Tullum immer wieder zurück, legte mit seinem Motorsegler, der „*Bettina*“, benannt nach seiner Frau, im Hafen an und hatte damit auf Norderney einen Ort, der jenseits aller beruflichen Verpflichtungen lag, aber dennoch nah genug, um ihn schnell errei-

Tullum mit dem Akkordeon auf der "Bettina".

chen und ebenso schnell auch wieder zurückkehren zu können, wenn der Terminplan oder unvorhergesehene Ereignisse es erforderten. Außerdem vertritt er die Auffassung, reisen müsse er beruflich mehr als genug; um sich zu erholen sei eine Insel, nah am eigenen Zuhause, und doch weit genug entfernt, um ungestört zu sein, mehr als gut genug: *„Norderney ist mein Hawaii!"* so lautet das Motto, wenn man ihn fragt, und darin weiß er sich mit nicht wenigen Stammbesuchern – unter ihnen auch der aktuelle Bundespräsident Christian Wulff, einer von Tullums persönlichen Freunden – einig. Auf die Insel fuhr – und fährt – der ehemalige Binnenschiffer immer noch so oft es geht mit dem Boot – auch wenn er heute im Hotel wohnt – wobei er oft genug bereits die Überfahrt mit Freunden, die ihn auf seine Erholungsfahrt begleiten, beim Skatspiel verbringt. Aber natürlich ist der Kapitän Tullum auch dann der Unterhalter seiner Fahrgäste, wenn es sich um Familienmitglieder oder Geschäftsfreunde handelt.

Von 1971 bis 1972 wurde auf dem Gelände der TRAUCO erneut gebaut. Inzwischen hatte das an Baustoffen und Materialien zum Innenausbau verfügbare Sortiment auf dem Gelände ein solches Ausmaß angenommen, dass es für Kunden und Händler kaum noch möglich war, sich einen Überblick zu verschaffen, oder eine Auswahl

Die Fassade der "Trauco Bauausstellung-Nordwest" am Kirchweg 1974.

anhand von mehr als einer mündlichen Beschreibung zu treffen. So hatte sich im Laufe der Jahre der Bereich Fliesen und Wand-, bzw. Bodenkeramik zu einem weiten Warenangebot ausgedehnt, außerdem war die TRAUCO zu einem Großhändler für Kachelöfen geworden. Damit nicht genug, gehörten seit einigen Jahren bereits Fußbodenbeläge, sei es in Form von Teppichen oder PVC zum Sortiment. Da zudem auch Marmor immer mehr Liebhaber im Innenausbau fand, mussten besondere Schneideanlagen für die Marmor-Abteilung beschafft und installiert werden. Bald kamen auch moderne Einrichtungen für die Fertigung von Fenstern und Türen, sowie Isoliergläsern hinzu. All dies war für den Nicht-Kundigen kaum noch zu überschauen.

Das Problem betraf auch alle Baustoffhandlungen und -märkte, die von der TRAUCO mit Waren beliefert wurden: nur wenige von ihnen hatten selbst genug Platz auf ihrem Gelände oder die erforderlichen finanziellen Mittel, um so etwas wie eine Ausstellung von Waren in einem realistischen Umfeld aufzubauen und auf Dauer zu finanzieren. So wurde auf dem Gelände der TRAUCO die „Bauausstellung-Nordwest“ errichtet, wo Bauinteressenten auf mehr als 5.000 Quadratmetern Gelegenheit hatten (und haben) sich über aktuelle Trends und Möglichkeiten aus dem Baustoff, Ausbau-Material und Einrichtungsangebot zu informieren. Der Bau dieses Ausstellungsgeländes war keineswegs preiswert, die Kosten beliefen sich auf immerhin 2.000.000 DM. *„Wir beteiligten 74 Baustoffhändlerkunden mit je 1000,00 DM, damit sie als Nordwest-Gemeinschafts-*

Blick in die "Trauco Bauausstellung-Nordwest" (1974).

Ausstellung bezeichnet werden konnte. Die Besucher dieser Ausstellung wurden informiert, dass der Einkauf ausgesuchter Materialien über ihren örtlichen Baustoffhändler berechnet würde, nach dem Motto: Man soll seinen Kunden keine Konkurrenz machen.“

Ziel bei der Konzeption der Bauausstellung war es, Beispiele und Vorschläge für den Bau und die Ausstattung eines Wohnhauses mit gemütlichem Ambiente zu liefern. Um dies zu erreichen, wurden in den Ausstellungshallen nicht nur Flächen mit verlegten Wand- und Bodenfliesen, Teppichböden und Teppichen aufgestellt und verlegt, sondern auch Beispiele für Wände mit Fenstern und Türen aus Holz, aber auch aus Kunststoff und Aluminium gezeigt – nicht wenige davon aus der eigenen Herstellung der TRAUCO. Dazu gehörten auch Fensterbänke aus Marmor oder Eternit, die sich jeder Kunde auf Wunsch direkt nach der Besichtigung und Auswahl vor Ort auf dem Gelände der TRAUCO zuschneiden lassen konnte. Gleiches galt etwa für Treppenstufen aus Stein oder Holz.

Blick in die Halle mit Teppichen und Bodenbelägen (1974).

Binnen kurzer Zeit wurde das in der Ausstellung gezeigte Sortiment insbesondere zum Innenausbau, nicht zuletzt aufgrund von Nachfragen der Kunden immer mehr erweitert. Es betraf bald nicht nur die Ausstattung von Bädern, sondern auch Kücheneinrichtungen, für die ein eigenes Küchenstudio aufgebaut wurde. Das Interesse der Kunden führte schließlich sogar zur Einrichtung einer Orient-Teppich-Abteilung, die Betty Trauernicht über viele Jahre führte. *„Diese Teppiche verlangten eine spezielle Beratung, die für unsere Mitarbeiter zu fremd und zu zeitaufwendig war. So musste – durfte – ich diese Abteilung übernehmen. Sie hat mir viele Jahre viel Freude gemacht, so dass die „Nebenwirkungen“, noch weniger Zeit für mich zu haben, akzeptiert wurden“*, erinnert sie sich.

Diese Bauausstellung war in ihrer Form in der ganzen Region einzigartig und wurde, nachdem sie am 9. Juni 1972 ihrer Bestimmung übergeben worden war, ein großer Erfolg. In den ersten 10 Jahren wurde das Angebot von mehr als 500.000 Besuchern und

Blick

rauco Firmengelände (Luftbild 1974 anlässlich des 25. Firmenjubiläums).

Betty und Rolf Trauernicht beim Empfang zur Eröffnung des neuen Verwaltungsgebäudes 1971. Links OKD Schuver, rechts Landrat Hildebrand.

Bauinteressenten wahrgenommen, die oft genug noch im Rahmen der Ausstellung Entscheidungen trafen, die dann von den Mitgliedsfirmen der Nowebau vor Ort beliefert wurden.

Doch auch außerhalb des zentralen Firmengeländes in Großefehn, wo ja das erst zwei Jahre zuvor errichtete Verwaltungsgebäude erneut erweitert werden musste, um den ständig wachsenden Anforderungen des Geschäfts zu entsprechen, kam es 1973 zu Erweiterungen. In diesem Jahr erfolgte der Zukauf der Baustoffhandlung de Buhr in Aurich und ihre Integration in die Baustoff-Union, ursprünglich Pupkes & Diekmann, die bereits 1967 von Rolf Trauernicht erworben worden war. Das Unternehmen zog ins neue Gewerbegebiet "Im Hammrich" um, was zugleich mit einer Vergrößerung des Firmengeländes einher ging.

Doch der Herbst 1973 brachte auch einen ersten großen wirtschaftlichen Einbruch in Form der ersten Ölkrise, ausgelöst durch den Jom-Kippur-Krieg vom 6. bis 26. Oktober 1973. Dieser Krieg

Ein Objekt häufiger Erweiterungen: Das Trauco Verwaltungsgebäude (Aufnahme aus den 1980er Jahren).

war im Rahmen des Nahost-Konfliktes eine Folge des sechs Jahre zuvor von Israel gewonnenen Sechstagekrieges. Ägypten und Syrien, die in diesem Krieg als Aggressoren auftraten, strebten die Rückgewinnung der sechs Jahre zuvor verlorenen Gebiete auf der Sinai-Halbinsel, bzw. den Golan-Höhen an. Am 6. Oktober 1973, dem Jom-Kippur-Tag, einem der zwei höchsten Feiertage des jüdischen Kalenders begannen Ägypten und Syrien mit ihren Angriffen. Nur in den ersten 24 bis 48 Stunden des Krieges, während Israel noch ihre im Feiertagsurlaub verweilende Armee mobilisieren musste, konnte das Militär der beiden Länder nennenswerte Erfolge erzielen. Danach wendete sich das Blatt sehr schnell zugunsten Israels, das von einer Vielzahl von, vor allem westlichen, Ländern unterstützt wurde. Als am 26. Oktober 1973, ausgehend von der UN-Resolution 338 ein Waffenstillstand vereinbart wurde, war der Krieg für die arabischen Staaten militärisch bereits verloren. Dennoch ist das Ergebnis des Krieges im Nachhinein als ein Erfolg innerhalb des Nahostkonfliktes zu bewerten, zwang es doch die beteiligten Parteien, insbesondere Israel und Ägypten, an den Verhandlungstisch, was schließlich 1979 zum Friedensvertrag von Camp David führte.

Auch das Reisen nahm nicht ab – zum Glück war es nicht immer nur geschäftlich: Tullum in Japan bei der Besichtigung eines Tempels.

Neben diesen positiven politischen Ergebnissen hatte der Krieg jedoch auch schwerwiegende wirtschaftliche Folgen, insbesondere für jene westlichen Staaten, die Israel unterstützt hatten. Die arabischen Länder, die als erdölproduzierende Staaten in der OPEC zusammengeschlossen waren und zu diesem Zeitpunkt mehr als 55% der weltweiten Erdölmenge förderten, beschlossen, zur Unterstützung der Gegner Israels und um Druck auf Israels Unterstützer die Produktion von Erdöl um 5% zu verringern. Zugleich erhöhten sie den Preis für Erdöl an den Rohstoffmärkten deutlich. Gegen die USA und die Niederlande wurde seitens der arabischen Erdölproduzenten (den Mitgliedern der OAPEC) sogar ein Lieferboykott verhängt.

In der Folge stieg der Ölpreis ab dem 17. Oktober 1973 an den Spotmärkten von knapp 3 Dollar je Barrel (159 Liter) auf über 5 Dollar, was einem Anstieg von über 70 % entspricht. Im Verlaufe des folgenden Jahres stieg dieser Preis auf über 12 Dollar. Die verringerte Ölproduktion im Zusammenwirken mit dem steigenden Ölpreis demonstrierte eindrucksvoll die große Abhängigkeit der westlichen Industriestaaten von der fossilen Energie, besonders von fossilen

Treibstoffen. In der Bundesrepublik Deutschland kam es in direkter Folge dieser Ölkrise noch im Laufe des November und Dezember 1973 an vier Sonntagen zu Fahrverboten, die zwar keinerlei wirtschaftlichen, dafür aber einen moralischen Effekt hatten. Und 1974 lagen die Kosten für Ölimporte um 17 Milliarden DM höher als im Jahr zuvor.

Und manchmal konnte man es sich beim Besichtigen auch bequem machen: Tullum in einer Rickscha.

Die Regierung reagierte in keynesianischer Manier mit konjunktursteuerungs- und gleichzeitigen geldpolitischen Maßnahmen, die sich nachträglich, in Hinblick auf die Stützung der Wirtschaft als wenig hilfreich oder voreilig herausstellten. Doch zusammen mit den – aus heutiger Sicht – insgesamt überhöhten Lohnabschlüssen in den Tarifverhandlungen jener Jahre, führte diese erste Ölkrise nicht nur zu einer der ersten spürbaren Rezessionen in der Geschichte der Bundesrepublik, mit allen unvermeidlichen Begleiterscheinungen wie Kurzarbeit, Arbeitslosigkeit, erhöhten Sozialausgaben und Insolvenzen von Unternehmen.

Vorderhand spürbar wurden erhebliche Kostensteigerungen insbesondere für Transporte und auf Erdöl basierenden oder davon abhängigen Produkten, was sich auch sofort auf die Geschäfte der

Sie wurde immer umfangreicher: die Trauco LKW-Flotte.

TRAUCO und der von ihr belieferten Baumärkte auswirkte. So wurde insbesondere das folgende Jahr 1974 eines mit deutlich geringeren Erträgen in der gesamten Baubranche. Dennoch wurde in diesem Jahr in der TRAUCO das Erreichte mit einer kleinen Festschrift gefeiert, die „Die ersten 25 Jahre“ und ihre Leistungen beschrieb.

Trotz der im Laufe der 70er Jahre sich häufenden rezessiven Tendenzen in der Wirtschaft profitierte die Region Ostfriesland vom Engagement des Staates, der seine konjunkturstützenden Maßnahmen zum Ausbau der Orte in der Region zu blühenden Gemeinwesen nutzte. Hierzu gehörte die stark zunehmende Infrastruktur durch den Ausbau vorhandener Wege und Straßen, den Neu- und Ausbau öffentlicher Einrichtungen wie Rathäuser, Kindergärten, Schulen und Sporteinrichtungen und die Förderung der Sanierung und Rekonstruktion von zum Teil im Krieg zerstörten Altstädten, wie jenen in Leer, Norden und Aurich.

Selbst in den kleineren Gemeinden in den ländlichen Zonen entstanden, wie schon in den Kreisstädten, ausgebaute Zentren mit vielerlei Arten von Geschäften. Sehr viel Kleingewerbe sicherte neben den größeren Gewerbeansiedlungen, teilweise bereits in neu entstandenen Gewerbegebieten, den Einwohnern den Lebensunterhalt und auch die Steuereinnahmen der jeweiligen Gemeinden. Dazu trugen auch Einrichtungen bei, die selbst nur wenige Arbeitsplätze schufen. So entstand Mitte der 70er Jahre westlich von Emden, an der Knock eine Anlandestation für norwegisches Erdgas, später kam eine zweite in Dornum dazu, deren angelandetes Gas anschließend ebenfalls via Emden in die Netze der Bundesdeutschen Versorger verteilt wurde. So wird über Emden noch heute ein wesentlicher Teil der deutschen Gas-Importe abgewickelt. Ein Erdgasspeicher befindet sich zudem in Etzel im Kreis Wittmund.

Während so die gewerblichen und industriellen Arbeitsplätze auch in Ostfriesland immer wichtiger wurden, gewannen Haus und Garten als private Rückzugsorte zunehmend an Attraktivität, was sich auch im stärker werdenden Trend zum Heimwerken, dem selbständigen Ausbau und der Umgestaltung des eigenen Heims ausdrückte. Dies führte auch zu einem weiteren Rückgang der Vergrasung, indem rund um die Häuser statt landwirtschaftlich nutzbarer Flächen und Gemüsegärten schmucke Erholungsgärten angelegt wurden.

Der damit einhergehende, trotz steigender Löhne und Kaufkraft wachsende Bedarf an eigenen finanziellen Mitteln führte besonders in Ostfriesland zum Ausbau des Tourismus als neue Nebenerwerbsquelle. Dies führte insbesondere in den kleineren Städten und Gemeinden der Region zur Schaffung von Freizeitanlagen für die Gäste, von Pensionen und Gästezimmern, die in Eigeninitiative aufgebaut werden. In den Fehngebieten führte dies zum Rückbau früherer – nun nicht mehr genutzter – Fehnanlagen wie etwa vieler Verlaate, und dem gleichzeitigen Neubau von Fehnbrücken für Fahrzeuge und Fußgänger. Zum Glück erfolgte in vielen Fällen auch eine Sicherung der noch schiffbaren Kanäle für den Bootstourismus, was heute, mit einer veränderten Sicht auf dieses historische Erbe, in manchen Fällen eine Rekonstruktion der Infrastruktur der Fehne ermöglicht.

1975 war die Zahl der Einwohner in Ostfriesland auf 411.000 gestiegen, was einer Bevölkerungsdichte von 136 je km² entsprach.

In diesem Jahr begann auf der Strecke zwischen Emden und Riepe der Bau der Autobahn A31 in Ostfriesland, die erste Teilstrecke jener Autobahn, die die Region mit dem Ruhrgebiet verbinden und in Tullums Leben noch eine wichtige Rolle spielen sollte. Der Ausbau des Straßennetzes in der Region Ostfriesland forderte allerdings auch Opfer. So kam es zur Stilllegung der Bahnstrecke Norden-Esens, heute verkehren auf dieser Strecke bis Dornum nur noch Museumseisenbahnzüge, die Bahnstrecke von Esens bis Wittmund blieb dagegen erhalten. Hier verkehren noch heute täglich Züge.

Das Jahr 1976 brachte dann einen wichtigen Umbruch im Unternehmen. Zum 1. Januar trat Tullums ältester Sohn Focko Trauernicht, nachdem er zunächst eine Lehre als Baustoffkaufmann und anschließend ein betriebswirtschaftliches Studium absolviert hatte, in die Geschäftsleitung der TRAUCO ein. Seine Aufgabe war es zunächst, die vielschichtigen Expansions- und Wachstumsprozesse der einzelnen Abteilungen des Unternehmens zu koordinieren und zu stabilisieren. Dieser Konsolidierungsprozess schien nach mehr als 25 Jahren des Wachstums dringend erforderlich, und es spricht für das Urteilsvermögen von Rolf Trauernicht, dass er es nicht unternahm, diesen Prozess selbst zu steuern, sondern ihn seinem Sohn übergab, der auf diese Weise wichtige interne Kenntnisse erwerben konnte, und zugleich die Unternehmensgruppe auf seine spätere Geschäftsübernahme vorbereiten konnte.

Wer sich nun etwa wundert, dass Tullum 1976, mit gerade 52 Jahren begann, sich von dem Alltagsgeschäft seines Unternehmens zu lösen und dieses schrittweise in jüngere Hände zu übergeben, der sollte sich auch klar machen, dass er zu diesem Zeitpunkt bereits seit seinem 12. Lebensjahr aktiv beruflich tätig war, also bereits seit 40 Jahren. Für nicht wenige Menschen ist das bereits die Dauer ihrer ganzen Lebensarbeitszeit. Zudem war die Arbeit in diesen Jahren keineswegs leicht gewesen, und vielleicht spürte er auch ein wenig, nicht nur in Form der Rückenbeschwerden, die ihn schon seit einigen Jahren quälten, die Last der Jahre schwerer körperlicher Arbeit, die hinter ihm lagen.

Ein weiterer Grund hatte sich aus einer Erfahrung ergeben, die er mit einem Bekannten hatte. Dessen Vater hatte sich nach der Übergabe des Unternehmens an seinen Sohn weiterhin täglich in die Geschäftsführung eingemischt, und sein vermeintlich „besseres Wissen“ und seine Erfahrung geltend gemacht – so lange, bis der Sohn schließlich aufgab und sich von der Geschäftsführung und aus dem Unternehmen wieder zurückzog. Rolf Trauernicht hatte sich darauf hin geschworen, seinem Nachfolger frühzeitig die Unternehmensführung zu überlassen, vor allem aber, sich anschließend nicht mehr in dessen Entscheidungen einzumischen, sei es mit welchen guten Absichten auch immer.

Der "Reeder" und sein "Kapitän": Rolf und Focko Trauernicht im Gespräch (Aufn. aus den 1980er Jahren).

Vor allem war es aber wohl die Vielzahl an Aufgaben, denen er sich in den vergangenen Jahrzehnten, zumeist erfolgreich, aber eben nicht ohne Anstrengung gewidmet hatte, die ihn nun, und in den folgenden Jahren, dazu bewogen, mehr und mehr Positionen im leitenden Alltagsgeschäft an vertraute, zumeist jüngere Nachfolger abzugeben. Im Falle der Nocado hatte er damit früh beginnen müssen, weil ihm die Fach- und Branchenkenntnisse fehlten, die für die Leitung eines solchen Unternehmens erforderlich waren. Nun bot sich ihm mit der Möglichkeit, das unternehmerische Alltagsgeschäft fähigen Nachfolgern zu übergeben, auch eine Chance, seine Aufmerk-

Rolf Trauernicht, Portrait aus den 1980er Jahren.

samkeit neben den Alltagsgeschäften wieder der langfristigen Entwicklung seiner Unternehmungen zu widmen. Er selbst betrachtete das unter Verwendung vertrauter maritimer Begriffe als längst fälligen Wechsel vom *„Kapitän"* zum *„Reeder"* – während die einzelnen Unternehmen nun, wie Schiffe von verantwortlichen Kapitänen geführt werden, bestimmt er als Reeder den langfristigen Kurs und überwacht den Geschäftsverlauf. Dabei spielen die Kapitäne natürlich die entscheidende Rolle, wie Tullum 1992 in einem Artikel des *„Ostfriesland Magazins"* zitiert wird:

„Ich kann und will auch nicht [überall] mit an Bord sein. Mir sagen die Bilanzen alles. Sind sie schlecht, steht es meistens noch schlechter, sind sie gut, mit Sicherheit noch besser. So muss jeder Geschäftsführer dafür sorgen, dass er eine gute Besatzung anheuert, dass die Ladung gut verstaut wird, und dass, wenn Wind aufkommt, die Segel richtig gesetzt werden."

Als „Reeder" aber muss Rolf Trauernicht im Extremfall auch die Havarie, sprich: die Insolvenz, eines seiner Unternehmen –

„Schiffe" – überleben können. Die dafür erforderliche Einstellung zur Arbeit und zum Risiko verpackt er gern in einen Ratschlag für junge Unternehmensgründer: *„Willst du dich selbständig machen, so musst du dich engagieren. Das kann man nicht mit der linken Hand machen. Da ist es auch mit einer 40-Stunden-Woche nicht getan. Du musst erstens fleißig, zweitens fleißig und drittens fleißig sein. Du musst zupacken und zugreifen können und darfst nicht nach der Mütze suchen. Natürlich ist das immer auch ein Risiko. Doch wer das scheut, sollte niemals Unternehmer werden."*

„Hätte ich die hohen Verluste, die bei „Nocado" anfangs auftraten, nicht mit „TRAUCO" ausgleichen können, dann hätten die Banken bestimmt die Kredite gekündigt. In einem Betrieb ist das Allerwichtigste, dass die leitenden Mitarbeiter nicht nur technisch begabt sind, sondern auch mit Menschen umgehen können. Natürlich muss ein Geschäftsführer genau den Markt kennen. Er muss ein Gespür für Trends und Tendenzen haben. Er muss jeden Mitarbeiter auf dem richtigen Platz einsetzen. Und er muss mindestens fünf Prozent andere Ideen als sein Reeder haben. Vor allem aber muss er von Ehrlichkeit und Solidarität beseelt sein. Das ist für das Schicksal und den Fortbestand einer Firma unerlässlich. Schließlich hängen davon die Arbeitsplätze ab. Geht ein Unternehmen baden, verliert wohl der Unternehmer sein Geld, doch viel schlimmer ist der Verlust von Arbeitsplätzen!"

Und aus diesem Grund gilt: *„Eine Firma kann doch nur existieren und soziale Dinge praktizieren, wenn sie gut verdient. Und wenn der Unternehmer gut verdient, dann investiert er auch. Das bedeutet neue Arbeitsplätze und die Sicherung der bestehenden."*

Wenn man Gelegenheit hat, länger mit Rolf Trauernicht über solche Themen zu sprechen, wie dies Ewald Christophers 1999 für eine Broschüre zum 50. Jubiläum der TRAUCO tat, dann finden sich noch mehr solcher tief greifender unternehmerischer Prinzipien, die er in seinem, wie er selbst sagt, oft impulsiven Unternehmeralltag angesammelt hat:

„- *Angst ist ein schlechter Ratgeber!*
- *Entscheidungen vor allem auch im Interesse des Anderen treffen!*
- *Sich selbst treu bleiben!*
- *Den einmal erkannten Weg konsequent zu Ende gehen!*

- Tradition kann man nicht nur übernehmen, man sollte sie möglichst oft neu schaffen.
- Fürchte dich nie vor einem Giganten in deiner Branche. Beobachte ihn und erkenne die Nischen, die er dir als mittelständischer Betrieb lässt!
- Nie autoritär, aber eine Autorität sein.
- Was heute noch aktuell, das gehört bereits morgen der Vergangenheit an.
- Setze den Pultstock nicht weiter, als du springen kannst.
- Aus Fehlern kann man nur lernen.
- Nur Visionen bringen weiter.
- Eine Randlage ist nur mit Intelligenz zu überwinden!"

Dass Tullum die Erfolge, die sich aus diesen allgemeinen Verhaltensregeln ergaben, immer wieder zugunsten der Region und ihrer Menschen, zur Schaffung von Arbeitsplätzen, Stärkung der regionalen Infrastruktur und zur direkten Hilfe genutzt, und sich dafür selbst keinen Moment geschont hat, dafür erhielt er am 1. März 1977 das Verdienstkreuz Erster Klasse des Niedersächsischen Verdienstordens verliehen. Besondere Würdigung fand dabei auch das *„Erfolgsbeteiligungsmodell"*, das Rolf Trauernicht in seinen Unternehmen für seine Mitarbeiter eingerichtet hatte, und das als *„beispielhafte Einrichtung der Vermögensbildung"* für die Mitarbeiter gewürdigt wurde. „Durch die Schaffung und Sicherung zusätzlicher Arbeitsplätze," habe er *„[…] entscheidend zur Verbesserung der Lebensverhältnisse"* in Ostfriesland beigetragen, so der überreichende Regierungsvizepräsident Albrecht Barth.

Bereits einige Monate zuvor, noch in 1976, hatte sich Tullum, mit Blick auf die anstehenden Herausforderungen in seiner Unternehmens-Gruppe, weitgehend aus seinem politischen Wirkungsfeld zurückgezogen. Tatsächlich sollte das wirtschaftliche Umfeld in der Baubranche, nicht nur aufgrund der bereits erwähnten Schwankungen der Konjunktur in Deutschland während der 70er und 80er, in den folgenden Jahren deutlich schwieriger werden, auch wenn das weiteren erfolgreichen Entwicklung nicht entgegen stand.

Doch einen völligen Rückzug konnte er nicht erreichen. Schon seit einigen Jahren war er Mitglied in dem Gremium, das als Vertretung der Anteilseigner des Energieversorgers EWE – dies waren seit Bestehen der Gesellschaft mehrheitlich die Städte und Kreise in der Weser-Ems-Region – die Aufsicht über die Gesellschaft führte. Rolf

Am 1. März 1977 überreichte Regierungspräsident Albrecht Barth Tullum das Niedersächsische Verdienstkreuz 1. Klasse.

Trauernicht war überzeugt, dass mit seinem Rückzug aus den politischen Ämtern, wie dem Kreistag, auch diese Mitgliedschaft enden würde, denn *„von den 37 Kreistagsmandaten hatte die CDU 13. Ich verabschiedete mich als Mitglied des EWE-Gremiums in Oldenburg. Meine CDU-Fraktion bestand aber darauf, dass ich mich der geheimen Neuwahl stelle. Und bei dieser Wahl bekomme ich sechs Stimmen aus der SPD-Fraktion zu meiner Überraschung gegenüber dem SPD-Kandidaten, der nur 18 Stimmen erhält. Zum Erstaunen der Oldenburger blieb ich Mitglied im EWE-Gremium, das dort die beteiligten Kommunen vertritt.“*

Dass der Rückzug von den politischen Aufgaben keinen Moment zu früh kam, zeigte sich bereits 1977. In diesem Jahr schlossen 65 Händlerkunden, also Baumärkte, eine Kooperationsvereinbarung mit der TRAUCO. Die so als Fachbereich innerhalb der TRAUCO entstehende Nowebau war gleichsam die logische Konsequenz aus dem seit einigen Jahren sich abzeichnenden Strukturwandel im Baugewerbe des nordwestdeutschen Raumes, der sich in einer immer stärker werdenden Konzentration im Wettbewerb mit anderen großen Anbietern manifestierte. Dass die TRAUCO gemeinsam mit ihren Händlerkunden auf diese Weise diesen anstehenden Strukturwandel gleichsam nachvollzog, war auch die konsequente Fortsetzung des mit dem Aufbau der Bau-Ausstellung begonnenen Weges.

Im Gegensatz zu den großen Baumarktketten, die nach einem Franchise-System funktionieren, setzte die Nowebau konzeptionell auf die Eigenständigkeit ihrer Mitglieder. Als Leistungsgemeinschaft bot sie den angeschlossenen Baustoffhändlern den Vorteil, vom gemeinsamen Einkauf, einer gemeinsamen, von der TRAUCO bereitgestellten, effektiven Logistik und Lagerung, den gemeinsamen Marketing-Strategien, inklusive Werbung und Verkaufsförderung, aber auch eines optimierten, weil zentral operierenden Service und Beratungsangebots zu profitieren. Dies ermöglichte vor allem den oft kleinen Baustoffhändlern vor Ort in der Region mit ihrer zumeist organisch gewachsenen, mittelständischen Unternehmensstruktur, auf die sich ständig beschleunigenden Veränderungen am Markt zu reagieren, neue Absatzmärkte zu erschließen und damit ihr Überleben sicher zu stellen. So war es etwa möglich, unter Mithilfe der Nowebau auf veränderte Bedürfnisse der Kunden einzugehen, wie es sich beispielsweise durch den immer umfangreicher werdenden Do-it-yourself-Bereich ausdrückte.

Dabei stellten die Organe der Nowebau, von der Mitgliederversammlung über den Beirat bis zu den Fachausschüssen jederzeit das Mitspracherecht der Mitgleider bei wichtigen Entscheidungen sicher. Dieses Konzept erwies und erweist sich noch heute als eine erfolgreiche Konstruktion. Die Zahl der Mitglieder stieg bis 1989 auf über 80, bei einem Gesamtumsatz von 600 Mio. DM. Nach der Wende kamen Baumärkte in Burg in Sachsen-Anhalt und Waren an der Müritz in Mecklenburg-Vorpommern hinzu. Als die Nowebau 1999 als eigenständiges Unternehmen aus der TRAUCO ausgegliedert wurde, waren es bereits 91 Mitgliedsmärkte. Neben der TRAUCO sind heute 47 Kollegen die Gesellschafter des Unternehmens, das natürlich immer noch seinen Sitz im Kirchweg in Großefehn hat.

Die Mitarbeiter der Nowebau in Großefehn.

Die Gründung der Nowebau erforderte 1977 natürlich auch erneute Investitionen in Lager und Produktionsflächen am Standort in Großefehn. Das Betriebsgelände wuchs erneut, nun auf 115.000 qm. Eine der Lagerhallen wurde auf 5530 m^2 erweitert, insgesamt waren nun 30.000 m^2 des Betriebsgeländes überdacht. Zusätzlich wurde eine 150 m lange Produktionshalle mit 1.300 m^2 Fläche errichtet. Das alles verbrauchte eine Investitionssumme von 5,5 Millionen DM. Doch dieses Investment rechnete sich. 1978 stieg der Umsatz bei der TRAUCO erstmals über 100 Millionen DM, davon wurden 70 Millionen DM allein in Großefehn erwirtschaftet und 30 neue Arbeitsplätze geschaffen. Damit entwickelte sich die TRAUCO gegen den Trend in Deutschland, denn 1978 kam es zu einem erneuten Wirtschaftsrückgang infolge der zweiten Ölkrise, die erneut eine Verteuerung aller ölabhängigen Produkte und aller Transporte bewirkte – gewiss keine optimalen Voraussetzungen für ein erfolgreiches Jahr und die weitere Expansion. Dennoch gelang dies und zeigte auch, dass der Schritt in die Kooperation der Nowebau sich gelohnt hatte.

Nicht aufgeben konnte Tullum seine Aufgabe im Aufsichtsrat der Volksbank Großefehn, in den er 1952 gewählt worden war, und dem er von 1968 bis 1983 als Vorsitzender vor stand – ganz entkam er den Verpflichtungen außerhalb seines Unternehmens denn doch nicht. Aber er sah, und sieht das auch heute noch als einen Bestandteil seiner Tätigkeit: Schließlich bietet dieser Posten, wie auch seine Position als Vizepräsident der Industrie- und Handelskammer, die Möglichkeit Menschen kennen zu lernen und *„Verbindungen schaden nur dem, der keine hat …“* Fünf Jahre später, 1983, fusionierte die Volksbank Großefehn mit der Raiffeisen-Bank (Raiba) Holtrop, und Rolf Trauernicht leitete die letzte Generalversammlung der Volksbank Großefehn.

Es gab in diesem Jahr allerdings auch außergewöhnliche Erlebnisse. Zu diesem gehört sicherlich auch Tullums Beteiligung, gemeinsam mit seinem Vater, an einem Film den der Journalist Hans-Walter Berg, bekannt durch seine Dokumentations-Reihe *„Gesichter Asiens“*, 1978 über Ostfriesland drehte. Einige Monate zuvor war im 3. Programm des NDR eine andere dreiteilige Dokumentation über die Region gesendet worden, deren vorurteilsbefangene, wohl auch durch Ostfriesenwitze geprägte Herangehensweise unter den ostfriesischen Zuschauern große Empörung hervorgerufen hatte. Der Film von Hans-Walter Berg sollte nun – so die Absicht des Journalisten – dieses Bild korrigieren, auch wenn die Verantwortlichen des NDR den Begriff eines *„Wiedergutmachungsfilmes“* verständlicherweise weit von sich wiesen. Hans-Walter Berg, der, selbst in Varel geboren, eine enge Beziehung zu der Region hatte, konzentrierte sich in seiner Dokumentation auf das aus seiner Sicht wesentliche: die Menschen. Er zeigte die Ostfriesen beim Boßeln im Sommer oder beim Klootschießen im Winter, bei ihrer Arbeit als Fischer wie als Fabrikarbeiter im VW-Werk in Emden, als Feierabendlandwirte, Blumenzüchter oder bei der Viehauktion. Und eben auch als Unternehmer in Person von Rolf Trauernicht, dessen außergewöhnliche Lebensleistung auch in einem Gespräch mit seinem Vater Focke Trauernicht deutlich wurde.

Der Film fand in Ostfriesland, aber auch außerhalb viel positiven Anklang, zeigt er doch die Ostfriesen als hart arbeitende Menschen, als freundlich und aufrecht, als so klug oder so dumm wie anderswo auch. Rolf Trauernicht war unter anderem in einer Szene in seinem Betrieb zu sehen. Tullum grüßte seine Mitarbeiter an den

Werkbänken, wie dies immer seine Art war und ist. Bei manchen blieb er stehen und unterhielt sich mit ihnen. Nach der Ausstrahlung des Films erschien in der *„Rheinischen Post"* in Bonn eine Rezension, in der die Verfasserin unter anderem schrieb: *„Einmal kommt ein nach dem Krieg durch Tauschhandel reich gewordener Torfstechersohn zu Wort, der duzt manche seiner Leute, aber die machen vor ihm einen tiefen Diener."*[1] Rolf Trauernicht hätte davon kaum erfahren, hätte nicht sein in Grefrath lebender Freund, Gemeindedirektor Hans Buckenhüskes die Rezension gelesen, mit einem Leserbrief geantwortet[2] und beide Texte per Brief an Tullum geschickt.

Die in der Rezension zum Ausdruck kommende, von bitteren Vorurteilen geprägte Sichtweise hat Tullum sehr getroffen. Abgesehen davon, dass das *„du"* keineswegs geringschätzig gemeint, sondern im Plattdeutschen die gängige Form der Anrede von Bekannten ist, was die Rezensentin vielleicht nicht wissen konnte, hat er seine Mitarbeiter immer als eine Art von erweiterter Familie betrachtet, für die und deren Wohlergehen er eine Verantwortung hatte und hat. Nicht wenige seiner Unternehmungen, für die er selbst stets mit vollem Risiko eingestanden hatte, waren und sind ja vor allem wegen der Arbeitsplätze und damit für die Menschen in Ostfriesland aufgebaut worden. Aber hier kommen dann vielleicht auch unvermeidliche Unterschiede in der Betrachtungsweise zum Tragen: Wenn zwei (Unternehmer) das Gleiche tun, ist es noch lange nicht dasselbe.

---

1 Rheinische Post, Bonn, 27.12.1978, Brigitte Söhngen; Rezension "Gesichter Ostfrieslands".

2 Der Text des Leserbrief von Hans Buckenhüskes: *„Zu Ihrer Rezension über die ARD-Sendung "Gesichter Ostfrieslands": Ich kenne seit vielen Jahren jenen erfolgreichen Unternehmer und die enorme Entwicklung seiner Betriebe. Er hat nach dem Kriege in Ostfriesland eine Marktlücke entdeckt. Mit unermüdlichem Einsatz unter tatkräftiger Mithilfe seiner Familie schloß er sie. Der anfängliche Tauschhandel ist ihm, wie allen anderen Geschäftsleuten, seinerzeit zu Hilfe gekommen, doch seine heutigen Betriebe, in denen ein vorbildliches soziales Klima herrscht, sind das Ergebnis überdurchschnittlichen Fleißes einer kontaktfreudigen Familie, die mit Fingerspitzengefühl und Geschick Aufträge hereinzuholen und ihre Beschäftigten zu motivieren wußte. In Ostfriesland gilt aber auch heute noch, mehr als anderswo, der ehrliche, herzliche Kontakt als Geschäftsgrundlage. Übrigens hat sich besagter Unternehmer auch viele Jahre engagiert und erfolgreich kommunalpolitisch betätigt. Dieser Erfolg hat ebensowenig etwas mit Tauschhandel zu tun, wie die Existenz der grundsoliden Betriebe, auf die man in Ostfriesland stolz ist."* Zitiert nach: Rheinische Post, Bonn, Anfang 1979.

Im folgenden Jahr, 1979, setzte sich das Wachstum des Unternehmens fort. Und dies, obwohl die Rahmenbedingungen keineswegs besser geworden waren. Immer noch befand sich die Bundesrepublik Deutschland im Griff der, durch die zweite Ölkrise ausgelösten Rezession. In ganz Ostfriesland ging die Zahl der Beschäftigten in der Industrie weiter zurück. Sie lag bei nur noch 24.000. In der TRAUCO Unternehmens-Gruppe (inklusive der Nocado) wurden in diesem Jahr allerdings *„händeringend“* neue Mitarbeiter gesucht – erneut entwickelten sich die Unternehmen gegen den Trend. Bei weiterhin über 100 Mio. DM Gesamtumsatz lag die Steigerung 1980 dann bei 16%. Am Standort in Großefehn arbeiteten auf inzwischen 150.000 m² Betriebsfläche über 500 (1980: 530) Mitarbeiter, und neuer Bedarf kündigte sich bereits an. So war es gelungen, einen Millionenauftrag für die Errichtung der Decken und Wände von 30 Hallen für ein Buna-Werk in Schkopau in der damaligen DDR zu bekommen.

Das Jahr 1980 war ansonsten ein Jahr der Besucher auf dem Gelände in Großefehn. Am 2. Februar wurde dem Unternehmen für seine Produktion von Kunststofffenstern und Fenstern mit Isolierglas das RAL-Gütezeichen, mit dem die besondere Qualität gewürdigt wird, verliehen. Zu diesem Anlass war der Leiter des Instituts Fenstertechnik des *„Rationalisierungsausschuss für Lieferbedingungen“* hinter dem der Deutsche Normenausschuss steht, Prof. Dr. Erich Seifert, extra aus Rosenheim angereist. Was heute schon aus Gründen der Energieersparnis im Hause als Selbstverständlichkeit gilt, das nämlich Fenster möglichst gut verarbeitet sein müssen, um dicht zu schließen und damit Wärmeaustausch zwischen Innen und Außen zu vermeiden, bedurfte damals einer besonderen Erklärung – nicht nur in der Presse.

Erfolgreiche Unternehmen sind immer auch gern besuchte Orte, wenn Politiker Wahlkampftouren unternehmen. So auch 1980: Im August, kurz vor den anstehenden Bundestagwahlen waren zunächst Elmar Pieroth (CDU) und kurz darauf Walther Leisler Kiep (CDU) bei TRAUCO zu Gast. Gesprächsthema mit Herrn Pieroth war dabei einmal mehr das Modell der *„Mehrerfolgsbeteiligung“*, das Rolf Trauernicht zur Mitarbeitermotivation in seinen Unternehmen eingeführt hatte, und das mit seinen Optionen zur Vermögensbildung für die Mitarbeiter bereits als beispielgebendes Konzept eine wichtige Rolle bei der Verleihung des Verdienstkreuzes des Landes wenige Jahre zuvor

Blick in die Produktion von Fensterrahmen bei Trauco in Großefehn.

gespielt hatte. Elmar Pieroth verglich es mit dem Modell der *„Mitarbeiterbeteiligung“*, dass er selbst in seinem – von der Mitarbeiterzahl noch größeren – Unternehmen eingeführt hatte. Von besonderem Interesse war dabei für den Gast vor allem die zeitnahe Motivation, die in dem von Tullum entwickelten Konzept möglich war, und den Mitarbeitern der TRAUCO-Gruppe eine ständige, monatliche Kontrolle über ihren Leistungsstand und ihre Erfolge ermöglichte.

Im September 1980 wurde als Bestandteil der Bauausstellung-Nordwest eine 2000 m^2 große Außenausstellung mit vielen Tips zur Gartengestaltung eröffnet. Rolf Trauernicht hatte sie entwickeln lassen, weil für ihn seit einiger Zeit *„der Trend, dass sich das Wohnen nach draußen entwickelt, sichtbar wird“*. Die Neigung, vor allem in der wärmeren Jahreszeit mehr und mehr Zeit im Garten und auf der Terrasse zu verbringen, fand hier ihren Ausdruck und die Kunden einen Überblick über das Angebot.

Nach immerhin einem Jahr der Vorbereitung war die Ausstellung, aufgebaut nach Plänen des aus Essen stammenden Messe-Architekten Zabel, konzipiert als Ausstellung für Privatleute, die den

Der Kegelclub mit Damen. Eine Aufnahme anlässlich der Silberhochzeitsfeier des Kegelfreundes Johann Köster und seiner Frau Tina im Torfkrug Wiesmoor im Jahre 2008. Gegründet 1955 unter dem Namen Pudelclub mit 15 Mitgliedern; zwei von ihnen leben noch: Tullum als Ältester und sein Freund Rolf Janssen, Aurich. Immer, wenn ein Mitglied verstarb, wurde ein neues aufgenommen.

Außenbereich ihres Grundstückes neu gestalten wollen, aber auch als Informationsschau für Stadträte und -verwaltungen die sich Anregungen für die Anlage von Fußgängerzonen, Parks und Kinderspielplätzen holen wollten.

Auf dem Gelände im Umfeld der Bauausstellung gezeigt wurden: Blumenschalen und -kübel, Gartenmöbel, winterfeste Gartenhäuser, komplette Blockhäuser und Reithdach-Pavillons, Gartenkamine und Gartengrills, Sonnensegel, Springbrunnen, spezielle Gartenbeleuchtung, Formteile zur Gartengestaltung, Gartenspiele, Kaninchenställe aus Eternit, Zäune, Zierkiesel, Beläge für Gartenwege und Terrassen, Findlinge und vieles mehr. Doch nicht nur in diesem Bereich wurde investiert: im Oktober wurde eine weitere 700 m^2 große Lagerhalle für Isolierbaustoffe eingeweiht.

Wie sehr die deutsche Industrie, und unter ihr besonders die Bauindustrie mit ihrem hohen Finanzbedarf inzwischen von internationalen Entwicklungen abhängig war, sollte sich in den folgenden Jahren zeigen. Zwischen 1978 und 1981 stieg das Niveau der Zinsen erheblich, vor allem aufgrund des Wechsels vieler Notenbanken von einer Nachfrage-gesteuerten (keynesianistischen) zu einer Angebots-gesteuerten (monetaristischen) Geldpolitik. Während erstere versuchten, durch hohe Steuern und geringe Staatsausgaben den Umfang der Geldmenge zu kontrollieren und damit eine Inflation zu bekämpfen, wollten die Monetaristen das selbe Ziel durch hohe Zinsen und in der Folge sinkende Preise erreichen, weil diese Strategie ihrer Ansicht nach den relativen Wert des Geldes steigerte.

In den USA kam hinzu, dass das Land gegen Ende der 70er Jahre eine schwere Wirtschaftskrise durchmachen musste. Hier fiel der Strategiewechsel mit dem Wechsel in der Präsidentschaft zusammen. Der 1980 gewählte Präsident Ronald Reagan vertrat eine konsequente Angebotspolitik, was im ökonomischen Umfeld der frühen 80er Jahre zu einem starken Anstieg der Zinsen führte. Aufgrund der internationalen Verknüpfungen auf den Finanzmärkten schwappte diese Steigerung des allgemeinen Zinsniveaus auch nach Europa und Deutschland. Die Folge war unter anderem eine zum Teil drastische Verteuerung der Finanzierungskosten für Baumaßnahmen, was die Bauindustrie nur durch eine allgemeine Senkung der Preise für Baumaterialien auffangen konnte. Dieser Preisverfall führte nach dem Rekordjahr 1980 mit 140 Millionen DM in den folgenden Jahren 1981 und 1982 zu einem Umsatzrückgang von zusammen 20 Millionen DM bei der TRAUCO. Die Folge war Kurzarbeit ab Oktober 1982 und sogar die Notwendigkeit von Entlassungen, was Tullum sehr schmerzte. Diese Tendenz, mit der nun auch die TRAUCO-Gruppe in den Sog der schwachen Konjunktur jener Jahre geriet, konnte erst im folgenden Jahr wieder umgekehrt werden.

In Ostfriesland waren die frühen 80er Jahre bestimmt durch die weitere Transformation von einer landwirtschaftlich geprägten Arbeitswelt mit ohnehin geringen industriellen Anteilen hin zu einer vor allem vom Tourismus bestimmten Wirtschaftsstruktur. Weiterhin stieg die Zahl der Einwohner der Region zum einen durch Wanderungsgewinne, zum anderen durch Geburtenraten, die über dem Bundesdurchschnitt lagen. 1982 lag das Bevölkerungswachstum insgesamt über dem Bundesdurchschnitt, am höchsten im Landkreis Leer. Die Wanderungsgewinne hielten auch im folgenden Jahr in allen ostfriesischen Kreisen mit Ausnahme von Emden an. Der zugleich überdurchschnittlich hohe Anteil von Kindern und Jugendlichen bie gleichzeitig niedrigem Ausländeranteil an der Gesamtbevölkerung der Region war auch in Hinsicht auf die Entwicklungen in Gesamtdeutschland nur auf den ersten Blick ein positives Zeichen. Denn es stellte sich mehr und mehr die Frage, wie die heranwachsende Generation in Ostfriesland ihr berufliches Auskommen finden sollte.

Zugleich mit dem Wachstum der Bevölkerung ging auch die Zahl der Arbeitsplätze in der Industrie und Landwirtschaft weiter zurück: 1984 gab es noch ca. 12.400 landwirtschaftliche Betriebe. In diesem Zusammenhang (mit dem Niedergang der Milchviehhaltung) begann das Molkereisterben. Zwei Jahre später wurden nur noch ca. 22.400 Industriebeschäftigte verzeichnet. Die große Mehrzahl von ihnen war in Emden im VW-Werk beschäftigt, das 1985 10.000 Beschäftigte zählte. Dem stand zu diesem Zeitpunkt auch nicht das Unternehmen Enercon entgegen, das 1984 in Aurich gegründet worden war.

Zehn Jahre Zeit hatte sich Focko Trauernicht ausbedungen, als er 1976 in die Geschäftsleitung der TRAUCO eintrat; zehn Jahre, die er brauchen würde, bis er die Geschäftsleitung der Unternehmens-Gruppe übernehmen könnte. 1986 war es soweit. Im Jahr davor wurden noch einige Veränderungen angestoßen, nicht alle davon geschahen aus der Initiative der TRAUCO. So übernahm die TRAUCO Anteile an 10 Baumärkten in Ostfriesland und der weiteren Umgebung, so auf Norderney, in Dörpen, Papenburg oder Oldenburg. Bei einigen war diese Beteiligung wohl eine Spätfolge der gerade überstandenen Rezession, was sich auch daran ausdrückt, das in wenigen Fällen diese Beteiligung nach wenigen Jahren auch wieder ihr Ende fand. Für die TRAUCO machte eine solche Beteiligung doppelt Sinn: nicht nur, dass man die eigene unternehmerische Basis verbreitern konnte, durch die Stützung der Unternehmen erhielt man sich auch Kunden, die man sonst an andere Baumarkt- oder Baustoffhändler-Ketten, oder durch Insolvenz verloren hätte.

Zugleich begann die Umsetzung einer anderen Strategie, mit der Focko Trauernicht in den nächsten Jahren seine Überlegungen zur Reorganisation der Unternehmens-Gruppe umsetzen sollte: Schrittweise wurden einzelne, selbständig lebensfähige Abteilungen aus dem Unternehmen heraus gelöst und auf eigene Füße gestellt. 1988 war es als erste die TRAUCO Spezialbau GmbH in Edewecht,

1995 die TRAUCO-GLAS GmbH & Co. KG und schließlich 1999 die TRAUCO stein design GmbH & Co. KG, die ihren Sitz in Großefehn behielt und heute unter anderem in vielen Fällen die Fußbodengestaltungen für die Kreuzfahrtschiffe der Meyer Werft in Papenburg entwickelt und produziert. Für deren Schnitt ist auf dem Gelände in Großefehn seit Jahren eine moderne Wasserstrahlanlage in Betrieb. Schließlich war da, als der größte „Brocken", die Nowebau, die im selben Jahr, 1999, als Unternehmen verselbständigt wurde. In diese Reorganisation gehört auch die Umfirmierung der TRAUCO, die ja offiziell immer noch „Rolf Trauernicht & Co. OHG" hieß, in TRAUCO Baustoffe GmbH, die bereits zum 1. Januar 1986 vollzogen wurde und mit der offiziellen Übernahme der Geschäftsleitung durch Focko Trauernicht einher ging.

Sie hält die Familie zusammen, sagt Tullum: Betty Trauernicht im Gespräch mit Focko.

Für Rolf Trauernicht bedeutete dieser Wechsel in der Unternehmensführung einen wirklichen Schnitt, wie er es seinem Sohn bereits zehn Jahre vorher, und mit Blick auf seinen bereits erwähnten Bekannten erläutert hatte: *„Wenn ich dir die Geschäftsführung übergeben habe, dann musst du mich auch nichts mehr fragen, dann musst du* *mit deinen Entscheidungen leben ...*" Nicht nur deshalb hatte Focko Trauernicht sich wohl die zehn Jahre „*Probezeit*" ausbedungen.

Aber natürlich bedeutete der endgültige Rückzug aus dem Tagesgeschäft nicht, dass Tullum seine Funktion als „Reeder" und unermüdlicher Promoter seiner Unternehmen aufgab. Bisweilen wurden seine Ideen zum Marketing und zur Pressearbeit für seine Unternehmens-Gruppe selbst seinen Söhnen, die in den folgenden Jahren mehr und mehr Funktionen in den verschiedenen Teilunternehmen übernahmen, fast zu viel. Aber Rolf Trauernicht sah und sieht in der Entwicklung neuer Ideen und Konzepte, sei es für sein Unternehmen, für seinen Heimatort oder für die Region Ostfriesland, den Beitrag, den er auch im fortgeschrittenen Alter, mit all seiner Erfahrung leisten kann, um sein Lebenswerk zu fördern und zu vollenden.

So „*erinnere ich mich an die Ostfriesland- Konferenz im Herbst 1987. Sie fand im Hörsaal der Fachhochschule in Emden statt. Als Vizepräsident der IHK für Ostfriesland und Papenburg wurde ich beauftragt, die Unternehmer-Rede zu halten. Mein Thema: Tradition und Fortschritt unserer Region, was ich mit einem Stück Torf und einem EDV-gesteuerten Ventil, hergestellt in unserer Armaturenfabrik Nocado deutlich machte.*

Neben einigen Professoren aus Hannover und Braunschweig war auch mein späterer Freund, der niedersächsische Minister für Wirtschaft und Verkehr Walter Hirche als Hauptredner anwesend.

Am 11. Mai 2002, 15 Jahre später, wurde ich von der Ostfriesischen Landschaft mit der Ubbo Emmius Medaille ausgezeichnet. In der Urkunde heißt es u.a.:

"Rolf Trauernicht hat sich in all diesen Jahren seiner überaus erfolgreichen Unternehmerkarriere immer auch als eine Person des öffentlichen Lebens verstanden – nicht um wohlfeile Prominenz zu genießen, sondern um Verantwortung für die Menschen der Region zu übernehmen.

Einer breiteren Öffentlichkeit wurde dies in der Auftakttagung der Ostfriesland-Konferenz am 31. Oktober 1987 deutlich: Trauernichts Rede als IHK-Präsidiumsmitglied und als heimatliebender Ostfriese wurde zum Symbol einer regionalen Aufbruchstimmung, die jedoch sehr schnell im Gefüge herkömmlicher Rivalitäten und Interessen eingefangen wurde."

Leider ist das aus meiner Sicht auch heute noch ein Problem. Viele Bürger sind der Meinung, warum soll etwas geändert werden, es geht uns ja gut. Ob das in 10 Jahren auch noch so ist, bezweifel ich. Deshalb müssen wir einiges ändern; denn wir haben doch auch Verantwortung für unsere Nachkommen!"

Im Rückblick fehlen aber auch nicht die kritischen Überlegungen zu seiner Unternehmer-Karriere: *„Der Aufbau und die Erweiterung unserer Unternehmensgruppe unterlagen keiner Strategie. Die zusätzliche Übernahme von Firmen wurde uns vorwiegend von Banken und befreundeten Unternehmen angetragen.*

Damit erklärte Tullum den Wandel von Tradition zum Fortschritt in der Region Ostfriesland auf der Ostfriesland-Konferenz 1987: Ein Stück Torf und ein EDV-gesteuertes Ventil der Nocado (Bild: Stromann, SKN).

Mein Leben war ein ständiger Lernprozess. Über Anerkennung meiner Aktivitäten habe ich mich immer sehr gefreut. Habe aber auch Fehler gemacht und daraus gelernt. Ein großer Fehler war das Fehlen einer Plan-Rechnung.

Als Vizepräsident der Industrie- und Handelskammer für Ostfriesland und Papenburg hatte ich oft Gelegenheit unseren Präsidenten und Freund, Dr. Ulfert Stegmann, zu vertreten. Es war ein Glücksfall, dass ich dabei oft erfolgreiche Unternehmer bei den Kam-

mern in Hamburg, Bremen, Osnabrück und Magdeburg kennenlernen durfte und von deren Erfahrungen lernen und profitieren konnte.

So auch der Präses Peter Möhrle aus Hamburg – mein späterer Freund mit seiner Frau Elke. Sie haben erfolgreich die Max Bahr Baumärkte aufgebaut. Ich besuchte sie mit meinen beiden Söhnen Focko und Rolf. Einen Tag danach rief mich Peter Möhrle an und fragte: „Kann Focko auch Kritik vertragen?" Dann möge er ihn besuchen. Nach dem Besuch sagte mein Sohn: „Es kam ein anderer Focko zurück." Er wurde gefragt: „Wo ist Eure Plan-Rechnung?" „Wie wollt Ihr 28 Firmen steuern ohne diese?"

Inzwischen haben wir eine sehr gute Plan-Rechnung wie uns die Banken bestätigen. Auf Fehlentwicklungen kann frühzeitig reagiert werden. Die Fehlentwicklung der Nocado Armaturenfabrik hätte damit wahrscheinlich vermieden werden können.

Sehr wichtig ist auch, auf Veränderungen der Rahmenbedingungen rechtzeitig zu reagieren. Was manchmal aus gesetzlichen Gründen nur bedingt möglich ist. Das betrifft vorwiegend zum Beispiel eine notwendige Kosten-Reduzierung der Lohn- und Gehaltskosten bei einem Konjunktureinbruch wie es 1999 im Bausektor eintraf. Der Umsatzrückgang betrug 33 %. Focko sagte bei einem Besuch unseres damaligen Ministerpräsidenten Christian Wulff: „Wir wussten wohl was zu tun war, durften es aber nicht, weil es die Gesetze nicht zuließen." Wir hatten das Glück, dass unsere Mitarbeiter mit Lohn- und Gehaltskürzungen einverstanden waren. Als auch im nächsten Jahr Urlaubs- und Weihnachtsgeld nicht gezahlt werden konnten, machten meine Söhne die Zusage, wenn im kommenden Jahr die Erträge es zulassen, dann wird nachgezahlt. Eine Verbesserung trat ein und die gekürzten Beträge wurden in 10 Monatsraten nachgezahlt.

Solche Ereignisse schaffen großes Vertrauen gegenüber der Geschäftsleitung.

An einen Leitspruch eines weisen Mannes habe ich mich oft orientiert: 'Gott schenke mir die Kraft, Dinge hinzunehmen die ich nicht ändern kann. Die Dinge zu ändern, die ich ändern kann und die Weisheit beides voneinander zu unterscheiden.' Weil meine Betty dieses Motto so gut fand, ließ sie diesen Spruch auf Kamelhaar ausdrucken. Seitdem hängt dieser Spruch an der Wand in meinem Büro, somit hatte ich ihn immer im Blick.

Mein Freund Hein Doyen sagte mir einmal: Die besten Regeln eines Unternehmers sind die 10 Gebote Gottes. Sie geben Orientierung in jeder Situation. Mein Grundsatz war immer, dass der Mensch immer im Vordergrund stehen muss. Von unseren Mitarbeitern habe ich immer vollen Einsatz verlangt – damit konnten wir Erfolge verbuchen. Wir haben unsere Mitarbeiter am Erfolg beteiligt.“

Rolf Trauernicht am Rednerpult anlässlich des 40. Betriebsjubiläums der Trauco.

Dass dieser Erfolg sich fortsetzte, konnte Tullum in den folgenden Jahren mit erleben. 1988 stieg der Gesamtumsatz der Nowebau auf 600 Mio. DM und die TRAUCO erreichte im selben Jahr einen Umsatzzuwachs von 16,6 %, bei Verkaufserlösen von 129,8 Mio. DM. Nicht beteiligt war die TRAUCO allerdings an der 1988 endlich gelungenen Fertigstellung der Autobahn A 28 von Leer nach Oldenburg und weiter nach Bremen, die zwischen Weener und Nieuweschans durch die A 280 an die niederländische A 7 in Richtung Groningen angebunden wird. Die Weiterführung der A 28 ins Ruhrgebiet, dann allerdings als „A 31“ wird Tullum später wesentlich forcieren.

Immer für einen Spaß zu haben: Betty und Rolf Trauernicht anlässlich des 40. Betriebsjubiläums auf der BMW R35, mit der Tullum in den ersten Jahren "Blitzauslieferungen" machte.

1989 feierte die TRAUCO, wie immer Anfang Mai, ihr 40. Jubiläum. Erneut war die Bilanz dieser Zeit, festgehalten in einem Prospekt, mehr als eindrucksvoll. Welche Veränderungen in diesem Jahr noch bevorstehen sollten, war zu diesem Zeitpunkt noch nicht absehbar. Als sich jedoch in den folgenden Jahren die Chance auf eine Ausweitung des Vertriebsgebietes ergab, und der Bedarf an Baustoffmärkten in den nördlichen Ländern der ehemaligen DDR wuchs, wurden 1991 in Waren an der Müritz und 1992 in Burg in Sachsen-Anhalt TRAUCO Baustoffmärkte eröffnet. Zusätzlich ergaben sich Lieferverbindungen zu weiteren Standorten in Sachsen-Anhalt und Mecklenburg-Vorpommern. Bei dieser Gelegenheit ergab sich auch eine Anekdote, die Tullum gern erzählt:

„Kurz nach der Wende investierte die Firma Scharff, Leer – an der wir zu 51 % beteiligt sind – in Burg / Sachsen-Anhalt ca. 8 Mio.

DM für einen Baustoffhandel mit einem Baumarkt. Mit 49 % waren meine Freunde Bohlen & Doyen beteiligt. Die Einweihung wurde in einem Festzelt mit ca. 250 Gästen gefeiert. Hein Bohlen sagte: Ich fahre, Du wirst zu den Gästen sprechen. Auf die Frage an unsere jetzige Geschäftsführerin Christiane Birkholz: "Wann beginnt ihr, antwortete sie: "Wir müssen noch auf den Landrat Wolfgang März warten – der hat uns sehr unterstützt."

Sehr gut bekannt war ihm der Firmenname – der Name Trauernicht war ihm unbekannt.

Er kam etwas verspätet von einer Kreistags-Sitzung – er wurde als CDU-Landrat nicht wiedergewählt, weil die CDU bei der Wahl ihre Mehrheit einbüßte.

Meine Begrüßung: Herzlich willkommen Herr März – Trauernicht. Seine Antwort: Nein, das tue ich auch nicht.

Als ich einige Zeit danach in Hamburg an einem Treffen der Kammerpräsidenten teilnahm erzählte ich die "Story", worauf Herr März als Tischnachbar sagte: Das war ich – er war seinerzeit – und ist auch heute noch – Hauptgeschäftsführer der IHK Magdeburg."

Und immer noch war Tullum neugierig und suchte nach Chancen und Ideen für künftige Entwicklungen. Wie sagte er 1992: *„Wir haben ganz große Ohren für alle neuen Dinge!"*

Zwei Jahre später gab er diese Haltung als Ratschlag für junge Leute weiter: *„In einer Talk-Show 1994 in der Blumenhalle in Wiesmoor (ich habe davon noch Video-Kassetten) wurde ich vom Moderator gefragt: „Was würden Sie jungen Menschen raten?" Meine Antwort: „Wenn Kinder ihre Schulbildung abgeschlossen haben, sollen sie – wenn sie studieren wollen – zuerst eine Lehre absolvieren. Nach dem Studium sollten sie dann zunächst in die Welt gehen und mit offenen Ohren und Augen Menschen kennenlernen, um dann später die guten Ideen anderer in die Tat umzusetzen. Ich habe immer gemacht, was die Chinesen heute tun: Gute Ideen wahrnehmen und nachvollziehen und die schlechten Ideen meiden."*

Dass solche Ideen auch im ganz Kleinen liegen können, und auf überraschende Weise an ihn herantreten können, mag das folgende Erlebnis illustrieren, das sich einige Jahre später zutrug, aber Tullum nachhaltig beschäftigt hat: *„Des Öfteren besuche ich unsere Tochter Christina, die als Ärztin in der Anästhesie in Hamburg arbei-*

Tochter Christina Trauernicht, die als Ärztin in der Anästhesie in Hamburg tätig ist, mit Stefan Bernitzki, Schifffahrtskaufmann in einer japanischen Reederei und Sohn Tom.

tet. Als sie einmal im Krankenhaus Dienst hatte, ging ich alleine zum Abendessen ins "MAN WAH", ein gutes chinesisches Restaurant. Als ich Speisen und Getränke bezahlen wollte, sagte man mir: das ist bezahlt. Ich fragte: von wem - Antwort: der Herr, der hinter Ihnen saß. Ich fragte: Kennen sie ihn? Antwort: nein. Dann gab ich meine Visitenkarte und erhielt einige Tage darauf die folgende E-mail vom 12. April 2007.

'Sehr geehrter Herr Trauernicht!

Entschuldigen Sie bitte, dass ich mich erst heute, oder aber. dass ich mich überhaupt bei ihnen melde. Im "Man Wah" überreichten die lieben Leute dort mir Ihre Visitenkarte und sagten, ich möge mich doch bitte bei Ihnen einmal melden. Bis zu diesem Zeitpunkt waren Sie für mich einfach ein netter, liebenswerter älterer Herr, der alleine im Restaurant saß und es sich schmecken ließ. Es kommt öfter vor, dass ich bei solchen Gelegenheiten die Menschen am Nebentisch einlade, selbstverständlich ohne dies an die große Glocke zu hängen oder es sie wissen zu lassen.

Einfach so, aber von Herzen, weil ich glaube, dass die sogenannten kleinen Gesten fast gänzlich ausgestorben sind und es mir eine große Freude macht, in dieser rauen Welt ein bisschen Gutes zu tun.

Lange habe ich überlegt, ob ich überhaupt aus dieser Anonymität heraustreten und mich bei Ihnen melden sollte, ob dadurch nicht zu viel Vertraulichkeit oder gar Aufdringlichkeit entsteht?! Ich hoffe, nicht!

Ihre Reaktion mit der Herausgabe Ihrer Visitenkarte hat letztendlich den Ausschlag gegeben und wurde von mir als Geste eines Gleichgesinnten empfunden, der ebenfalls noch ein Gespür für seine Nächsten hat und sich an den kleinen Dingen im Leben erfreut. So wünsche ich Ihnen von ganzem Herzen, dass Ihnen dieser Glaube niemals verloren geht und wir, jeder für sich, aber dennoch irgendwie gemeinsam, weiterhin im Rahmen unserer täglichen Möglichkeiten die Kraft und den Mut finden Gutes zu tun. Nur dafür sind wir doch letztendlich auf dieser Welt, oder?!

Ihnen und Ihrer Familie von ganzem Herzen alles Gute und Gottes Segen!'

Das hat mich so beeindruckt, dass ich es gerne auch einmal praktiziere."

1994, also mit inzwischen 70 Jahren gab Tullum alle Ämter auf. Auch sein Amt als Vizepräsident bei der Industrie- und Handelskammer für Ostfriesland und Papenburg und wurde dort zum Ehrenmitglied gewählt.

Die Führungsrolle im operativen Geschäft hatte sein Sohn Focko, der 1976 in das Unternehmen eintrat, mittlerweile längst erfolgreich übernommen. Es ist nicht selbstverständlich, dass ein Familienunternehmen den Generationswechsel übersteht. Deshalb ist Tullum sehr dankbar dafür, dass Focko und dessen Bruder Rolf, der 1993 ebenfalls in das Unternehmen wechselte, den Betrieb in seinem Sinne fortführen. Die beiden Söhne sind ebenso wie die Töchter Marlene und Christina schon lange Gesellschafter. Inzwischen, 2011, schickt sich übrigens bereits die 3. Generation an, ihre Rolle im Unternehmen anzutreten.

Dass dies noch lange nicht heißt, es sei für Tullum Zeit zum „Abtreten", darauf könnte folgendes Erlebnis hinweisen, an das sich Focko Trauernicht erinnerte: *„Tullum war im Aufsichtsrat von*

Ministerpräsident Christian Wulff anlässlich des 60. Trauco-Jubiläums am 02.Mai 2009 mit Tullums Familie.

Doornkaat in Norden. Zu der Aufsichtsrat-Sitzung nahm er immer seinen Vater mit zu seiner fast 90-jährigen Schwester. Als er seinen 95-jährigen Vater – er starb kurz vor seinem 98. Geburtstag – nach einer solchen AR-Sitzung abholte, sagte er ihm: „Das wird wohl das letzte Mal gewesen sein.“ Tullum antwortete ihm: „Wieso das, hast Du Dich mit Deiner Schwester erzürnt?“

Als 1999 das 50. Jubiläum der Unternehmensgruppe gefeiert wurde, und wenige Wochen später auch die Goldene Hochzeit von Rolf und Betty Trauernicht, war kaum absehbar, dass beiden die vielleicht turbulentesten und schwierigsten Jahre noch bevorstehen würden. Zunächst einmal wurde aber gefeiert und der Jubilar zum Ehrenmitglied der IHK Emden-Papenburg ernannt, sowie am 23. Juli 1999 vom Gemeinderat der Gemeinde Großefehn zum ersten und bis heute einzigen Ehrenbürger von Großefehn gewählt. 2002 wurde dieser Reigen der Ehrungen ergänzt durch die Verleihung der Ubbo-Emmius-Medaille durch die Ostfriesische Landschaft in Aurich.

Aus Anlass des 50. Firmenjubiläums wurden zum ersten Mal Broschüren mit Darstellungen von Tullums Lebensweg erstellt. Nicht weniges, das in diesen Broschüren als feststehend beschrieben wurde, hätte in den folgenden zehn Jahren korrigiert werden müssen. Die wirtschaftlichen Zeitläufte der 2000er Jahre waren den Unternehmen der Trauernicht-Gruppe nicht so wohlgesonnen, wie man es hätte hoffen sollen. Die Nocado geriet in die wirtschaftlichen Turbulenzen der Globalisierung und musste schließlich ohne Gegenwert abgegeben werden. Um die Verluste auszugleichen, musste auch der

„Netzwerker“ nicht nur für Ostfriesland, sondern auch für die Baustoffbranche: Tullum hier mit „baustoffmarkt“-Verleger Gert Wohlfarth, dem damaligen Präsidenten des Bundesverbandes Deutscher Baustoff-Fachhandel, Kurt Schonath, und Hartmut Konz, Präsidiums-Mitglied und Baustoffhandels-Unternehmer (v.l.).

Anteil an der Vetra geopfert werden. Selbst im Kerngeschäft, dem Baustoffhandel hat sich der Strukturwandel fortgesetzt und deshalb entwickelten sich einzelne Unternehmungen nicht so, wie gewünscht. Eine der Folgen ist, dass die Unternehmensgruppe Trauernicht heute mit jener vor 10 oder 20 Jahren strukturell kaum noch zu vergleichen ist. Dafür haben sich andere Möglichkeiten ergeben, die das Ergebnis nicht weniger eindrucksvoll erscheinen lassen, wie es schon in den vergangenen 60 Jahren war.

Denn inzwischen, 2011, ist im Jahre 2009 auch das 60. Jubiläum gefeiert worden, mit über 1000 Gästen aus der Wirtschaft, der Politik und der Familie auf dem Betriebsgelände in Großefehn. Vieles hat Tullum in den vergangenen 10 Jahren, gerade auch außerhalb seiner Unternehmen erreicht – die folgenden zwei Kapitel werden davon berichten. Seine Bedeutung als Ratgeber, Vorbild, und gele-

gentlicher Mahner ist vielleicht noch gewachsen, seine Leistung ist es ohnehin.

Aber natürlich gibt es auch jene, die ihn – nicht zuletzt ob seines Alters schon abschreiben wollen. Was sollte da noch kommen …?

SIE sind diejenigen, die sich täuschen könnten …

2.0. Der Lückenschluss – Tullum wirft den Friesenspieß

Es ist der 22. März 1999, gegen 22.00 Uhr. Es klingelt an der Haustür im Kirchweg 10, bei Rolf und Betty Trauernicht: *„Einer unserer LKW-Fahrer bittet meine Frau Betty um den Schlüssel zum Lagerplatz. Er berichtet: „Ich habe drei Stunden im Stau gestanden, in der A 31-Lücke.“*

Als meine Frau über das Gespräch berichtet, geht es mir durch den Sinn: Das kostet uns ja 300,00 DM.

Später habe ich dann ermittelt, dass unsere Unternehmensgruppe mit damals 17 Firmen im Nordwesten mit eigenen und fremden LKW's täglich 60 Fahrten durch die Lücke der A 31 macht. Das ergibt einen horrenden Betrag an Einsparungen, wenn die Lücke der A31 geschlossen wird. Für unsere Unternehmensgruppe wäre das eine große Entlastung.

Am nächsten Tag, dem 23. März 1999 biete ich in einer Pressemeldung 250.000,00 DM, wenn die Lücke innerhalb von fünf Jahren geschlossen wird.“

Dieses Angebot bildet den Auftakt zu einer der bemerkenswertesten Aktivitäten, wenn nicht zur größten und nachhaltigsten Leistung von Rolf Trauernicht, dem vorzeitigen Lückenschluss der Autobahn A 31.

Bereits am nächsten Tag berichtet die Ostfriesen Zeitung unter dem Titel *„TRAUCO bietet Geld für Ausbau A 31“* von dem Angebot[1]. Tullums Angebot für die Fertigstellung der A 31 zwischen Emden und Bottrop wird als Appell an die Landkreise, Städte, Gemeinden und die Wirtschaft in Ostfriesland und im Emsland verstanden, sich an der Finanzierung des Lückenschlusses zu beteiligen. Gründe, so zitiert das Blatt die Pressemitteilung, gibt es genug: Neben den Vorteilen für das eigene Unternehmen, die TRAUCO-Gruppe, die Tullum mit einer halben Million DM angab, von denen er die Hälfte für eine Finanzierung zur Verfügung stellen wolle, nennt die Zeitung

1 Ostfriesen Zeitung, Leer, Ausgabe vom 24. März 1999.

Kinder des Kindergartens Großefehn zu Gast auf Tullums Geburtstagsparty.

den Fremdenverkehr und die Bauwirtschaft als Profiteure eines schnellen Lückenschlusses.

Tatsächlich war die ständige Verzögerung des A 31 Lückenschlusses bereits im Jahr davor ein Thema gewesen, nicht nur für Tullum. Im September 1998, auf einer Sitzung des CDU-Kreisverbandes Aurich, auf der der damalige Parlamentarische Staatssekretär beim Bundesministerium für Verkehr, Dr. Norbert Lammert[2] zu Gast war, wurden die Verzögerungen beim Ausbau der A 31 thematisiert[3]: *„Ich bin 74 Jahre alt, und möchte noch gerne erleben, dass die A 31 fertig wird. […] Straßen sind die Grundlage aller Wirtschaftlichkeit.“* Daher, so Rolf Trauernicht damals, müsse die A 31 doch in drei bis vier Jahren fertiggestellt sein. Die Planung sah bis dato eine Fertigstellung nicht vor 2016 vor. Tullums Vorschlag an Dr. Lammert bereits zu diesem Zeitpunkt: *„Machen Sie doch eine Anleihe bei der Wirtschaft.“* Dessen Reaktion war durchaus verständnisvoll: Neben der Frage des Geldes gab er allerdings zu bedenken, dass auch eine *„Entrümpelung des Planungsrechts“* dringend erforderlich sei. Dies betreffe vor allem auch die umfangreichen Untersuchungen zur

2 Dr. Norbert Lammert ist heute, seit 2005, Präsident des Deutschen Bundestages.

3 Ostfriesische Nachrichten, Aurich, Ausgabe vom 16.09.1998.

Umweltverträglichkeit, für die mehrere Vegetationsperioden beachtet werden müssten. *„Die Zumutbarkeit für Frösche wird für wichtiger gehalten, als die Zumutbarkeit für Leute,“* so zitiert das Blatt den Staatssekretär. Und er gibt auch einige Zahlen: 480 Millionen DM seien zur Finanzierung der Fertigstellung erforderlich, angesichts dieser Kosten sei eine Privatisierung dieses Autobahnabschnittes jedoch mit Blick auf die erforderliche Rentabilität nicht möglich.

Um die Bedeutung dieser Autobahnverbindung, auch aus historischer Sicht besser einordnen zu können, hier ein kurzer Blick auf die Vorgeschichte der A 31.

Urkunde

mit dieser Urkunde ernennen die Kinder des „Kindergartens Ostgroßefehn“

Frau Berta Trauernicht

und

Herrn Roelf Trauernicht

26629 Grossefehn , Kirchweg 10

zu

Ehrenkindergartenkindern

beide sind berechtigt, an allen Aktivitäten des „Kindergartens Ostgroßefehn“ teilzunehmen und ihn jederzeit nach ihren eigenen Bedürfnissen zu besuchen.

Grossefehn, . 19.Oktober 1999

im Auftrag für alle Kindergartenkinder
Ute Schröder

Bei einer solchen Gelegenheit wurden Betty und Tullum 1999 zu "Ehrenkindergartenkindern" ernannt.

Die Vorgeschichte

Die Verkehrsverbindungen zwischen dem Ruhrgebiet und Ostfriesland, besonders Emden, wurden immer von einem wechselseitigen wirtschaftlichen Interesse der je nach Epoche unterschiedlichen Beteiligten bestimmt. Dabei war vom 16. bis 18. Jahrhundert zunächst die Stadt Köln als wirtschaftliches Zentrum Westdeutschlands Ziel der zahlreichen Viehtrecks aus Ostfriesland. Der Landweg, den diese Trecks nehmen mussten, war schwierig und nicht ausgebaut. Es mussten zahlreiche

Umwege genommen werden, da die Fuhrten durch die zur Ems fließenden Flüsse wie beispielsweise Leda und Jümme genutzt werden mussten. Der Weg führte aber streckenweise auch entlang der Ostseite der Ems, also über den Hümmling, da sich auf der Westseite der Ems, im Grenzgebiet zu den Niederlanden, unendliche und unwegsame Moore ausdehnten.

Ab dem Ende des 17. Jahrhunderts geriet die Stadt Emden mit ihrem Hafen in den politischen Blickwinkel der preußischen Herrscher. Im Jahre 1744, nach dem Ende der Herrschaft der Cirksenas, kam es zur "*Agnitions- und Konvektionsakte*", einem Vertrag Friedrichs des Großen mit der Stadt Emden, durch den Preußen sein Interesse am Hafen der Stadt begründete. 1751 wurde Emden "*Freihafen*". Zwei Jahre später, 1753, gründete Friedrich der Große in Emden die „*Königlich Preußische Asiatische Compagnie*"; deren erste Handelsschiffe die "*König von Preußen*" und die "*Burg von Emden*" waren, die nach einem Jahr Fahrzeit mit kostbarer Ladung, Tee, Gewürzen, Baumwolle, Seide und Porzellan, zurückkehrten. Auch wenn sich außenpolitische Erfolge, etwa durch die kurbrandenburgische Flotte oder die eigens gegründeten Handelskompanien zunächst nicht einstellten, war das Interesse Preußens an einer ständigen Verbindung mit Emden und damit mit Ostfriesland bedeutend.

Im Jahre 1768 erhielt Emden die Monopolstellung für den Heringsfang, was noch im selben Jahr zur Gründung der Heringsfischereigesellschaft führte. Der größte Anteil der gefangenen und haltbar gemachten Heringe wurde in den „*Kantje*" genannten kleinen Fässern im Laufe der Jahre auf dem immer noch beschwerlichen Landweg in die preußisch-katholischen Landesteile von Münster und der Rheinprovinz geliefert, wo der Fisch als Fastenspeise sehr begehrt war.

Nach 1781 wurden die ostfriesischen Häfen an der Ems zu den wichtigsten Ausfuhrhäfen Nord- und Westeuropas. Begünstigt wurde dies vor allem durch den englisch-holländischen Seekrieg, der von 1781 bis 84 dauerte und den Emder Seehandel begünstigte, da die holländischen Häfen von der englischen Flotte gesperrt waren. Nach einer weiteren Sperrung der Häfen an Weser und Elbe und der niederländischen Häfen durch die Engländer kam es zwischen 1795 und 1806 zur Blütezeit des ostfriesischen Seehandels. Die Ems war der einzige Weg in die Welt. Aus ganz Europa, besonders auch aus dem Ruhrgebiet, wurden Waren zur Ausfuhr auf schweren Lastwagen hierher transportiert.

Das Ende dieser zweiten großen Blütezeit begann 1806 durch die Kontinentalsperre Napoleons. Es kam zu großen Verlusten der Emder Flotte, zum Niedergang des Schiffbaus auf den Emder Werften und zur Auflösung der Heringsfischerei. Mit der holländischen Besetzung Ostfrieslands im Jahre 1808 verlor die Stadt Emden alle ihre bisherigen Handels-Privilegien: Emszoll, Stapelrecht, usw..

Nach dem Wiener Kongress von 1814/15 kam Ostfriesland politisch zum Königreich Hannover, das in Personalunion mit Großbritannien verbunden war. Damit intensivierten sich die Handelsbeziehungen mit England. Besonders Kohle und Erz wurden von dort mit dem Schiff bezogen. Gleichzeitig wurden auch landwirtschaftliche Erzeugnisse dorthin transportiert.

Mit dem Aufstieg des Ruhrgebietes zum industriellen Herz Preußens nahm das Interesse an einem Hafen Emden wieder zu. Preußen war daher bestrebt, Ostfriesland und besonders den Emder Hafen an das Ruhrgebiet anzuschließen. Mitte der vierziger Jahre im 19. Jahrhundert zeigte Preußen aus diesem Grund Interesse an einer Eisenbahnverbindung nach Emden, der sogenannten Westbahn. Damit sollte einerseits ein Einfuhrhafen für Rohprodukte, die die wachsende Industrie in den rheinischen Provinzen für ihre Produktion benötigte und ein Ausfuhrhafen für die Fertigprodukte an der Nordsee erschlossen werden, gleichzeitig aber auch ein Zugang zu dem ostfriesischen Lebensmittelmarkt eröffnet werden, der für die wachsende Bevölkerung in den Rheinprovinzen benötigt wurde. Dieser ostfriesische Markt exportierte landwirtschaftliche Erzeugnisse an Getreide und Vieh nach England und in einige Ostseestaaten, die aber auch im Rheinland einen sicheren Absatz finden konnten.

Die Westbahn als erste durchgehende Verbindung

So kam es zum Bau der Westbahn, die ab 1855 Ostfriesland durchgehend mit dem Ruhrgebiet verband. Eine direkte Verbindung von Preußen-Brandenburg nach Ostfriesland ließ sich nicht realisieren, weil das Herzogtum Oldenburg an einer Eisenbahnverbindung durch sein Gebiet völlig desinteressiert war.

Die landwirtschaftlichen Produkte, der Überschuss an Getreide und Vieh konnten jetzt mit der Bahn schnell in die rasch wachsenden preußischen Rheinprovinzen transportiert werden. Ebenso konnten von dort Rohprodukte wie Eisen, aber auch Kohle nach

Ostfriesland geschafft werden. Mit der Einführung höherer Zölle auf den Import von Roheisen aus England durch das Deutsche Reich im Jahre 1879 und die Erhöhung der Transportkosten für die rheinische Kohle wurde die Eisenbahn rentabel gemacht.

Neue Gewerbe und Industriebetriebe entstanden in den Städten an der Westbahn. In Emden entwickelte sich die Werftindustrie und eine Brikettfabrik, in Leer waren es zwei Eisengießereien, von denen die größere, die Ledawerke, 1873 gegründet, auch heute noch besteht. 1899 wurde in Leer eine Papierwarenfabrik gegründet, die vor allem einen regen Warenaustausch mit England in Form des Exports von Papierwaren und des Imports von Kohle betrieb. Auch entstanden in Leer zwei Maschinenfabriken, eine Dachpappenfabrik und ein Betrieb zur Imprägnierung von Eisenbahnschwellen.

In der Stadt Norden war schon 1848 eine Eisenhütte entstanden, die vor allem englisches Roheisen verarbeitete. Nach 1883 wurde die Maschinenfabrik Döpke gegründet, die stark von der Eisenbahn abhängig war. Sie profitierte zunächst vor allem von der günstigen Seeanbindung Nordens. Nach dem Bau der durchgehenden Bahnverbindung stellte man sich hier auf die Ruhrkohle um. Zum größten Betrieb entwickelte sich dort die Doornkaat AG, die nach dem Bau der Eisenbahnverbindung Emden–Norden im Jahr 1883, mit der Eisenbahn ihre Erzeugnisse, vor allem den Kornbrand, nach ganz Europa verkaufen konnte. Die Doornkaat AG entwickelte sich zur größten Kornbrennerei der Welt. Rolf Trauernicht war ca. 30 Jahre mit TEN Doornkaat als Industrie-Vertreter im Verwaltungsrat der Ostfriesischen Brandkassen – damals ein Monopol. Auch im Aufsichtsrat der Doornkaat AG war er einige Jahre.

Die Ems als Wasserstraße zwischen dem Ruhrgebiet und Emden

Mit der weiteren industriellen Entwicklung des Ruhrgebietes, wesentliche Standortfaktoren waren Eisen und Kohle, entstand der Wunsch, eine kostengünstigere Verbindung für die Massenguttransporte zu schaffen. Emden sollte Ausfuhrhafen für die industriellen Produkte, und gleichzeitig Einfuhrhafen für das immer notwendiger werdende Eisenerz aus Norwegen werden, denn die inländischen Eisenerzvorräte waren bald aufgebraucht.

Der Emder Hafen musste dafür ausgebaut werden. Zwischen 1846 und 1849 wurde der Bau des Stichkanals zur Ems durchgeführt, von dem aus sich das Emder Hafenareal entwickeln konnte. Folgerichtig kam es im Jahre 1847 zur Einrichtung einer Dockschleuse. Nachdem Ostfriesland 1866 wieder Teil des Königreiches Preußen geworden war, intensivierte das Land seine Bemühungen. 1879 übernahm Preußen den Emder Hafen in seine Verwaltung. Und neun Jahre später, 1888, gingen die Emder Hafenanlagen in den Besitz des preußischen Staates über. Die Nesserlander Schleuse wurde in Betrieb genommen, der Ems-Jade-Kanal als wichtige Verbindung zwischen Wilhelmshaven und Emden fertiggestellt.

Zwischen 1892 und 1898 wurde der Dortmund-Ems-Kanal gebaut. Damit wurde Emden endgültig zum Seetor für das Ruhrgebiet. 1901 fand die Einweihung der gesamten neu erstellten Hafenanlagen statt, besonders des Außenhafens und des Dortmund-Ems-Kanals. Der Kaiser kam zur feierlichen Einweihung.

Bis in die sechziger und siebziger Jahre des 20. Jahrhunderts blieb der Dortmund-Ems-Kanal eine wichtige Verbindung zwischen dem Ruhrgebiet und Emden. Seit den zwanziger Jahren des 19. Jahrhunderts aber entwickelten sich, durch die Internationalisierung des Rheins, die niederländischen und belgischen Häfen an der Nordsee zu einer ernstzunehmenden Konkurrenz. Rotterdam wurde größter Hafen der Welt und wichtigster Import- und Exporthafen des Ruhrgebietes.

Der Landweg zwischen dem Ruhrgebiet und Ostfriesland

Das politische Interesse an einer verbesserten Straßenverbindung zwischen dem Ruhrgebiet und Ostfriesland war in Folge dieser Entwicklungen nach dem Zweiten Weltkrieg nicht besonders groß. Die Region Ostfriesland war wirtschaftlich unbedeutend geworden. Nach 1950 wurde zwar eine Vielzahl von Arbeitsplätzen geschaffen, um der zunehmenden Arbeitslosigkeit entgegen zu steuern, aber alle Überlegungen zu einer ostfriesischen Autobahn als Anbindung an das deutsche und europäische Autobahnnetz wurden auf die lange Bank geschoben. Die Hafenstädte Hamburg, Bremen und Wilhelmshaven hatten Autobahnverbindungen in ihr Hinterland bekommen, sie waren daher alle drei an einer Aufwertung des Hafens Emden als Konkurrenz nicht interessiert.

So war Bremen, neben der schon seit Jahrzehnten existierenden A 1, die die Verbindung zum Ruhrgebiet herstellte, über die A 28 vom

Dreieck Delmenhorst-Ost aus mit Oldenburg verbunden, und von dort, über das Autobahndreieck Oldenburg West, mit Leer. Diese Autobahn wurde in den achtziger Jahren des vorigen Jahrhunderts abschnittsweise gebaut. Der erste Abschnitt endete bei Westerstede und führte dann in weiteren Bauabschnitten südlich der früheren Bundesstraße B 75 vorbei an Uplengen/Remels, Filsum und Hesel bis an die Stadtgrenze von Leer. Die B 75 wurde zur Landesstraße zurückgestuft. Die A 28 war der erste Autobahnanschluss für Ostfriesland, erreichte aber nur den südlichen Teil Ostfrieslands.

Die A 29 dagegen schließt die Stadt Wilhelmshaven und den Landkreis Friesland an das Autobahnnetz an. Sie reicht vom Dreieck Ahlhorner Heide an der A 1 über Oldenburg bis an die neuen Hafenanlagen in Wilhelmshaven. Über sie können auch die Urlaubsregionen im Wangerland, Schillig, Horumersiel und Hooksiel schnell erreicht werden. Das begünstigt diese Küstenorte gegenüber der ostfriesischen Küste.

Die A 210 quert die A 29 und verbindet, gleichsam als deren Verlängerung, das Stadtzentrum Wilhelmshaven mit der Stadt Jever, die sie aber nicht ganz erreicht. Eine Weiterführung der A 210 in das Herz Ostfrieslands bis Aurich war ursprünglich geplant, hat aber zur Zeit keine Aussicht auf eine baldige Durchführung.

Gleiches Desinteresse herrschte lange Zeit auch in den Niederlanden. Das Land Niedersachsen selbst schätzte den wirtschaftlichen Nutzen einer Westautobahn, eben der A 31, als gering ein, so dass dieser Bau in der Prioritätenliste weit in die Zukunft verschoben wurde.

So litten die westdeutschen Straßen besonders nach dem Mauerfall und dem Zusammenschluss der beiden deutschen Staaten zunächst darunter, dass die verfallenen Wege, Straßen und Autobahnen im früheren Gebiet der DDR in Ordnung gebracht werden mussten. Vorrang hatten deshalb auch die ostdeutschen Autobahnen vor der A 31.

Noch deutlicher wurde diese Geringschätzung, als im Rahmen der ersten Weltausstellung in Deutschland, der EXPO in Hannover, im Jahre 2000 alle Verkehrsverbindungen zum Veranstaltungsgelände absoluten Vorrang vor anderen Straßenbaumaßnahmen in Niedersachsen bekamen. Zwar mochten Kritiker angesichts der 18 Millionen Besucher zur EXPO diese Maßnahmen als hinnehmbar ansehen, dennoch waren das Resultat jahrelange nicht hinnehmbare

Verkehrssituationen auf der Nordsüdachse zwischen Ostfriesland und dem Ruhrgebiet.

Für den Verkehr in Richtung Ruhrgebiet und umgekehrt zur Küste bedeutete dies häufig Situationen mit Verkehrsinfarkt. Entweder man fuhr die B 70 bis Meppen und bog kurz danach in Richtung Nordhorn ab, um dann nach einigen umständlichen Straßensituationen auf die schon bis zur Landesgrenze Nordrhein-Westfalens vorhandene Autobahn zu kommen. Oder man fuhr die A 31, soweit sie fertig war und quälte sich anschließend über schmale Landstraßen bis Nordhorn und zurück auf die Autobahn. Auf dem Rückweg ergab sich das gleiche Bild in umgekehrter Reihenfolge.

Die schmalen Straßen im Emsland waren allerdings überhaupt nicht geeignet, den Verkehr aufzunehmen. Zu besonderen Stresssituationen kam es deshalb regelmäßig zum Beginn und Ende von Ferien, vor und nach sogenannten Brückentagen, wenn sich Tausende auf den Weg zu den Ferienzielen an der Küste machten, und an den Wochenenden in den Ferien, wenn *„Bettenwechsel“* war. Dann wuchsen die Staus vor den Autobahnabfahrten, vor engen Ortsdurchfahrten, vor den zu kurz geschalteten Ampelzeiten für die Weiterfahrt, in der Stadt Bentheim vor dem Bahnübergang und später hinter der Bahnunterführung.

Die Autofahrer auf der Strecke reagierten immer gereizter. Es kam zu gefährlichen Überholmanövern, schwierigen Verkehrssituationen und Unfällen. Für die Firmen, wie auch die TRAUCO in Großefehn, die auf diesen Weg angewiesen waren, wollten sie Materialien aus dem Ruhrgebiet heranschaffen oder Waren dorthin liefern, bedeuteten die Schwierigkeiten Termindruck und Zeitverluste, wirtschaftliche und betriebliche Verluste. Die TRAUCO bezifferte ihre Verluste pro Stunde und LKW im Stau auf ca. 100 DM, auf mehr als eine halbe Million DM im Jahr. Für die gesamte Unternehmensgruppe wurden die Einsparungen durch den Lückenschluss auf mehr als 1,3 Millionen DM beziffert.

Tatsächlich war die A 31 keineswegs das Ergebnis einer neueren Planung. Der Bau einer Emslandautobahn im Bereich der heutigen Trasse der A 31 war schon im ersten Autobahnbauplan von 1937 enthalten. Damals begannen auch erste Vorplanungen, deren Ziel es war, einerseits eine durchgehende schnelle Straßenverbindung zwischen dem Hafen Emden und dem Ruhrgebiet zu schaffen,

Drei Generationen:
Rolf, Focko und Focke Trauernicht mit dem Modell der "Jantje" vor der Fassade der Trauco Bau-Ausstellung Mitte der 1980er Jahre (Foto: Stromann, SKN).

andererseits sollten die moorigen und weitgehend unbesiedelten Moorflächen westlich der Ems erschlossen werden. Da zum damaligen Zeitpunkt der Bau von Autobahnen allerdings ausschließlich unter militärischen Gesichtspunkten erfolgte, und einerseits für den Transport von Eisenerz aus Norwegen mit Binnenschiffen und der Eisenbahn genügend Transportmittel vorhanden waren, andererseits die Erfordernisse des Truppentransports vor allem Bewegungen in Ost-West-Richtung wahrscheinlicher erscheinen ließen, bestand für die Planungen kaum Aussicht auf eine Umsetzung.

Daran hatte sich 30 Jahre später noch nichts geändert. Im Jahre 1966 wurden durch die IHK Ostfriesland-Papenburg und die damalige Bezirksregierung Aurich Anträge auf Bau einer linksemsischen Bundesautobahn, also westlich der Ems, als schnelle Verbindung Ruhrgebiet – Ostfriesland gestellt. Diese Anträge hatten insofern Erfolg, dass der Bau einer solchen Linie in den 3. Vierjahresplan für den Ausbau von Bundesstraßen aufgenommen wurde.

Heute führt die Bundesautobahn A 31 über 220 Kilometer vom Autobahndreieck Bottrop bis nach Emden. Die ursprüngliche Planung von 1974 sah eine deutlich längere Strecke vor, die das gesamte Ruhrgebiet durchqueren und rechtsrheinisch auch durch das Rheinland führen sollte, bevor sie ihren Endpunkt bei Bad Neuenahr-Ahrweiler finden sollte. Etwas nördlich davon war eine Rheinquerung und der Anschluss an die A 61 geplant. Letztendlich wurde nur der letzte kurze Abschnitt zwischen der A 61 und Bad Neuenahr-Ahrweiler ausgeführt.

Nach Kilometern beginnt die A 31 in Emden und führt bis Leer, wo sie auf die A 28 stößt. Im Jahre 1995 wurde das Autobahndreieck Leer Nord eingeweiht. Parallel dazu kam es zum Bau des Emstunnels, um eine Weiterführung der A 28, dann als A 31, bis zum Autobahnanschluss an der deutsch-niederländischen Grenze zu erreichen. Das kurze Stück zwischen der ins Ruhrgebiet führenden A 31 und der niederländischen A 7 bekam die Bezeichnung A 280.

Der Emstunnel hat eine Länge von ca. 945 m und verläuft nordwestlich von Leer in zwei Röhren unter der Ems. Er wurde zwischen 1984 und 1989 erbaut. Damit war eine wesentliche Voraussetzung für eine durchgehende Verbindung in die Niederlande aber auch für eine schnelle Verbindung in das Ruhrgebiet geschaffen worden.

Die Chronologie

Bis zum Jahr 1998 war der Bau der A 31 allmählich vorangekommen. Im Bundesland Nordrhein-Westfalen war nach erheblichen Bürgerprotesten in Mühlheim mit dem Bau bis zur Landesgrenze nach Niedersachsen begonnen worden. Die Chronologie der einzelnen Streckenabschnitte in Nordrhein-Westfalen sah so aus:

Baubeginn war im Jahr 1983 zwischen Schermbek und Dorsten-West. Dieser erste Streckenabschnitt wurde im Jahre 1984 für den Verkehr freigegeben. Der gesamte Streckenabschnitt vom Dreieck Bottrop über Kirchhellern Nord Schermbek brauchte bis zur Fertigstellung 1987 weitere drei Jahre. Bis 1990 wurde die gesamte Strecke bis Gronau fertig.

Im Emsland war nach und nach die Strecke bis in die Nähe von Bentheim gebaut worden. Die Chronologie der einzelnen Streckenabschnitte in Niedersachsen sah so aus:

Bis 1990 war die Strecke von Emden Mitte bis zum Dreieck Bunde fertiggestellt. Im gleichen Jahr wurde auch der weitere Abschnitt bis Papenburg und Rhede fertig.

Erst 1992 erreichten die Bauarbeiten Dörpen, 1993 Lathen und Haren, 1994 Wesuve und Meppen, erst 1998 Twist. Bis 2000 waren also nur wenige Abschnitte fertiggestellt worden. Dabei führte der Verlauf der A 31 fast nur über unerschlossenes Gebiet, tangierte keine problematischen Strecken. Das einzige Problem, was immer wieder zu bewältigen war, lag in dem tiefen und weichen Moorboden, der ausgetauscht werden musste. Für die Verfestigung des neu eingebrachten Sandes brauchte man allerdings Zeit. Ein Ende der Bauarbeiten war nicht abzusehen. Die Planungen für die Fertigstellung der Bundesautobahn A 31 sahen zunächst den Termin 2010 vor, später 2015. Diese Verzögerung um weitere 15 Jahre war schließlich der Anlass, dass die Fertigstellung der A 31 zum Gesprächsthema in den betroffenen Regionen wurde, und der Auslöser für Tullums Initiative.

Rolf Trauernicht stellt sich seiner Aufgabe

Rolf Trauernicht war klar, dass er allein nichts bewirken konnte, auch dass seine eigene Spende von 200.000 DM, die er später auf 250.000 DM erhöhte, unerheblich war angesichts der Mehrkosten, die dem Bund durch einen früheren Lückenschluss entstehen würden. Allein die Zinsen durch die frühere Fertigstellung durften sich auf rund 135 Millionen belaufen.

Außerdem war er sich darüber im Klaren, dass eine private Finanzierung eines früheren Lückenschlusses, also die private Finanzierung einer bis dahin ausschließlich staatlichen Aufgabe in der Bundesrepublik ein absolutes Novum war. Es mussten also nicht nur die regionalen Politiker, die regionalen Wirtschaftsverbände, die regionale öffentliche Meinung überzeugt werden, wichtiger noch war es, die entscheidenden Funktionsträger in den betroffenen Ministerien, im Verkehrs- und Finanzministerium des Bundes und des Landes Niedersachsen, für das Projekt zu gewinnen.

Seine erste Aufgabe allerdings war es, die Nutznießer einer früheren Fertigstellung anzusprechen. Das waren Firmen wie die eigenen, TRAUCO, Nowebau und nocado, die mit erheblichen Kosteneinsparungen rechnen konnten. Weitere Nutznießer waren die Landkreise Emsland und Leer, denen die Arbeitsplatzsicherung in den Firmen, aber auch die verbesserte Anbindung an das Ruhrgebiet selbst, mit ihren Auswirkungen auf den Tourismus etwas wert sein durften. Die dritte Gruppe waren die Tourismusverbände, die sich von einem schnelleren Erreichen der Küstenregion mehr Urlauber aus Nordrhein-Westfalen versprechen konnten und sich damit in einer verbesserten Wettbewerbssituation sahen. Und die vierte Gruppe waren die vielen Menschen in der Region Ostfriesland, die privat die neue Autobahn nutzen würden. Auch die Niederländer sollten an einer Fertigstellung interessiert sein, da es in ihrem Land an einer Nord-Süd-Verbindung im östlichen Teil mangelte.

Rolf Trauernicht sagte im Jahr 2000 auf die Frage: *„Was versprechen Sie sich zum einen als Unternehmer und zum anderen als Privatmann von der Schließung der Autobahnlücke?“*

„Als Unternehmer verspreche ich mir eine bessere Anbindung an die Ballungsräume. Wir kriegen ja unsere Rohstoffe wie Stahl und Zement zu 95 Prozent aus dem Süden. Die A 31 läuft parallel zur A 1, die sich zum größten Parkplatz in Europa entwickelt hat. Wegen der Staus dort bekommen wir nur 5 bis 10 Prozent der Güter über die A 31. Und das kostet uns natürlich Geld. Und diese Kosten werden durch den Lückenschluss minimiert.

Als Privatmann denke ich, dass ich gern in zwei Stunden hier rauf fahren und meinen Wochenendurlaub an unserer schönen Nordseeküste verbringen würde, wenn ich zum Beispiel im Ruhrgebiet wohnen würde. Da Kurzurlaube immer beliebter und günstiger werden, muss man auch schneller am Ziel sein. Umgekehrt möchte ich natürlich auch schneller in den Süden kommen als bisher.

Außerdem sehe ich auch umweltpolitische Gründe beim Lückenschluss im Vordergrund. Viele Anwohner können mit dem Gestank, der durch Stop-and-Go entsteht, nicht mehr leben. Der Schadstoffausstoß ist bei Stop-and-Go zigmal höher als bei zügigem Verkehr.[4]"

Rolf Trauernichts Aufgabe bestand also zunächst darin, möglichst viele Mitstreiter zu sammeln und ins gemeinsame Boot zu holen. Er wusste, dass nichts geschehen würde, wenn nicht er die Initiative ergriffe. Er stellte als erster Unternehmer eine größere Summe für den Ausbau der A 31 in Aussicht und fordert die anderen Unternehmer auf, es ihm nach zu tun. Außerdem positionierte er sich damit bereits zu einem frühen Zeitpunkt als prominenter Spendensammler.

Sein Engagement für den Lückenschluss führte schnell dazu, dass dies ein "*Fulltimejob*" wurde. Sieben Tage in der Woche, mindestens 16 Stunden am Tag nahm seine Aufgabe ihn in Anspruch. Er besuchte jede wichtige und oft auch weniger wichtige Versammlung von Verbänden, Vereinen und Gesellschaften. Jede Redaktion jeglicher Medien, gleich ob Zeitung, Magazin, Sender oder regionales Fernsehen, war ihm nicht nur einen Besuch wert. Sein Gesicht wurde zum Markenzeichen für den Lückenschluss. In Amerika hätte man ihn sicherlich "*Mr. Lückenschluss*" genannt. Bei einer Veranstaltung im Jahre 2003 sagte Rolf Trauernicht: „*Ich habe eine halbe Sekretärin verschlissen*", worauf seine Betty rief: „*Und eine halbe Ehefrau*".

Die Fürsprecher eines früheren Lückenschlusses sammeln sich

Der erste Erfolg seines Engagement war, dass der Oberkreisdirektor des Landkreises Emsland und spätere Landrat, Hermann Bröring, auf seine Initiative aufmerksam wurde und mit ihm für ein gemeinsames Vorantreiben des Lückenschlusses eintrat. Bröring hatte schon zwei Jahre zuvor für einen wesentlich früheren Lückenschluss plädiert. Eine weitere Initialzündung dazu hatte der niederländische Verkehrsminister Hartgert Langman bereits 1997 in einer in den

4 Interview der Zeitschrift „Mein Haus in Ostfriesland", Leer, Ausgabe 02/2000.

Niederlanden erarbeiteten Studie gegeben, als er eine finanzielle Beteiligung der Niederlande an einem früheren Lückenschluss in Aussicht stellte. 1998 kam es zum Treffen des Vorstandes der Ems-Dollart -Region mit Langman. Da griff Hermann Bröring diesen Gedanken auf. Er formulierte: "*Die Region baut sich die Autobahn selbst!*" Der Landkreis Emsland, die Grafschaft Bentheim und die Industrie- und Handelskammer Osnabrück-Emsland schlossen sich zur "*Interessengemeinschaft Emslandautobahn*" zusammen und erstellten unter der Federführung von Hermann Bröring ein Finanzierungsmodell, das die Fertigstellung der A 31 bereits für Ende 2004 ermöglichen sollte. Dieses Finanzierungsmodell bezifferte den Beitrag der Region auf 135 Millionen DM. Schon ein Jahr später gab die IHK Ostfriesland – Papenburg ein Gutachten zum Kosten-Nutzen-Verhältnis in Auftrag.

Bröring sah in einem früheren Lückenschluss die Möglichkeit, entlang der Autobahn Gewerbegebiete zu entwickeln, auf deren Flächen durch umfangreiche Firmengründungen neue Arbeitsplätze im strukturschwachen Emsland entstehen konnten. Nach Auslaufen des Emslandplans[5] im Jahre 1989 drohte das westliche Emsland am Ende der 1990er Jahre bereits wieder in einen langen Dornröschenschlaf zu verfallen.

Schnell wurde klar, dass tatsächlich nicht nur einzelne Unternehmen ihr vitales Interesse an einem beschleunigten Lückenschluss zum Ausdruck brachten. Bereits im April 1999 votierten die fünf an der Autobahn liegenden Industrie- und Handels-Kammern aus Emden, Oldenburg, Münster, Osnabrück und Groningen für die beschleunigte Fertigstellung.

Ein Gutachten wird beauftragt

Die Industrie- und Handelskammern wollten aber auch genau wissen, wie hoch der zu erwartende Nutzen eines vorzeitigen Lückenschlusses war. Schließlich musste das Verkehrsministerium

5 Der Emslandplan wurde am 5. Mai 1950 beschlossen. Man wollte mit seiner Hilfe das damals rückständige Emsland erschließen und den Lebensstandard der Bewohner auf das durchschnittliche Niveau der Bundesrepublik heben. Zu diesem Zweck wurden zahlreiche Moor- und Heidflächen landwirtschaftlich erschlossen und für die Ansiedlung vertriebener Landwirte genutzt. Dazu wurde die Infrastruktur des Gebietes verbessert, neue Dörfer angelegt, so dass sich auch eine Reihe mittelständischer Unternehmen ansiedelte. Das bekannteste Projekt war die Magnetschwebebahn Transrapid. Insgesamt wurden mit Hilfe des Emslandplanes 2,1 Milliarden Mark in der Region investiert.

der Bundesrepublik überzeugt werden, dass es sinnvoll war, diese Baumaßnahmen früher als geplant in Angriff zu nehmen und abzuschließen. Da reichte es nicht, dass die Region selber einen erheblichen finanziellen Beitrag leisten wollte.

Die Industrie- und Handelskammern entlang der A 31 gaben mit finanzieller Unterstützung der Ems-Dollart-Region 1999 bei dem verkehrswissenschaftlichen Institut der Westfälischen Wilhelms-Universität Münster ein Gutachten in Auftrag, in dem die Rentabilität eines früheren Lückenschlusses geprüft werden sollte.

Bereits im April 1999 machte die Ostfriesen Zeitung erste Einschätzungen der Gutachter bekannt. So kommen sie bereits zu diesem Zeitpunkt zu dem nicht unerwarteten Schluss, dass die verzögerte Schließung der Autobahnlücke eine zurückhaltende Investitionsplanung der regionalen Wirtschaft nach sich ziehe und damit auch die Wettbewerbsfähigkeit der Region zusätzlich schwäche. Dagegen sei bei einer Fertigstellung bis 2004/5 mit einer Auflösung des Investitionsstaus in den Gewerbegebieten, die sich im Umfeld der A 31 bilden würden oder bereits gebildet hatten, auflösen.

Die Gegner positionieren sich

Bereits kurz nach dem Vorstoß von Rolf Trauernicht hatten auch die Gegner eines vorzeitigen Lückenschlusses begonnen sich zu positionieren. Wie kaum anders zu erwarten ergab sich, zumindest anfangs, eine klare politische Trennung zwischen Politikern der in Niedersachsen in der Opposition befindlichen CDU und FDP und denen der Grünen, die zu dem Zeitpunkt Koalitionspartner der SPD im Bund waren, sowie der in Niedersachsen regierenden SPD. Letztere argumentierten vor allem mit der Frage der rechtlichen Möglichkeit einer solchen, teilweise privaten Finanzierung einer Bundesautobahn, die einen Eingriff in die Aufgaben und die Rechtsautonomie des Bundes darstellte und daher rechtswidrig sei. Das zweite wesentliche Argument bestand in der Frage der tatsächlichen Kosten des vorzeitigen Lückenschlusses, die von den Gegnern deutlich höher eingeschätzt wurden – auch im Vergleich zur letztendlich erforderlichen Summe. Die Grünen stellten den Kosten-Nutzwert der Initiative überhaupt in Frage: Noch im März 2000 fragte die Kreisvorsitzende der Grünen im Landkreis Leer, Mechthild Tammena: *„Kann der Landkreis Leer mit seinen 78 Millionen DM Defizit dieser Finanzierung zustimmen?*

[...] Gibt es nicht dringendere Projekte für den Landkreis und seine Gemeinden?" Außerdem äußerte sie die Meinung, dass im Fall einer Zustimmung die Kommunalaufsichtsbehörde gefordert sei.[6]

Eine der ersten Stellungnahmen zu dem Projekt kam vom Arbeitskreis Wirtschaft und Verkehr der SPD Niedersachsen. Bereits im Mai 1999 äußerten sich Vertreter dieses Arbeitskreises anlässlich einer Sitzung in Emden skeptisch hinischtlich der Realisierung einer beschleunigten Fertigstellung der A 31. Hauptargument waren bei dieser Sitzung die erforderlichen Kosten, die mit *„rund 500 Millionen DM"* beziffert wurden, deutlich mehr, als die von einigen Landkreisen und Kommunen, sowie der Wirtschaft bereits inoffiziell zugesagten 100 Millionen DM. Der Bürgermeister der Stadt Emden, Alwin Brinkmann, lehnte es auf der selben Sitzung ab, seinem *„Rat [...] einen Antrag vorzulegen, über einen langen Zeitraum jährlich eine Million Mark für die A 31 zu zahlen"*.[7]

Im selben Monat, am 21. Mai 1999, äußerte sich der damalige Niedersächsische Ministerpräsident Bernhard Glogowski (SPD) auf einer Sitzung der Ems-Dollart-Region zu der Initiative. Nach seiner Auffassung *„sei eine Privatfinanzierung des Lückenschlusses nicht unproblematisch und zudem zu der Zeit noch gesetzeswidrig."* Wolle man dem Ausbau der Autobahn höchste Dringlichkeit einräumen, müsse man angesichts der bestehenden Sparzwänge im Land und beim Bund auf andere Vorhaben verzichten.[8]

Auch Rolf Trauernicht machte seine Erfahrung mit der vorgefassten Meinung des Niedersächsischen Ministerpräsidenten: *„Am 26.Juni 1999 wurde ich von meinem Freund Bernard Meyer zur Fahrt der SUPER STAR VIRGO von Papenburg zum niederländischen Eemshaven eingeladen. Er unterrichtete mich: Tullum, wir haben auf der Ems zu wenig Wasser, die Überführung kann heute nicht stattfinden. Du hast nun Gelegenheit Ministerpräsident Glogowski Dein Anliegen zum vorzeitigen Lückenschluss der A 31 vorzutragen. Das Gespräch mit dem MP war eine große Enttäuschung. Er hatte Einwendungen und war nicht zu überzeugen."*

Selbst in den direkt betroffenen Landkreisen war die Position der verschiedenen Vertreter teilweise uneindeutig. So teilte der Auri-

---

6 Artikel der Rheiderland Zeitung, Weener, Ausgabe vom 25. März 2000.

7 Artikel der Ostfriesen Zeitung, Leer, im Mai 1999.

8 Artikel der Ostfriesen Zeitung, Leer, Ausgabe vom 21. Mai 1999.

cher Oberkreisdirektor Walter Theuerkauf im August 1999 mit[9]: *„Grundsätzlich sei der Bund für den Bau von Autobahnen zuständig“*, was er mit der Forderung verbindet, *„der Bund solle [...] erst mal sagen, wie er sich das vorstellt. Das steht nämlich noch aus.“* Ob die Landkreise sich schließlich mit der erforderlichen Summe von jeweils um die 10 bis 12 Millionen DM an dem Projekt beteiligen sollen, müsse, so Theuerkauf, die Politik entscheiden. Insgesamt aber beurteilt er *„die Aktion aus der Region positiv“*.

Das Für und Wider des Projektes bestimmte die Diskussion in der Region während des ganzen Jahres 1999. Aufgrund der vielen betroffenen Teilregionen, den Landkreisen Emden, Aurich, Leer, Emsland, Osnabrück und den östlichen Niederlanden war die Zahl derer, die sich zu Wort meldeten und ihre Meinung kund taten, hoch.

Am 30. Juni 1999 wandte sich Tullum unter der Überschrift *„Warum weigern Sie sich?“* in einem offenen Brief an den Bundesverkehrsminister[10]: *„In der Fernsehsendung zum Lückenschluss haben Sie sich zu einer Stellungnahme vor der Kamera nicht entschließen können, was ich sehr bedaure.“* Nach der Meldung in der Ostfriesen Zeitung am 23. März 1999 wurde Rolf Trauernicht von Redakteur Belling von NDR - Fernsehen angerufen, um mit ihm einen Aufnahmetermin abzustimmen. Nachdem die Fernsehaufnahmen in Großefehn beendet waren schlug Rolf Trauernicht vor, Herrn Oberkreisdirektor Hermann Bröring bei den Aufnahmen zu berücksichtigen. Herr Bröring stimmte zu; wir trafen uns an der A 31. *„Der Oberkreisdirektor Bröring brachte es auf den Punkt: 'Es ist in den letzten Jahren in unserer Region Erstaunliches geleistet worden. Das alles würde zunichte gemacht werden, wenn wir mit der Fertigstellung der A 31 noch 10 Jahre warten müssten. Wir würden im internationalen Wettbewerb weiter abgehängt.'*

Auch wenn die Staatskasse leer ist, brauchen wir jetzt eine Lösung. Kommunen und die Wirtschaft sind zur Zwischenfinanzierung trotz der sehr begrenzten Mittel bereit, weil

1. *Kosten, die durch den Engpass bedingt sind, entfallen,*
2. *die weiße Industrie davon profitiert, weil dann der Kurzurlauber aus Nordrhein-Westfalen in zwei Stunden an der Küste ist,*

9 Zitiert nach einem Artikel der Ostfriesischen Nachrichten, Aurich, vom 13. August 1999.

10 Hier zitiert nach: Ostfriesische Nachrichten, Aurich, Ausgabe vom 30. Juni 1999.

3. die Renditen steigen und damit verbundene Steuereinnahmen,
4. die A 1 wird wesentlich entlastet.

Wenn in einem Zuge bis 2003 gebaut würde, reduzieren sich die Baukosten wesentlich. Bei 10 Bauabschnitten (wie jetzt vorgesehen) gehen 10 Baustellen-Einrichtungen ins Geld.

Warum weigern Sie sich, so guten Beispielen zu folgen, wie dem der Groningen-Autobahn (vorgezogen durch die Wirtschaft!).

Oder Beispiel Wesertunnel: dieser war von Amts wegen geplant mit Baukosten von einer Milliarde DM. Gebaut wird jetzt inkl. Zwischenfinanzierungskosten (113 Mio. DM) für 430 Mio. DM, also weniger als die Hälfte.

Die Niederländer haben eine Kostenbeteiligung für die A 31 angeboten – dort steht im Protokoll der Langman-Kommission: 'Von deutscher Seite Schweigen im Walde!'

Für mich unverständlicher Stolz.

Sehr geehrter Herr Bundesminister!

Ich bin im Weser-Ems-Gebiet für über 1000 Arbeitsplätze verantwortlich. Es erfüllt mich mit Sorge, dass unsere Wettbewerbs-Nachteile von der Politik so zögerlich behandelt werden. Warum lernen wir nicht von unseren Nachbarn, wie es der Bundeskanzler zusammen mit Tony Blair vorlebt[11]?

In Ostfriesland wird der Bauer daran gemessen, wie er seinen Wendeacker bearbeitet. Ihr Wendeacker ist unsere Region. Den Pflug wollen wir zwischenfinanzieren. Stimmen Sie zu?“

Es dauerte mehr als zwei Monate, bis Rolf Trauernicht Antwort auf diesen offenen Brief bekam. Dann schrieb ihm der Parlamentarische Staatssekretär beim Bundesminister für Verkehr, Bau- und Wohnungswesen, Lothar Ibrügger[12]: *„Für eine beschleunigte Realisierung des Lückenschlusses der A 31 besteht kein finanzieller Spielraum. […] Die geltende Beschlusslage hat einschneidende Mittelkürzungen zur Folge, die auch den Weiterbau der A 31 betreffen. […] Auf der Grundlage von aktuellen Kostenermittlungen seien für den Bau der 40 km langen Lücke noch 500 Mio. DM notwendig. Mit den*

11 Deutscher Bundeskanzler war zwischen 1998 und 2005 Dr. Gerhard Schröder. Tony Blair war zur selben Zeit Premierminister von Großbritannien.

12 Zitiert nach Ostfriesische Nachrichten, Aurich, Ausgabe vom 15. September 1999.

Als Großefehns einziger Ehrenbürger war Rolf Trauernicht Schirmherr beim "Korso" anlässlich 375 Jahre Großefehn am 21.09.2008.

gegenwärtig zur Verfügung stehenden Mitteln könne nur der im Bau befindliche Abschnitt von Geeste bis Wietmarschen bis zum Jahr 2003 fertiggestellt werden. [...] Zwar ist auch mir bekannt, dass seit geraumer Zeit Überlegungen über eine mögliche Mitfinanzierung der A 31 der niederländischen Regierung kursieren. Ein konkretes Angebot liegt aber nicht vor."

Aus der Reaktion von Rolf Trauernicht, die er in einen Leserbrief *„verpackt"*, spricht eine gewisse Enttäuschung; er hatte sich mehr erwartet, hatte er doch erst im August drei Gespräche mit dem Verkehrsminister Müntefering führen können. Doch einmal mehr erwies sich das Projekt *„Lückenschluss"* als ein Beispiel für das Bohren *„dicker Bretter"*: *„Auf einen offenen Brief an das Bundesverkehrsministerium erhielt ich nach zwei Monaten eine Antwort. Eine Aussage des Bundesverkehrsministeriums zu meiner Frage: 'Stimmen Sie einer Zwischenfinanzierung durch Kommunen und Wirtschaft nach niederländischem Muster zu?' wurde leider nicht geantwortet.*

Wenn die Regierung in Land und Bund mit unserer Unterstützung es nicht schafft, den 'stinkigen, zeitraubenden Flaschenhals' der

A 31 bis 2004 (in fünf Jahren und drei Monaten!) zu beseitigen, haben wir im Nordwesten in den falschen Standort investiert.

Ich habe Verständnis, wenn unsere Regierung Kosten sparen muss. Es müssen aber auch Investitionen getätigt werden, die Rahmenbedingungen für eine Region schaffen, die sich langfristig in zusätzlichen Arbeitsplätzen und damit höherem Steueraufkommen auswirken und somit auch dem Bund und Land zur Kostenreduzierung helfen.

Zur Mitfinanzierung der Wirtschaft habe ich dem Präsidenten der IHK im August 1999 neben einem Teilbetrag unserer Firmengruppe aus ersparten Stau-Kosten eine befristete Sonderumlage vorgeschlagen. [...]"[13]

In einem Gespräch mit dem FDP-Politiker Michael Goldmann im August 1999, Goldmann war damals Mitglied des Verkehrsausschusses im Bundestag, hatte dieser Rolf Trauernicht *„Schützenhilfe"* bei der Umsetzung des Projektes zugesagt, gleichzeitig aber auch auf die Stolpersteine aufmerksam gemacht, die, neben den Fragen der Finanzierung und der rechtlichen Problematik bestanden. Nach Goldmanns Ansicht bestand ein weiterer wichtiger Grund für das Zögern des Ministers darin, dass er durch die Unterstützung des Vorhabens keinen Präzedenzfall schaffen wollte: sonst wären binnen kurzem weitere Regionen auf die Idee gekommen, dass ihre Autobahn ja die wichtigste auf der Liste der Projekte sei[14].

In einem Artikel der Ostfriesen Zeitung hatte Tullum am 17. August 1999[15] das Zögern und die defensive Haltung der Ostfriesen hinsichtlich des Lückenschlusses bedauert, obwohl die Region der Hauptnutznießer eines Erfolges sei, und die Chancen auf eine Realisierung deutlich besser stünden, als es auf den ersten Blick den Anschein habe. Nicht nur sei die Finanzierung eines vorzeitigen Lückenschlusses nahezu gesichert, sondern es würden auch weder Bundes- noch Landesregierung der geplanten Art der Finanzierung letztlich im Wege stehen. Schließlich sei die damals gegenwärtige Situation so schlecht, dass dringend Abhilfe geschaffen werden müsse.

Schließlich äußerte sich im September 1999 auch der Präsident der damaligen – heute aufgelösten – Bezirksregierung in Aurich, Bernd Theilen. Er zweifelte, ähnlich den Vertretern der Grünen, die

13 Zitiert nach Ostfriesen Zeitung, Leer, Ausgabe vom 15. September 1999.

14 Zitiert nach Sonntagsblatt, Aurich, Ausgabe vom 16. August 1999.

15 Artikel der Ostfriesen Zeitung, Leer, vom 17. August 1999.

seiner Einschätzung anschließend erneut zustimmten, an, ob die Landkreise des Bezirks in der Lage seien, die finanziellen Lasten, die mit dem Lückenschluss verknüpft waren, zu tragen. Daher lehnte er die Initiative dazu ab. Diese Haltung provozierte erheblichen Widerstand von Seiten der Befürworter. Nicht wenige erklärten die Haltung des Regierungspräsidenten für verantwortungslos gegenüber der Gesamtregion.[16]

Es bestand zu diesem Zeitpunkt, wie auch aus Tullums Leserbrief (s.o.) deutlich wird, die nicht geringe Gefahr, dass die für die Gesamtregion so wichtige Initiative im Gezänk ihrer Vertreter zerrieben werden würde. Diesem Problem widmete sich bereits am 11. September 1999 ein Kommentar des Chefredakteurs der Ostfriesen Zeitung, Bernhard Fokken, unter der Schlagzeile *„Sehr unklug"*: *„Die Autobahn A 31 muss dringend zu Ende gebaut werden. Die 40-Kilometer-Lücke zwischen Geeste und Ochtrup kostet Zeit, Geld und Nerven. Doch weil der Bund klamm ist, steht der Ausbau auf der Kippe. Deshalb muss die regionale Politik klug und geschlossen auftreten, um den neuen Verkehrsminister Klimmt*[17] *vom hohen Nutzwert des Lückenschlusses zu überzeugen.*

Doch plötzlich entbrennt ein Parteienstreit. Alte Gegensätze zwischen Ostfriesen und Emsländern brechen auf. Der Emder Bürgermeister Brinkmann (SPD) ist verschnupft, weil ihn noch keiner gefragt hat. Der emsländische CDU-Kreistags-Fraktionschef Heinrich Hövelmann fordert Regierungspräsident Bernd Theilen (SPD) praktisch zum Bruch des Amtseides auf, indem er diesen auffordert, den 'Mantel der Kommunalaufsicht abzulegen'. Theilen hatte nur festgestellt, dass die ostfriesischen Kreise kein Geld für die Autobahn haben.

Das Emsland indes spielt sich als Gralshüter der Autobahn auf. Dort ist immer vom Bröring-Plan die Rede, wenn es um die Autobahn-Mitfinanzierung von Landkreisen und Wirtschaft geht. Dabei gebar nicht der Meppener Oberkreisdirektor, sondern Unternehmer Rolf Trauernicht aus Großefehn die Idee.

---

16 Zitiert nach Ostfriesen Zeitung, Leer, Ausgabe vom 10.September 1999.

17 Der vorherige Bundesverkehrsminister Franz Müntefering (1998 bis 1999) war im September 1999 in das Amt des Generalsekretärs der SPD gewechselt. Reinhard Klimmt ersetzte ihn am 29. September 1999, musste jedoch bereits etwas mehr als ein Jahr später (15. November 2000) aufgrund eines gegen ihn erlassenen Strafbefehls wegen Untreue von diesem Amt wieder zurücktreten.

Im Emsland wird hinter vorgehaltener Hand auch kolportiert, dass der Süden und Osten des Landes bevorzugt werden, weil dort der Ministerpräsident und der SPD-Fraktions-Chef im Landtag wohnen.

Tatsache ist, dass für Autobahnen zu wenig Geld da ist. Deshalb ist eine gute Lobby nötig. Gezänk ist das Letzte, was Wirtschaft und Autofahrern fehlt.

Die Ostfriesen mögen zu zögerlich sein. Die Emsländer mögen Recht haben, wenn sie der A 31 alles unterordnen wollen. Aber ihre Vertreter verhalten sich sehr unklug."[18]

Bereits wenige Tage später meldete sich Rolf Trauernicht mit einem Leserbrief: „*Bitte macht endlich Schluss mit der Diskussion und stoppt die Profilierungssucht. Es ist doch egal, wie das Projekt heißt, bzw. wer die Idee hatte. Ich fordere für unsere Region den sofortigen Ausbau der A 31!*"[19]

Die Niederländer positionieren sich

Doch es erreichten Tullum bis zum Herbst 1999 nicht nur negative Nachrichten. Im September 1999 positionierte sich zum ersten Mal die niederländische Seite, in Form eines Artikels in der Kamer Krant Groningen. Die „*Kamer van de Koophandel*" formulierte darin, was seit dem Ausgangspunkt der Überlegungen auf der niederländischen Seite der Grenze war:

„*[...] Schon jahrelang wird bei der Bundesregierung dringend darauf hingewiesen, dass eine schnelle Fertigstellung der letzten 40 Kilometer [der A 31] absolut notwendig ist. Die deutsche Regierung, die immer noch gebückt geht unter der Vereinigung zwischen Ost- und West-Deutschland kann leider kein Geld zur Verfügung stellen, um die A 31 fertigzustellen. Die 540 Millionen DM, die das Projekt A 31 kosten soll, soll das Land Niedersachsen in den Marktsektor bringen. Dafür müssen kreative Lösungen gefunden werden.*

Zwei Jahre zurück legte die Vereinigung Langman den Gedanken nieder, die Niederlande mit zu beteiligen an den Kosten für die A 31. Langman hat den Vorschlag der Holländischen Regierung vorgelegt, mit der Begründung, dass die ökonomische Perspektive für den Norden von großem Nutzen sein kann.

18 Zitiert nach Ostfriesen Zeitung, Leer, Ausgabe vom 11. September 1999.

19 Zitiert nach Ostfriesen Zeitung, Leer, Ausgabe vom 15. September 1999.

Die Regierung von Holland und die Bundesregierung Deutschlands haben sich bis heute nicht geäußert. Auf Initiative der Industrie- und Handelskammer Emden ist schon eine Untersuchung gestartet worden, ob das letzte Stück der A 31 von ökonomischem Belang ist und ob eine schnelle Fertigstellung notwendig ist.

Auf Grund der Untersuchung werden Kosten und Nutzen auf eine Reihe gesetzt und versucht, in Zusammenarbeit mit der deutschen und holländischen Handwerkskammer eine Lösung zu finden für das finanzielle Problem der A 31. Technisch gesehen ist es möglich, die A 31 in 2005 fertig zu stellen.

Die Partner der Ems-Dollard-Region wollen an diesem Standpunkt festhalten."[20]

Doch diese klare Positionsbestimmung bedingt keineswegs bereits eigenständige Aktivitäten der niederländischen Seite, dies erfährt Rolf Trauernicht, als er sich mit dem Hauptgeschäftsführer der '*Kamer van Koophandel en Fabrieken Groningen*', Drs. Gerhard Wilbrink in Verbindung setzt. Dieser erklärt in einem Antwortbrief, dass eine Fertigstellung von den Unternehmen auf der niederländischen Seite der Grenze zwar gewünscht wird, für weitere Zusagen, insbesondere hinsichtlich einer finanziellen Beteiligung der Unternehmen aber zunächst klare Termine und Rahmendaten von der deutschen Seite vorgegeben werden müssten, und auch klar sein müsse, dass eine Beteiligung der Unternehmen auch tatsächliche eine Beschleunigung der Fertigstellung bewirke. Um das gemeinsame Ziel zu erreichen, sei in der nächsten Zeit eine Bündelung der Kräfte außerordentlich wichtig. Dabei setzte Gerhard Wilbrink Hoffnung auch auf die Mitarbeit der Ems-Dollard-Region, sowie des *„Streekraads Groningen"*, dem Gegenstück der damaligen, in Aurich sitzenden, Bezirksregierung Weser-Ems. Wenn alle Voraussetzungen erfüllt seien, sei eine gemeinsame Offensive in Richtung des Bundesverkehrsministeriums, wie auch des niederländischen *„Ministerie van Verkehr en Waterstaat"* in Den Haag denkbar. Zum aktuellen Zeitpunkt sei die Zeit dafür noch nicht reif.[21]

Trotz der Zurückhaltung von Gerhard Wilbrink in dieser Stellungnahme war diese erste Interessenbekundung der niederländi-

---

20 „Kamer Krant Groningen", September 1999, übersetzt durch Henk van der Deen.

21 Zitiert nach Artikeln im Sonntagsblatt, Aurich, Ausgabe vom 15.Oktober 1999, sowie der Ostfriesen Zeitung, Leer, Ausgabe vom 20. Oktober 1999.

schen Seite bereits ein Erfolg für Tullums Initiative. Es war klar, dass die Niederländer, die sich selbst als die *„Chinesen des Nordens"* bezeichnen, keinen Blankoscheck ausstellen würden, sondern auf sehr genaue Bedingungen und Voraussetzungen schauen würden, bevor sie sich festlegten. Etwas anderes wäre, gerade angesichts der grenzüberschreitenden Natur der Initiative auch kaum zu erwarten gewesen. Dennoch gab dieses Statement den Startpunkt für eine fruchtbare Zusammenarbeit in den folgenden Jahren.

Schließlich erhielt Rolf Trauernicht am 29. Oktober 1999 eine Antwort des Bundeskanzlers Gerhard Schröder auf einen Brief, den er ihm am 18. Oktober geschickt hatte. Der Bundeskanzler dankte ihm für das Schreiben, und bekundete seinen Respekt für Tullums Initiative und Engagement. Leider sehe er nach Information durch den Bundesverkehrsminister *„angesichts der vorgefundenen Haushaltssituation keine Chance für eine baldige Realisierung dieses wichtigen Lückenschlusses mit Haushaltsmitteln. Zur dringend notwendigen Haushaltskonsolidierung [müsse] auch der Verkehrsbereich seinen Beitrag leisten."*[22]

Er verweist dann aber auf die *„vom Bundesverkehrsminister eingesetzte 'Kommission Verkehrsinfrastrukturfinanzierung'"*, der für das Projekt besondere Bedeutung zukäme, und die Mitte Oktober ihre Arbeit aufgenommen habe und bis Mitte 2000 Vorschläge für die Finanzierung wichtiger Verkehrsprojekte machen soll. *„Vielleicht kann auf diesem Wege auch eine Lösung für die A 31 gefunden werden"*[23], schließt der Brief.

Diese Antwort, von so viel gutem Willen sie auf den ersten Blick getragen schien, war zu diesem Zeitpunkt für Tullum, wie für die Region unbefriedigend. Auf einem im November 1999 in Papenburg stattfindenden Unternehmertreffen wird der frühere Lückenschluss zum Generalthema. Mehr als 700 Unternehmer, Gewerkschaftsvertreter, Betriebsräte und Politiker aus dem Emsland, Ostfriesland, der Grafschaft Bentheim und den Niederlanden betonten die gemeinsame Forderung nach einem zügigen Lückenschluss der A 31.

Schulterschluss der Region in Papenburg

„Wir halten mehr vom Zupacken, als vom Jammern. Damit wir aber gehört werden, müssen wir die Lautstärke unserer berechtigten

22 Manuskript des Briefes vom 29. Oktober 1999.

23 ebd.

Rolf Trauernicht bei seiner Rede auf dem Unternehmertreffen in Papenburg im November 1999 (Foto: OZ, Ortgies).

Forderungen wesentlich erhöhen," mit diesem Bekenntnis eröffnete Rolf Trauernicht die Diskussion[24]. Er machte nochmals nachdrücklich auf die Wettbewerbsnachteile der im deutschen Nordwesten ansässigen Unternehmen aufmerksam, die durch die Randlage und die unzureichenden Verkehrsverbindungen entstünden. *„Wir sind auf Straßen angewiesen, und da ist die A 31 regionalwirtschaftlich von großer Bedeutung*", machte er klar und rechnete vor, dass durch einen schnellen Lückenschluss die Wirtschaft höhere Erträge erzielen könne. Dies würde wiederum zu höheren Steuereinnahmen führen, die die für die Zwischenfinanzierung erforderlichen Kosten noch übertreffen würden. Es sei doch nicht zu kapieren, dass die zu über 80 Prozent bereits fertiggestellte Autobahn nicht vor 2016 fertig sein solle. *„Wir bauen doch nicht ein Haus, lassen das Dach teilweise offen und geben den Eingang erst nach 15 Jahren frei,*" so Tullum, der der Hoffnung Ausdruck gab, dass von der Veranstaltung in Papenburg ein Signal ausgehen möge, dass von den Entscheidungsträgern gehört würde.

24 Die Stellungnahmen aller Beteiligten werden zitiert nach den Zeitungsberichten der Ems-Zeitung, Papenburg, Ausgabe vom 26. November 1999, und der Ostfriesen Zeitung, Leer, Ausgabe vom 27. November 1999.

Doch auch die anderen Redner bei der Veranstaltung sparten nicht mit deutlichen Worten. Hans-Günther Kuhr, Unternehmer aus Meppen und Initiator der Aktion 'Initiative A 31 – jetzt' erklärte: *„Wir sind es leid, weiter vertröstet zu werden"*. Zum Nachteil der heimischen Wirtschaft sei die Fertigstellung der A 31 inzwischen zu einer endlosen Geschichte geworden. *„Wir müssen den zuständigen Politikern klar machen, dass es mit wohlmeinenden Grußbotschaften nicht getan ist."* Und Dr. Wilfried Holtgrave, Vorsitzender der Wirtschaftsvereinigung in der Grafschaft Bentheim weist darauf hin, dass durch die Fertigstellung der A 31 ein zentraler Verkehrsnerv der Region gesichert werde. Hermann Bröring, Oberkreisdirektor des Kreises Emsland erläuterte das Finanzierungskonzept, nach dem die Landkreise Bentheim, Emsland, Leer und Aurich, sowie die Stadt Emden zusammen 100 Mio. DM geben müssten. Die Bausumme selbst könne dann in den folgenden zehn Jahren von Bund und Land getilgt werden.

Die Zahl der anwesenden und ihre Unterstützung signalisierenden Unternehmer, Gewerkschafter und Politiker war groß. Sie umfasste auch Dr. Hans Berentzen, Aufsichtsratsvorsitzender des gleichnamigen Unternehmens in Haselünne und Dr. Bernhard Brons, Vorstand der Reederei AG Ems in Emden, Clemens Bollen von der IG Metall und Betriebsratsvertreter der Meyer Werft und der Mercedes Teststrecke in Papenburg, sowie höhere Verwaltungsbeamte wie den Landrat des Kreises Leer, Andreas Schaeder. Aus den Niederlanden waren mit Heiko Meier vom Transportunternehmen Vos, das immerhin 1600 LKW von seiner Zentrale in Veendam aus verwaltet, und Dr. S.B. Swierstra als für den Verkehr verantwortlichem Abgeordneten im Parlament der Provinz Drenthe, betroffene Unternehmer und politisch Verantwortliche vertreten. Beide erinnerten an das große Interesse auf niederländischer Seite an einer Fertigstellung der A 31, die als Nord-Süd-Verbindung auf beiden Seiten der Grenze erhebliche wirtschaftliche Vorteile bringen würde. Spontan meldete sich der Geschäftsführer vom Bauunternehmer Bunte, Manfred Wendt, zu Wort und sagte: *„Den Beitrag, den Rolf Trauernicht zur Verfügung stellt, leisten wir in gleicher Höhe"*.

Die öffentliche Meinung mobilisieren

Die Zusammenkunft in Papenburg wurde auf diese Weise ein großer Erfolg für die Initiative Pro Lückenschluss. Nicht nur, dass viele Betroffene und an der Fertigstellung der Autobahn Interessierte teilnahmen und sich äußerten – allein die Größe der Veranstaltung und ihr Nachhall in Presse, Funk und Fernsehen sorgten für eine weitere Multiplikation der positiven Resonanz. Dies war, jenseits aller guten und nachvollziehbaren Argumente, die die Befürworter des schnellen Lückenschlusses ins Feld führen konnten, eines der wichtigsten Ergebnisse und sollte, mit einer Vielzahl weiterer medialer Aktivitäten den Hauptbeitrag zum Erfolg der Initiative leisten.

Denn Rolf Trauernicht gelang es, die gesamte ostfriesische, aber auch die überregionale Presse sowie Wochen- und Monatszeitschriften, Rundfunk- und Fernsehsender für die Berichterstattung über dieses einmalige Projekt zu gewinnen. Es gab keine Tageszeitung, kein regionales Magazin, das nicht über das Projekt "*Lückenschluss*" genau und immer wieder berichtete. Diese einhellige Berichterstattung pro Lückenschluss führte zu einer einheitlichen öffentlichen Meinung zu dem Lückenschluss. Er galt schließlich als unverzichtbar. Das verhalf Rolf Trauernicht, immer mehr Mitstreiter zu gewinnen.

Neben den Berichten in der regionalen Presse begannen bereits früh die Radio- und Fernsehsender über das Projekt und Tullum als seine *„Gallionsfigur“* zu berichten. Dabei lösten durchaus auch Presseberichte Reaktionen der anderen Medien aus: so führte ein Kommentar des damaligen Chefredakteurs der Ostfriesen Zeitung, Bernhard Focken, im April 1999, in dem er sich unter dem Titel *„Genial einfach“* klar für den Finanzierungsvorschlag von Rolf Trauernicht positionierte – eine Haltung, mit der die „OZ“ als eine der ersten klar Stellung bezog und diese auch durchhielt, zu einem Fernsehbericht. Am 28. April sendete der NDR einen ersten Bericht über die Initiative, zwei Monate später, am 21. Juni 1999 folgte ein zweiter, längerer, mit Stellungnahmen von Rolf Trauernicht und Hermann Bröring. Letzterer gab im Interview zu Protokoll: *„Wir haben zusammen mit der ostfriesischen Region eine tolle Entwicklung hinter uns. [...] Und wenn wir nicht schnell die A 31 bekommen, dann sind alle Anstrengungen der letzten 20 Jahre zunichte. [...] Das muss man ganz klar sehen, dann werden wir wieder vom internationalen Wettbewerb abgekoppelt. [...] Das hat Herr Trauernicht erkannt und ich bin ihm dankbar, dass er die Diskussion angestoßen hat.“* Am 1. Dezember 1999 erfolgte eine weitere Aufzeichnung direkt an der A 31, die jedoch aufgrund des überraschenden Rücktritts des damaligen Ministerpräsidenten Glogowski an ihrem vorgesehenen Termin am 3.12.1999 nicht gesendet wurde.

Dieser Rücktritt sollte sich am Ende für die Lückenschluss-Initiative als Glücksfall erweisen, denn offensichtlich hatten die ordnungspolitischen Bedenken des bisherigen Ministerpräsidenten einer möglichen, positiven Entwicklung massiv im Weg gestanden. Sein Nachfolger Sigmar Gabriel (ebenfalls SPD) hatte offenbar eine gänzlich andere Einstellung zu solchen Initiativen, wie sich bald herausstellen sollte.

Doch zuvor sah sich Rolf Trauernicht genötigt, angesichts des schleppenden Fortschritts des Projektes mehr Tempo anzumahnen und den Ton ein wenig zu verschärfen. In einem weiteren Leserbrief fragte er: „*Warum so zögerlich? Die Fertigstellung etwa 2016 ist nicht akzeptabel. Hat man noch nicht zur Kenntnis genommen, dass wir uns echte Sorgen machen um unsere Konkurrenzfähigkeit und damit um unsere Existenz mit ihren Arbeitsplätzen?*

Ich schlage den ostfriesischen Landkreisen vor, mit einem Sonderkredit die Vor- oder Zwischenfinanzierung möglich zu machen. Auch wir müssen den in Aussicht gestellten Beitrag durch Fremdmittel finanzieren.

Die Arbeitsverwaltung ist mit uns einer Meinung, dass die Fertigstellung sich umgehend positiv auf die Wirtschaft – und damit auf den Arbeitsmarkt auswirkt. Der Pressebericht vom 16. Dezember 1999, dass Wirtschaft und Verwaltung (Emsland und Bentheim) ihren Beitrag nur leihweise zur Verfügung stellen ist falsch. Vorgesehen ist ein verlorener Zuschuss.

Wenn die A 31 nicht in fünf Jahren fertig wird, müssen wir unsere Investitionspläne korrigieren. Bevor wir aber resignieren, werden wir die Lautstärke unserer unabdingbaren Forderung wesentlich erhöhen müssen.

Die A 1 ist täglich durch Staus blockiert, die parallel verlaufende A 31 bringt eine größere Entlastung, als die geplante Verbreiterung. Ich setze große Hoffnung in die eingesetzte Kommission, die sogenannte Verkehrsinfrastrukturkonferenz. Ihr gehören hochrangige Vertreter aus den Bereichen Banken, Industrie, Verkehr und Bauwirtschaft, Technologie und Wissenschaft an. Die konstituierende Sitzung dieser Kommission hat unter Teilnahme von Minister Reinhard Klimmt am 14. Oktober 1999 in Berlin stattgefunden. Wie ich heute aus dem Bundesverkehrsministerium erfahre, geht man dort davon aus, dass die Vorschläge der Kommission so rechtzeitig vorliegen werden, dass bereits im Rahmen der Vorbereitung des Bundeshaushaltsplanes 2001 darüber beraten werden kann. Außerdem hat Minister Klimmt eine rasche und eingehende Prüfung unserer Vorschläge durch das BMVBW zugesagt.

Meines Erachtens ist klar, dass wir ohne Eigenbeteiligung von Kommunen und Wirtschaft unserer Region ohne Chancen sind. Ich bin überzeugt, dass die Wirtschaft – d.h. Firmen, die direkt vom Lückenschluss profitieren sowie auch die IHK's den erforderlichen Beitrag leisten. Auch die niederländischen Nachbarn stehen Gewehr bei Fuß, weil diese auch wesentlich profitieren. Nun wird es Zeit, dass auch unsere ostfriesischen Kommunen sich endlich in die vorderste Reihe des Bemühens stellen. Ich fordere: Sparen ja – aber nicht beim Investieren!"[25]

Im selben Monat erfährt das Projekt auch noch weitere Unterstützung aus dem Bundestag. Der spätere – und bereits vormalige – niedersächsische Wirtschaftsminister Walter Hirche (FDP), damals noch MdB, äußerte sich bei einem Besuch von Bürgern aus Aurich im Bundestag sehr positiv: „*Mit dem Lückenschlussmodell A 31 haben Unternehmer und Landkreise bewiesen, was Eigeninitiative zu leisten vermag. Mit der Privatfinanzierung ist der Wille deutlich geworden, sich über gewisse bürokratische Hemmnisse hinwegzusetzen. Dieses Modell hat bundesweit Interesse gefunden, und selbst in Bayern gab es Beifall, obgleich dieser Bundesstaat noch Geld genug hat, um neue Straßen zu bauen. [...]*"

„*[...] Für die wirtschaftliche Entwicklung von Regionen ist eine vernünftige Verkehrsanbindung unerlässlich. Das gilt auch für Ostfriesland und das Emsland als verkehrsferne Bereiche. Hier brauchen wir den direkten Anschluss an das Fernstraßennetz, aber ebenso vernünftige Bahnverbindungen. [...] Was bringt es unter dem Strich, wenn etliche Millionen oder gar Milliarden für Verkehrsprojekte in Berlin, Hamburg, Hannover oder im Ruhrgebiet investiert werden, verkehrsferne Regionen aber außen vor bleiben*", so Walter Hirche[26], der den Initiatoren der Lückenschluss-Initiative rund um Rolf Trauernicht zudem bescheinigte, mit ihrem beispielhaften Finanzierungsmodell den Staat in Zugzwang gebracht zu haben – ein Effekt, der seine Folgen wenig später entfalten sollte.

Das Gutachten wird präsentiert

Anfang des Jahres 2000 wurde endlich das fertige Gutachten der Universität Münster vorgestellt. Der referierende Dr. Werner

25 Zitiert nach Ostfriesische Nachrichten, Aurich, Ausgabe vom 18. Dezember 1999.

26 Artikel der Ostfriesischen Nachrichten, Aurich, Artikel aus dem Dezember 1999.

Rolf Trauernicht erklärt seinem Gast, Ministerpräsident Sigmar Gabriel, das Modell der "Jantje" in der Eingangshalle der Trauco.

Allmeyer bescheinigte dem Projekt eine Traumrendite. Mehr als acht Mal so hoch wie das eingesetzte Kapital würde der finanzielle Nutzen liegen. Dr. Allmeyer wies auch darauf hin, dass ein Projekt normalerweise bereits bei einem dreifachen Kosten-Nutzen-Effekt genehmigt würde.

Der vorzeitige Lückenschluss, das Vorziehen des Autobahnbaues um wenigstens acht Jahre, würde der Region einen finanziellen Nutzen von mindestens 500 Millionen Mark bringen, ganz gleich, ob sich die Region finanziell daran beteiligen würde oder nicht.

Dem zugesagten Finanzierungsbeitrag der Wirtschaft in Höhe von 21 Millionen Mark stünden laut Allmeyer zahlreiche direkte wirtschaftliche Vorteile gegenüber. Die erheblichen Zeitersparnisse und die Reduzierung der Transportkosten würden sich unmittelbar in den Gewinn- und Verlustrechnungen der regionalen Betriebe niederschlagen. Durch die Fertigstellung der Autobahn würde ein Pkw durchschnittlich 40 Minuten, ein LKW 30 Minuten an Fahrtzeit einsparen. In Kosten ausgedrückt, würde sich daraus für einen LKW eine Kostenersparnis von rund 50 Mark pro Hin- und Rückfahrt ergeben. Aufs Jahr gesehen könnte sich dieser Betrag auf ca. 10.000 Mark je LKW summieren.

Durch die Ansiedlung neuer Betriebe entlang der Autobahn könnten in der Region rund 1.300 zusätzliche dauerhafte Arbeitsplätze entstehen. Die dadurch entstehenden neuen Nachfrageimpulse könnten Ursache für weitere Arbeitsplätze werden. Die Industrie- und Handelskammer Osnabrück-Emsland rechnete sogar noch mit wesentlich stärkeren Wachstumsimpulsen in der Region.

Doch immer noch gab es keine zählbaren Ergebnisse aus der Kommission des Bundesverkehrsministers, oder überhaupt aus Berlin. Dann aber kam es zu einer überraschend schnellen und für viele unerwarteten Wende der Ereignisse. Auslöser war eine Veranstaltung, an der Tullum im Februar 2000 teilnahm.

„Ende Februar 2000 war ich zu einer Podiumsdiskussion mit dem Thema 'Firmengründung' eingeladen. Ich sollte als Gründer der TRAUCO-Gruppe über meine Erfahrungen berichten.

550 Gäste füllten die Johannes à Lasco Bibliothek in Emden. Auf dem Podium u.a. Ministerpräsident Sigmar Gabriel und Frau Piek. In meinem Beitrag sagte ich den anwesenden 150 Studenten: 'Wenn ihr Euch selbständig machen wollt, rate ich Euch, vom ersten Geld keinen teuren PKW zu kaufen. Ich habe meinen ersten PKW Anfang der 50er Jahre für 1300,00 DM gekauft und nach einer schlaflosen Nacht wieder zurück gegeben.

Auch solltet Ihr Euch mit acht Stunden Arbeit am Tag nicht zufrieden geben. Auch sechs Wochen Urlaub im Jahr sind nicht möglich. Statt dessen müsst Ihr erstens fleißig, zweitens fleißig und drittens fleißig sein.

Und gegenüber dem Ministerpräsidenten Gabriel sagte ich: 'Wenn der Lückenschluss der A 31 in fünf Jahren nicht erfolgt, rate ich Euch Studenten: Auswandern!'

Da rief der damalige Niedersächsische Finanzminister Swieter dazwischen: 'Tullum, doch nicht gleich auswandern!' Ich antwortete: 'Braucht ja nicht gleich über den großen Teich zu sein – 10 km Luftlinie nach Westen in die Niederlande reicht, denn dort wohnen die Chinesen des Nordens, die zeigen uns, wie es gemacht wird. Dort hat die Wirtschaft die A 7 privat vorfinanziert.'

Nach der Podiums-Diskussion traf ich meinen Freund Bernhard Meyer aus Papenburg. Der Ministerpräsident kam hinzu und sagte: „Ihre Anregung finde ich gut, geben Sie mir Ihre Karte. Ich fahre nach Berlin und versuche die Zustimmung zu erhalten.'"

Der Durchbruch: Berlin bewegt sich

Mit welchen Worten und Argumenten Sigmar Gabriel seine Parteifreunde Reinhard Klimmt und Gerhard Schröder in Berlin überredet, oder überzeugt hat, ist nicht überliefert. Doch schon am 2. März 2000 erscheint in den Ostfriesischen Nachrichten (ON) ein Artikel, der eine unklare Situation beleuchtet[27]: *„Die Leeraner Bundestagsabgeordneten Reinhold Robbe und Rudolf Seiters sind davon überzeugt, dass der Lückenschluss der A 31 bis zum Jahre 2005 gelingt. Seiters kündigte sogar in einer Pressemitteilung an, dass Verkehrsminister Reinhard Klimmt noch in dieser Woche grünes Licht für dieses Projekt geben wird. Nach Recherchen der ON entbehrt diese Nachricht jeder Grundlage, die Reaktion aus Klimmts Ministerbüro war eindeutig: 'Das ist eine Ente.'*

Auch die Hoffnung Robbes (die ON berichteten) das Projekt sei auf einem guten Wege, wollte der Sprecher auf keinen Fall bestätigen, der Lückenschluss sei nicht im Investitionsprogramm für die Jahre bis 2002, und zusätzliches Geld gebe es nicht.

Auf die Frage der ON, ob er denn überhaupt wisse, wo sich die A 31 befinde und ob er von der Zusage der Mitfinanzierung durch Unternehmen und Kommunen der Region wisse, sagte der Sprecher, er habe sich intensiv mit diesem Projekt beschäftigt; aus Prinzip gebe das Ministerium aber gar keine Presseauskünfte, dafür sei die Pressestelle zuständig, deren Mitarbeiter in dieser Frage sehr gut Bescheid wüssten.

Dort hatte es jedoch schon bei einem ersten Anruf der ON im Verkehrsministerium geheißen, von einem Lückenschluss bis zum Jahre 2005 wisse man nichts, in keiner Schublade irgend eines Beamten des Ministeriums gebe es einen solchen Plan. Wenn Seiters recht habe, dann müsse das auf höchster, politischer Ebene abgesprochen sein – was es nach eben zitierter Aussage des Ministerbüros jedoch allem Anschein nach nicht ist.

Auch das Niedersächsische Ministerium für Wirtschaft, Technologie und Verkehr kann Seiters Meldung nicht bestätigen, eine Ent-

27 Artikel der Ostfriesischen Nachrichten, Aurich, Ausgabe vom 2. März 2000.

scheidung über die Finanzierung des Lückenschlusses stehe nicht kurz bevor. Vor zwei Wochen habe man in einer Pressemitteilung das neue Finanzierungsmodell vorgestellt und darauf hingewiesen, dass Berlin und Hannover darüber auf Staatssekretärsebene sprächen; zu dieser Presseinformation gebe es zur Zeit keine Ergänzung.

Auf die Frage, wie man in Hannover den Ausgang der Gespräche einschätze, sagte die Pressesprecherin, man sei guten Mutes."[28]

Tatsächlich war die Entscheidung zu diesem Zeitpunkt jedoch bereits gefallen, aber man hatte sich offenbar darauf geeinigt, zunächst die Protagonisten der Initiative zu informieren. Tullum erinnert sich: *„Während einer Spanienreise wurde ich am 2. März 2000 über die erfolgreichen Bemühungen durch Ministerpräsident Gabriel bei der Bundesregierung informiert. Das war die beste Nachricht seit langem."*

Noch am selben Tag formuliert er eine Presseerklärung: *„Pressemitteilung an die regionalen Zeitungen und NDR, Oldenburg: A 31*

Soeben bekomme ich aus der Staatskanzlei die Nachricht, dass die Fertigstellung der A 31 um 10 Jahre vorgezogen wird. Dieses Ergebnis hat der Ministerpräsident Sigmar Gabriel mit dem Verkehrsminister Reinhard Klimmt erreicht. Das erfüllt mich mit großer Freude und zeigt, dass die Politik unsere abgelegene Nordwestregion nicht vergessen hat. Insbesondere gilt unser Dank dem Ministerpräsidenten sowie dem Minister Dr. Fischer. Ein Dank auch für den persönlichen Einsatz unseres Bundeskanzlers Gerhard Schröder, mit dem ich verschiedentlich Kontakt hatte. Unser Dank gilt auch den Herren Robbe, Seiters und Goldmann sowie den politisch Verantwortlichen aus dem Emsland und der Grafschaft Bentheim, die die Hälfte der angebotenen 135 Mio. DM zur Vorfinanzierung übernehmen. Auch den Medien ein Dank; sie haben unser Anliegen stets unterstützt. Man konnte sich unseren Argumenten, dass wir auf den baldigen Lückenschluss sehr angewiesen sind, nicht mehr verschließen. Unsere Region wird enorm davon profitieren. Ohne unsere Selbstbeteiligung hätten wir noch 15 Jahre warten müssen. Wir müssen also bereit sein zu investieren, um Erfolg zu haben. Jetzt sind die Kommunen und die Wirtschaft am Zuge, die angebotene Selbstbeteiligung auf die Beine zu stellen. Rolf Trauernicht, 2. März 2000."

28 Artikel der Ostfriesischen Nachrichten, Aurich, Ausgabe vom 2. März 2000.

Dieses Ergebnis sorgt in der politischen Landschaft der Region bereits am nächsten Tag für positive Reaktionen. In einem Artikel, der die negativen Äußerungen noch des vorangegangenen Tages geflissentlich ausblendet, fassen die Ostfriesischen Nachrichten am 3. März 2000 Statements lokaler Politiker – allen voran Auszüge aus der Mitteilung von Rolf Trauernicht (hier ausgelassen) – zusammen: „'*Das ist ein ganz wichtiger Tag für die gesamte Region Ostfriesland*', *so MdB Jann-Peter Janssen. 'Verkehrstechnisch und wirtschaftlich sehr, sehr wichtig, ein wirtschaftliches Muss' sei diese Entscheidung. Der Norder SPD-Politiker sieht die Vorteile in der verkehrstechnischen Anbindung an Deutschlands Westen insbesondere auch für den Tourismus in der Region Ostfriesland gegeben. Diese juristischen Fragen sind geklärt – die Bagger können rollen.*

Bundestagsvizepräsident Rudolf Seiters (CDU) hat mit Erleichterung auf die von Ministerpräsident Gabriel (SPD) verkündete Nachricht reagiert, dass der schnelle Lückenschluss der A 31 nunmehr finanziell sichergestellt sei. Der CDU-Politiker äußerte seine Anerkennung, dass Landesregierung und Bundesregierung sich einen Ruck gegeben hätten, um die Finanzierungsampel von rot auf grün zu schalten. Dafür sei die Region dankbar, die allerdings mit ihrer Bereitschaft zur Mitfinanzierung der A 31 in Höhe von 135 Millionen DM es den beteiligten Ministerien leicht gemacht habe.

Mit Erleichterung hat der Auricher CDU-MdL Wolfgang Ontijd auf die Entscheidung der Niedersächsischen Landesregierung reagiert. Anerkennung zollt Ontijd diesbezüglich der Landes- und Bundesregierung, die sich dazu entschlossen haben, das Signal auf Grün zu stellen. Jetzt gelte es, die Pläne des innerostfriesischen Anschlusses schnell weiter zu bringen und dabei die realisierbare Aufbohrung der B 72 von Hesel über Aurich voranzubringen und hierbei Bund und Land ebenfalls in die Pflicht zu nehmen. Die regionale Wirtschaft und die strukturelle Entwicklung Ostfrieslands hänge von dieser Maßnahme wesentlich ab.

'Die Strukturkonferenz Ost-Friesland begrüßt den Beschluss der Bundesregierung', erklärt der Vorsitzende der Strukturkonferenz Ost-Friesland, der SPD-Landtagsabgeordnete Helmut Collmann. Der Lückenschluss werde vielfältige positive Effekte für die gesamte Wirtschaft zeitigen. Der ostfriesische Raum lasse sich wirtschaftlich über die A 31 erheblich enger mit dem Ruhrgebiet als dem größten deut-

schen Wirtschaftsraum verknüpfen. So werde zum Beispiel die Attraktivität der ostfriesischen Inseln und des Küstenraumes für Urlauber deutlich gesteigert. Nicht zu unterschätzen sei aber auch die Tatsache, dass Ost-Friesland und das Emsland so weiter zusammenwachsen."[29]

Zwei Tage später wird in der Sonntagszeitung „*Der Wecker*" unter der Überschrift „*Freie Fahrt in den Ruhrpott ab 2005. Beispielhafte Initiative der Nordwest-Region macht es möglich*", die gefundene Lösung noch einmal beschrieben: „*Ab dem Jahre 2005 – zehn Jahre früher als ursprünglich geplant – ist der Weg endlich frei über eine durchgehende Autobahn 31 von Ostfriesland über das Emsland ins Ruhrgebiet. Eine beispielhafte Initiative heimischer Unternehmen und Kommunen macht es möglich.*

Grünes Licht für den Lückenschluss der Autobahn 31 haben am Donnerstag der Ministerpräsident des Landes Niedersachsen, Sigmar Gabriel (SPD) und Wirtschaftsminister Fischer (SPD) gegeben. Zuvor hatten sich Gabriel und Bundesverkehrsminister Reinhard Klimmt über den vorzeitigen Lückenschluss geeinigt. Sie ließen sich von dem Finanzierungskonzept aus der Region überzeugen. Insgesamt betragen die Baukosten 420 Millionen Mark. 135 Millionen Mark geben Landkreise, Kommunen und die Wirtschaft zum Autobahnbau dazu. 285 Millionen Mark übernimmt der Bund, muss sich diesen Betrag aber durch das Land vorfinanzieren lassen. Ab dem Jahre 2010 refinanziert der Bund diesen "Vorschuss". "Die Ampel hat endlich von Rot auf Grün geschaltet", sagte Bundestags-Vizepräsident Rudolf Seiters.

Unternehmer Rolf Trauernicht aus Großefehn hatte die Idee, wenn schon der Bund dazu nicht in der Lage ist, dann sollten Wirtschaft und Gebietskörperschaften den für die weitere Entwicklung der Region so wichtigen Autobahnbau ermöglichen. Ein funktionierendes Konzept erarbeitete daraus der emsländische Oberkreisdirektor Hermann Bröring.

Reinhold Robbe, Bundestagsabgeordneter der SPD und Sprecher der A 31-Lenkungsgruppe, schilderte, wie sich nach den 'heißen' Verhandlungen der vergangenen zwei Wochen die Dinge überschlagen hätten: "Am Donnerstag-Vormittag hat Ministerpräsident Sigmar Gabriel angerufen und mitgeteilt, dass die A 31 bis 2005 fertiggestellt sein kann".

29 Auszug aus einem Artikel der Ostfriesische Nachrichten, Aurich, vom 3. März 2000.

Während Ministerpräsident Gabriel die "gewaltige Kraftanstrengung" würdigte und das in der Bundesrepublik einmalige Konzept als nur für diese Region möglich sah, hielten es die Mitglieder der Lenkungsgruppe eher für ein durchaus nachahmenswertes Modell."[30]

Waren die positiven Meldungen zum Projekt bis dahin lediglich mündliche Äußerungen, wenn auch von beteiligten Politikern, erhielt Rolf Trauernicht am 14. März 2000 in einem Brief von Ministerialdirektor Heinrich Tiemann aus dem Bundeskanzleramt am Schlossplatz in Berlin[31] die auch schriftliche Bestätigung: „*Sehr geehrter Herr Trauernicht, der Bundeskanzler dankt Ihnen vielmals für Ihr Schreiben vom 24. Januar 2000 zum Lückenschluss der A 31, mit dem Sie nochmals nachdrücklich auf die Dringlichkeit dieser Maßnahme aufmerksam machten.*

Beigefügt hatten Sie Unterlagen für die Kommission "Verkehrsinfrastrukturfinanzierung". Diese muss sich ja nun nicht mehr mit dem Projekt befassen, da zwischenzeitlich eine Lösung für die Finanzierung gefunden werden konnte.

Ich bin mir bewusst, wie wichtig eine leistungsfähige, moderne Verkehrsinfrastruktur für die Entwicklung von Wirtschaft, Mobilität und den Standort einer Region ist. Daher freue ich mich besonders, dass es gelungen ist, mit dem jetzt zwischen dem Land Niedersachsen und der Bundesregierung verabredeten Finanzierungsmodell den zügigen Weiterbau der A 31 im Emsland und der Grafschaft Bentheim zu sichern. Danach soll das 40 km lange fehlende Teilstück der A 31 bis zum Jahre 2005 fertiggestellt werden. Die Autobahn kann damit 10 Jahre früher realisiert werden als dies die bisherigen Planungen vorsahen.

Dies konnte nur unter dem engagierten gebündelten Einsatz aus Niedersachsen gelingen. Mit der Anstrengung aller Beteiligten sind damit die Voraussetzungen geschaffen, der Region die notwendigen Impulse zu geben. Mit freundlichen Grüßen, Tiemann".

Die Reaktionen in der Region

Der erreichte Durchbruch führte in Ostfriesland zu einer Vielzahl von unterschiedlichen, zumeist positiven Reaktionen, nicht nur

30 Artikel der Sonntagszeitung „Der Wecker", Rhauderfehn/Leer, 5. März 2000.

31 Das Bundeskanzleramt hatte von 1999 bis 2001 – bis zur Fertigstellung des Neubaus am Spreebogen in Berlin – seinen provisorischen Sitz im ehemaligen Staatsratsgebäude der DDR am Schlossplatz 1 in Berlin.

bei Politikern, sondern vor allem auch in der Presse. So kommentierte die Ostfriesen Zeitung am 18. März 2000[32]: *„Alle Achtung Herr Trauernicht! Ein Unternehmer aus Großefehn hat der Politik gezeigt, wo es lang geht. Alle Achtung, Herr Trauernicht! Das beispielhafte Modell zur Finanzierung der eminent wichtigen Infrastruktur-Maßnahme namens Lückenschluss A 31 ist die Idee des Chefs der TRAUCO/Nowebau-Gruppe.*

Rolf Trauernicht gab die Initialzündung für die Gemeinschaftsaktion der Nordwest-Region und nahm damit gleichzeitig – ungeachtet allen Kompetenzgerangels – Bund und Land in die Pflicht. Mit Fantasie und Unternehmergeist ist also doch noch etwas möglich in diesem verbürokratisierten Staate mit seinen maroden Haushalten.

Ministerpräsident Gabriel sagte, eine so "gewaltige Kraftanstrengung" sei einmalig und nur in dieser Region möglich. Deshalb sei das Finanzierungsmodell für den Weiterbau der A 31 nicht zur Nachahmung geeignet. Wieso denn nicht, Herr Gabriel?“

Die Einzigen, die standhaft auf ihrer bereits vorher geäußerten Position zum Lückenschluss beharrten, waren die Vertreter der Grünen in der Region. So führte der Erfolg der Initiative zu einer ebenso interessanten, wie offenbar deplatzierten, und von Unkenntnis der Fakten auf der Strecke des nicht vollzogenen Lückenschlusses geprägten Reaktion: *„Grüne gegen A 31. Region soll warten, bis sie an der Reihe ist.*

Aurich. Der Vorstand der Grünen im Kreisverband Aurich lehnt die geplante Vorfinanzierung des Lückenschlusses durch die Landkreise ab. Wie Vorstandsprecherin Hannelore Köhler der Presse mitteilt, sei es ein 'Unding, dass Landkreise wie Grafschaft Bentheim oder Emsland, über denen seit langem der Pleitegeier kreist, rund 65 Millionen Mark für eine einzige Verkehrsmaßnahme verschleudern.'

Auch der Kreis Aurich steuere bei den Schulden die 100 Millionen-Grenze an. Er habe aber offenbar keine Bedenken, den größten Teil des für Leer, Emden und Aurich vorgesehenen Zuschusses von rund 16,5 Millionen Mark in den Haushalt zu stellen.

'Überall setzt der Landkreis den Rotstift an: Bei den Sozialleistungen, der Tagespflege, den Krankenhäusern, dem ÖPNV', klagt Köhler. Nach Ansicht der Grünen muss die Fertigstellung erfolgen,

32 Kommentar „Zur Sache“ in der Ostfriesen Zeitung, Leer, vom 18. März 2000.

wie im Bundesverkehrswegeplan vorgesehen. Die Autobahn bediene lediglich einen kleinen Interessentenkreis zwischen dem westlichen Ostfriesland, Südholland und dem Ruhrgebiet. Der Großteil der Verkehre gelange über andere Wege in den Norden, stellt Köhler fest. Östlich der Achse Aurich-Dortmund spiele die A 31 keine Rolle. Und 'wenn das Verkehrsaufkommen nicht ausreicht, muss halt gewartet werden, bis man an der Reihe ist.'"[33]

Wie deplatziert und im schlechten Sinne unzeitgemäß diese Reaktion der Auricher Grünen-Vorsitzenden war und in der Presse aufgenommen wurde, zeigt die Glosse der OZ, die am selben Tag erschien[34]: *„Grüne gegen Autobahn A 31. Vehikel, von Jan Kaymer. Junge, Junge, so etwas hätten wir den Politikern nicht zugetraut. Beinhart geht es da neuerdings zu, ohne Rücksicht auf Verluste. Selbst bei heiklen Themen wird kräftig zugelangt. Sogar bei einem so heiklen Thema und der Gefahr, dass man ganz schnell Applaus von der falschen Seite bekommt. Und das will, gerade in dieser Zeit, nun wirklich niemand.*

Aber jetzt sind die Auricher Grünen aus dem Busch gekommen und haben Farbe bekannt. In einer Pressemitteilung gehen sie kompromisslos vor und lesen den politischen Weicheiern die Leviten: Erst haben die Landkreise kein Geld und dann geben sie es auch noch für eine Autobahn aus, die ohnehin nur für eine Minderheit ist, sagen die Grünen. Diese Minderheit soll nicht so ein Spektakel machen, sondern sich gefälligst hinten anstellen, bis sie drankommen. Das sind klare Worte, die vielen in den Ohren klingen werden."

Nicht ganz ohne Kritik kamen auch die in vielen Städten und Kreisen skeptischen SPD-Politiker davon, die ja unter Hinweis auf die Finanzlage ihrer Kreise und Kommunen, wie auch mit Blick auf die rechtlichen Fragen der Initiative, lange Zeit mit einer offenen und klaren Unterstützung gezögert hatten. Nun, da die Grundsatzentscheidung positiv gefallen war, war aus Sicht mancher Politiker die Frage ganz klar: das hatte man immer schon unterstützt. Diese in manchen Fällen plötzliche Wende konnte daher nur zu leisem Spott seitens der politischen Gegner, wie auch der Presse führen, wie der Artikel aus den Ostfriesischen Nachrichten vom 22. März 2000 zeigt[35]: *„A 31:*

33 Artikel der Ostfriesen Zeitung, Leer, vom 18. März 2000.

34 OZ-Glosse, Ostfriesen Zeitung, Leer, vom 18. März 2000.

35 Artikel der Ostfriesische Nachrichten, Aurich, 22. März 2000.

"SPD vom Saulus zum Paulus". Gemeinsamer Antrag der beiden großen Fraktionen zur Vorfinanzierung beschlossen. Die Auricher CDU-Kreistagsfraktion freut sich über die SPD-"Wandlung vom Saulus zum Paulus" in Sachen Autobahn A 31. Offenbar war die Freude so groß, dass die Christdemokraten gestern im Kreistag einen gemeinsamen Antrag mit der SPD vorlegten, der dann auch mit breiter Mehrheit verabschiedet wurde.

Darin wird die Kreisverwaltung aufgefordert, unverzüglich Verhandlungen mit den anderen Partnern, die den vorzeitigen Lückenschluss finanziell unterstützen wollen, aufzunehmen. Außerdem soll im Nachtragshaushalt 2000 ein erster Betrag eingesetzt werden.

Die Verwaltung, so der Antrag weiter, soll mit der Kommunalaufsicht, d.h. der Bezirksregierung Weser-Ems darüber verhandeln, ob Oldenburg bei der Genehmigung des Etats mitzieht.

Im Fachausschuss vor zwei Wochen waren die zwei Fraktionen noch getrennt marschiert. Beide traten zwar für eine finanzielle Beteiligung des Landkreises am Autobahnbau ein. Doch während die CDU vorschlug, schon im Haushalt 2000 eine Summe von 500.000 DM als 1. Rate einzusetzen, wollte die SPD es vorerst bei einem Leertitel belassen, bis feststeht, wer wie viel zahlen muss. Gestern schwenkte die CDU auf die Linie der mit absoluter Mehrheit regierenden Genossen um. Womit sich die Hoffnungen des Ausschussvorsitzenden Martin Saathoff auf eine einheitliche Linie im Kreistag erfüllt haben.

CDU-Chef Hilko Gerdes bezeichnete den Lückenschluss als wichtigste strukturpolitische Entscheidung des Jahrzehnts für die Region. Für einen Ausbau des Tourismus seien gute Verkehrsverbindungen unverzichtbar. Dem "Bedenkenträger SPD" warf Gerdes vor, er habe durch anfängliches Zögern bei der Vorfinanzierung den bedingungslosen Einsatz für Ostfriesland vermissen lassen.

SPD-Chef Erwin Wenzel sieht in der A 31 eine große wirtschaftspolitische Chance, mahnte aber, die Verbesserung des regionalen Verkehrsnetzes mit der Auricher Autobahnanbindung nicht zu vergessen."

Die Zeit der Spendenaktion

Etwas mehr als einen Monat später, am 25. April 2000 wurde dann die eigentliche Spendenaktion für den Lückenschluss eröffnet. Denn dass die entscheidende Arbeit, die Bereitstellung des Beitrages von Region und Wirtschaft nun erst begann, war allen Beteiligten klar. Bereits am 22. April gab die Ostfriesen Zeitung einen Überblick über die geplante Spendenaktion und das Finanzierungskonzept. Natürlich hatte auch Tullum zu diesem Zeitpunkt bereits seine Spendensammlung begonnen, indem er seine Freunde und Bekannten direkt angeschrieben hatte.

***„Jetzt geht´s ums Geld für A 31.** Rolf Trauernicht sammelt bei Unternehmen und Privatleuten/IHK arbeitet an Finanzkonzept.*

Mag die Freude über das Ja aus Berlin und Hannover zum Weiterbau der Autobahn 31 zwischen Geeste im Emsland und Ochtrup in Nordrhein-Westfalen auch groß sein: Ohne Geld wird nicht gebaut.

Wie berichtet, wollen sich Landkreise und Wirtschaft aus den Regionen Ostfriesland und Emsland, unterstützt von niederländischen Unternehmen, mit 135 Millionen Mark zu einem Drittel an den Baukosten für die 42 Kilometer lange Reststrecke beteiligen, die 2005 fertig sein soll.

Die Industrie- und Handelskammern für Ostfriesland und Papenburg und für Osnabrück arbeiten gegenwärtig an einem Finanzkonzept. Die Kammern haben von einer Umlage für alle Betriebe abgesehen. Stattdessen wollen sie mit einer gezielten Spendenwerbung vor allem die Branchen um einen Beitrag bitten, die am meisten vom Lückenschluss der A 31 profitieren.

Eine Grundlage für das Finanzkonzept wird ein Gutachten des Verkehrswissenschaftlichen Instituts der Universität Münster sein, das der Öffentlichkeit am 5. Mai vorgestellt werden soll. Dieses Gutachten listet die Vorteile für die Wirtschaft und die Kommunen detailliert auf, so dass die IHK den Betrieben sagen kann, "ihr habt einen Nutzen von x, und deshalb erwarten wir eine Summe von y", wie der Emder IHK-Hauptgeschäftsführer Dr. Reinhold Kolck sich ausdrückte. Einzelheiten, ob sich zum Beispiel der Kostenbeitrag nach dem Umsatz oder nach anderen Faktoren richtet, wollte Kolck noch nicht preisgeben. Kolck lässt indes keinen Zweifel daran, dass die Wirtschaft springen muss: "Die Autobahn wird 2005 nur dann fertig sein, wenn das Geld zusammen kommt."

Während die Industrie- und Handelskammern noch über ein Konzept brüten, geht Unternehmer Rolf Trauernicht aus Großefehn (TRAUCO), der die bundesweit einmalige Finanzierung des Lückenschlusses maßgeblich vorangetrieben hat, weiter seinen Weg.

Trauernicht hat 1500 Geschäfts- und persönliche Freunde in Deutschland und den Niederlanden angeschrieben. Er bittet diese, sich mit einer Spende am Autobahnbau zu beteiligen. Um letzte Zweifel zu beseitigen, ließ er Sonderdrucke fertigen, die über die Bedeutung des Lückenschlusses informieren."

Dazu Rolf Trauernicht: „*Ich habe mehr Porto und Personalkosten aufgewendet als mancher gespendet hat.*"

„*Auch Ostfriesen bittet er um Spenden. Mehrere sind bereits auf ein Sonderkonto eingezahlt worden. Fast eine halbe Million Mark hat Trauernicht bereits eingesammelt. 200.000 Mark stammen davon aus seinem eigenen Portmonee. Die gleiche Summer erhält er von Bunte-Papenburg. Wie berichtet hat auch der Marienhafener Tierarzt Peter Neelen als Privatmann zu Spenden aufgerufen. Anfang Mai will Trauernicht eine Million melden können.*

Wer für den Autobahnbau spenden möchte: Das Sonderkonto lautet Raiffeisen-Volksbank Großefehn, [...]. Die OZ veröffentlicht die Namen der Spender – es sei denn, diese möchten es nicht, was sie durch einen Vermerk auf dem Überweisungsformular kundtun können.

Die Finanzierung des Lückenschlusses sieht Zahlungen des Bundes vor. Das Land Niedersachsen sorgt für eine Vorfinanzierung. Die Region ist nach diesem Schlüssel beteiligt: Landkreis Emsland 45 Millionen, Landkreis Grafschaft Bentheim 25 Millionen, Landkreise Leer und Aurich und Stadt Emden 14 Millionen, Wirtschaft 21 Millionen und Niederlande 30 Millionen Mark, wobei letztere Summe mit Vorsicht zu betrachten ist."[36]

Diese Unsicherheit über die genaue Höhe der Beteiligung der niederländischen Seite hielt zunächst an, auch wenn nunmehr ja die von dieser Seite gewünschten Voraussetzungen, inklusive eines prognostizierten Fertigstellungstermins für die A 31, vorlagen. Um so intensiver wurden die medialen Aktivitäten, denen Tullum sich ausgesetzt sah: Noch im April, vor dem Start der Spendenaktion erschien unter dem Titel „*Ostfriesen geben Gas*" ein Artikel im Nachrichtenmagazin Focus[37], der die Initiative und ihren Erfolg beschrieb; einen Monat später folgte in seiner Mai-Ausgabe das Wirtschaftsmagazin impulse, das unter dem Titel „*Vier Fäuste für die A 31*" Rolf Trauer-

36 Artikel der Ostfriesen Zeitung, Leer, vom 22. April 2000.

37 Focus Nachrichtenmagazin, Ausgabe 15/2000, Seite 80ff.

nicht und Hermann Bröring als 'Macher des Monats' charakterisierte[38]. Am 11.Mai 2000 lag Rolf Trauernicht sogar eine Interview-Anfrage aus dem Frankfurter Büro des Japanischen Fernsehsenders Nippon Hoso Kyokai vor. Und am Tag darauf erschien in der Autobild unter dem Titel *„Der Lückenfüller"* ein Portrait von Rolf Trauernicht zusammen mit einer Spendenaufforderung[39].

Inzwischen zog die Grundidee der Initiative zum Lückenschluss erste Kreise. Bei einem Besuch in Leer äußerte der damalige Vorsitzende der CDU/CSU-Bundestagsfraktion, Friedrich Merz im Beisein von Ex-Bundesinnenminister Rudolf Seiters, dass er die Idee zum vorzeitigen Lückenschluss der A 31 so gut fände, dass er sie gern auch in seiner Heimat – er vertrat damals in Berlin den Hochsauerlandkreis – verwenden würde.

Tullum drückte inzwischen weiter aufs Tempo: die Gespräche über die vertragliche Vereinbarung zum Lückenschluss gingen ihm nicht schnell genug voran, deshalb machte er bei einem Gespräch einer deutsch-niederländischen Arbeitsgruppe zur Entwicklung von innovativen Potentialen in Ostfriesland und den Nord-Niederlanden erneut Druck: Die Autobahn könne auch bereits 2002 fertig gestellt werden; 2005 sei beinahe schon zu spät und das könne noch so manchen Arbeitsplatz kosten[40]. Geduld war eben noch nie seine stärkste Tugend gewesen.

Am 27. Juni 2000 erhielt er einen weiteren Dankesbrief aus Berlin, für sein *„großes persönliches Engagement und [seine] namhafte finanzielle Unterstützung bei der Realisierung dieses für die Region [Emsland/Ostfriesland] so wichtigen Projektes"*. Diesmal schrieb der Bundesverkehrsminister Reinhard Klimmt.

Einige Tage später kam es dann endlich zu einem klärenden Gespräch mit den Vertretern der niederländischen Kamer van de Koophandel aus Groningen. Bei einem Besuch bei TRAUCO in Großefehn wurde das anstehende Projekt und die Frage der niederländischen finanziellen Beteiligung besprochen, und bei dieser Gelegenheit auch gleich noch ein zweites, für Rolf Trauernicht langfristig bedeutsames Projekt vereinbart. In einem langen Bericht der Ostfrie-

---

38 Wirtschaftsmagazin impulse, Ausgabe Mai 2000, Seite 24.

39 Magazin "Autobild", Ausgabe vom 12. Mai 2000.

40 Nach einem Artikel der Ostfriesen Zeitung, Leer, Ausgabe vom 27. Juni 2000.

sischen Nachrichten wird das große Maß an Übereinstimmung der Beteiligten deutlich:

***„Lückenschluss A 31 ist auch für Niederländer von großer Bedeutung.** Handelskammer Groningen plädiert beim Besuch TRAUCO für schnellen Ausbau.*

Lückenschluss Bundesautobahn A 31, für Rolf Trauernicht ein Wunsch, der aufgrund seiner Initiative schneller in Erfüllung gehen könnte, als amtlich vorgesehen war. Das Jahr 2002 wird als Zielvorgabe angepeilt, und dabei hofft man auch auf die Unterstützung durch die Niederländer.

"Wir dürfen zwar direkt nicht tätig werden, aber können Unternehmen und Arbeitgeberverbände in unserem Bereich bitten, sich finanziell an der Aktion von Trauernicht zu beteiligen", erklärte A. Vogd, Präsident der einer IHK vergleichbaren Einrichtung in Groningen am Mittwoch bei einem Besuch von TRAUCO/Nocado, um deutlich zu machen: "Wir müssen hier mitmachen, und das wollen wir auch. Bis zum Jahresende muss die Sache stehen."

Ähnlich sieht es Dr. G. Wilbrink als Hauptgeschäftsführer der Kammer: "Wir können keine Verträge schließen und auch keine Verpflichtungserklärung abgeben, aber wir sind uns in den Provinzen Groningen, Friesland und Drenthe insgesamt einig, dass der Endausbau der A 31 auch uns wirtschaftlich zugute kommt."

Bei Treffen mit den Niederländern machte Rolf Trauernicht erneut deutlich, dass beim Projekt Lückenschluss die Zeit eine wichtige Vorgabe ist: "Staat, Wirtschaft und Bürger als Autofahrer können, wenn möglichst schnell mit dem Lückenschluss A 31 begonnen wird, Geld sparen."

Schnelle Verkehrsanbindungen tragen, so betonte Trauernicht im Gespräch mit den Niederländern, mit Zukunftsperspektiven zur wirtschaftlichen Entwicklung von Randregionen wie Ostfriesland/Emsland und den benachbarten niederländischen Provinzen bei. "Wichtig ist es, Arbeitsplätze vor Ort zu sichern und neue zu schaffen", so merkte der Unternehmer aus eigener Erfahrung an.

"Wir sind als Niederländer gewohnt, realistisch zu handeln und lassen uns insofern nicht auf Sachen ein, die unter dem Strich unrentabel sind", meinte Präsident Vogd, um in diesem Zusammenhang deutlich zu machen: "Es gibt die Verkehrslinie zwischen Rotterdam und dem Ruhrgebiet und die ist längst überlastet. Da bietet sich doch

als eine Alternative die Kooperation zwischen Delfzijl/Eemshaven auf der niederländischen Seite und den deutschen Emshäfen an. Dazu gehört dann eine schnelle Verbindung in den Bereich Rhein/Ruhr, und das geht über die A 31".

So sieht es auch Dr. Wilbrink: "Das Gutachten der Universität Münster zur A 31 weist darauf hin, dass in erster Linie die Deutschen von dieser Autobahn profitieren, aber das gilt doch ebenfalls für die Niederländer im grenznahen Bereich. Wir sind begeistert von der von Trauernicht entwickelten Idee, staatliche Aufgaben durch private Initiativen anzuschieben, aber wenn es ums Geld geht, gibt es wohl doch Probleme."

Randregionen geraten, wie Dr. Wilbrink darstellte, leicht in die Gefahr, von Ballungszentren mit der entsprechenden Wirtschaftskraft abgehängt zu werden: "Entfernungen können wir nicht ändern, aber durch schnelle Verkehrsanbindungen dafür sorgen, dass die nördlichen Provinzen in die allgemeine wirtschaftliche Entwicklung eingebunden werden."

Deshalb unterstützt die 'IHK' in Groningen den Plan zum Bau einer Schwebebahn. Dieses Verkehrssystem Typ Transrapid ist schnell, umweltschonend und wirtschaftlich. Wir brauchen neue Verkehrssysteme, und zwar in Anbindung an moderne Netze in Europa. Es ist nicht sinnvoll, beim Bau einer nationalen Transrapid-Strecke in den nördlichen Niederlanden Groningen als Endstation auszuweisen. Diese Strecke muss zumindest bis Hamburg und Bremen geführt werden", merkte Präsident Vogd an."[41]

In der Zwischenzeit wurde die Spendenaktion zugunsten des Lückenschlusses unaufhörlich vorangetrieben. Als Spendensammler war Rolf Trauernicht sehr erfolgreich. Die Firma Bunte spendete ebenso wie die Firma Trauernicht 200.000 Mark. Zahlreiche Einzelspenden von 5 bis 1000 Mark kamen zusammen, so dass im April 2000 bereits über 600.000 Mark auf dem Spendenkonto lagen, daran waren rund 30 Firmen beteiligt. Bis zum 20. Juni 2000 hatte sich der Betrag auf rund 1,04 Millionen DM erhöht. In Eigeninitiative hatte Rolf Trauernicht davon 956.000 DM gesammelt.

Rolf Trauernicht trommelte um Spenden für den Lückenschluss, wo er sich immer und in welcher Runde er sich gerade befand. Er war sich nicht zu fein, jeden um eine finanzielle Gabe für den Lückenschluss anzusprechen.

41 Artikel der Ostfriesische Nachrichten, Aurich, 7. Juli 2000.

Tullum als Gast bei der Schaffermahlzeit in Bremen in den 1990er Jahren.

Neben den privaten Spenden waren vor allem die finanziellen Beteiligungen der Landkreise, Städte und Gemeinden wichtig. Aber auch die Tourismus-Industrie in der Region wurde zu einer umfangreichen Beteiligung angehalten. In einem Interview mit dem ostfriesischen Magazin *„Mein Haus in Ostfriesland“* gab Rolf Trauernicht ein Beispiel für solche Beteiligung: *„Ich hatte bereits einen Anruf von einem Inhaber eines solchen Betriebes an der Küste bekommen, der die Idee super fand. Der sagte: "Wir profitieren davon. Wir haben Gäste aus Nordrhein-Westfalen, die gerne öfter kommen würden, wenn die Lücke geschlossen ist." Er fragte mich, wie er vorgehen soll. Ich sagte: "Bitte setze Dich mit Personen zusammen, die verbandspolitisch tätig sind. Fordert Euren Verband auf, einen Teil der ersparten Kosten und einen Teil der Einnahmen aus dem zu erwartenden erhöhten Gästeaufkommen zu spenden."*[42]

Die Industrie- und Handelskammern von Ostfriesland und Papenburg, Osnabrück-Emsland, Oldenburg und Münster bemühten

42 Interview der Zeitschrift „Mein Haus in Ostfriesland“, Leer, Ausgabe 02/2000.

sich um ein Sponsoring-Modell, in dem aufgezeigt werden sollte, wie die regionale Wirtschaft ihren Beitrag in Höhe von 21 Millionen Mark zur beschleunigten Fertigstellung des Lückenschlusses leisten konnte. Über 700 Unternehmen erklärten sich bereit, die Initiative zu unterstützen.

So war es auch kein Wunder, dass sich die Niederlande später tatsächlich an dem finanziellen Aufkommen für den früheren Lückenschluss beteiligte.

Am 23. August 2000 konnte der Chefredakteur des Norder Kuriers in einem Kommentar vermelden, dass der Anfang für die Finanzierung des Lückenschlusses gemacht sei: 2 Millionen DM konnten verbucht werden, nachdem der Volkswagen-Konzern eine weitere zu der bereits vorhandenen Spenden-Million zugesagt hatte[43]. Dennoch wurden immer wieder Einzelspenden, wie jene der Firma Retek aus Ihlow, die dort von über 200 KFZ-Fachbetrieben als Recycling- und Entsorgungsbetrieb gegründet worden war, genutzt, um weiter Werbung für die Spenden zum Lückenschluss zu machen und insbesondere den Mittelstand zur Beteiligung aufzufordern[44].

Im September fand dann die Übergabe des auf 1.000.000 DM ausgestellten Spenden-Schecks des Volkswagen-Konzerns statt, zu dem sich die Beteiligten der Lückenschluss-Initiative bei VW in Emden zusammen fanden. Die Zeitschrift *„Ostfriesisches Gastgewerbe"*, die darüber berichtete, hatte dem Artikel ein zweiseitiges Portrait von Rolf Trauernicht vorangestellt.

„Volkswagen investierte die erste Million in das "Unternehmen Lückenschluss A 31". Als Dank im Gegenzug symbolische Aktie über 1000 Meter Autobahn überreicht.

"Nur wenn die Wirtschaft an der "Ems-Achse" ihren Anteil von insgesamt 21 Millionen DM zur regionalen Mitfinanzierung beibringt, wird die Lücke der A 31 zwischen Geeste und Ochtrup geschlossen werden!"

Mit diesen Worten startete Dr. Carl Ulfert Stegmann, Präsident der Industrie- und Handelskammer für Ostfriesland und Papenburg (IHK) das Unternehmen Lückenschluss A 31 in der VW Stadt Wolfs-

43 Kommentar des Norder Kurier, Norden, Ausgabe vom 23. August 2000.

44 Zweiteiliger Artikel der Ostfriesische Nachrichten, Aurich, Ausg. vom 12. Sept. 00.

Die größte Spende: die Volkswagen AG übergibt einen "Scheck" über 1.000.000 DM für den Lückenschluss der A 31. (Foto: IHK).

burg. Die erste Million in dieser Aktion habe die Volkswagen AG investiert. Dies sei aber nur ein erster Schritt. Viele weitere Investitionen aus der Region müssten folgen. Zuvor hatte Stegmann von Dr. Folker Weißgerber, Vorstand der Marke Volkswagen, einen Scheck über 1 Million Mark erhalten und ihm im Gegenzug als Dank eine symbolische Aktie über 1000 Meter Autobahn überreicht.

In Ostfriesland und Papenburg haben alle Mitgliedsbetriebe ausführliche Informationen per Brief erhalten. Darin sind die Hauptargumente für eine Investition in die A 31 aufbereitet, die da sind: Zeitersparnis für Lkw und Pkw und damit Geldersparnis, direkte Anbindung an neue Märkte mit neuer Nachfrage und neuen Arbeitsplätzen, neue Perspektiven für den Tourismus und damit auch für das Handwerk mehr Aufträge und höhere Umsätze.

Mit der neuen Anbindung könne auch der "Trend zum Kurzurlaub" befriedigt werden. Außerdem: Erleichterungen bei Austauschbeziehungen zwischen dem Nordwesten Niedersachsens und den nordost-niederländischen Provinzen.

Der Investition stehe eine "Traumrendite" gegenüber, verdeutlichte Stegmann. Das habe das von den IHKn in Auftrag gegebene Gutachten der Universität Münster gezeigt – der volkswirtschaftliche Nutzen durch die vorgezogene Fertigstellung betrage rund 500 Millionen Mark. Man müsse an die Wirtschaft entlang der Achse deutliche Signale aussenden.

Alle Betriebe und Unternehmen in Ostfriesland sind aufgefordert, sich an der Finanzierung zu beteiligen – "kleine, wie große", sagte der IHK Präsident Stegmann.

Gesichert sei, dass Spenden als Betriebsausgaben steuerlich absetzbar sind, betonten die Wirtschaftsvertreter. Zudem könne das Engagement zu eigenen Werbezwecken genutzt werden. Beispielsweise gebe es ab einem Betrag von 1000 DM eine symbolische "A 31 Aktie".

IHK-Hauptgeschäftsführer Reinhold Kolck verwies anlässlich eines Referats von Dr. Werner Allmeyer zur "Wirtschaftlichkeit des Lückenschlusses der Autobahn 31" darauf, dass nun alle Unternehmen aufgefordert seien, ihren Beitrag zu leisten. Wenn die Wirtschaft das Geld nicht zusammen bekommt, werde man auch den Vertrag mit Bund und Land im Namen der Wirtschaft zum Jahresende nicht unterzeichnen können."[45]

Ein Querschuss aus Süddeutschland

Dieses Ziel einer vertraglichen Übereinkunft zum Lückenschluss war der Zielpunkt der Spendenaktion geworden, auf den sich alles mit gutem Erfolg zubewegte. Doch wie immer, wenn etwas erfolgreich zu sein scheint, finden sich jene, die meinen, ein Haar in der Suppe zu finden. In diesem Fall fand sich ein solcher Experte im bayerischen Landau: CSU-Bundestagsabgeordneter Max Straubinger suchte und fand den vermeintlichen Fehler im Konzept und sorgte damit, zumindest für kurze Zeit, für einigen Aufruhr.

„***Ein Bayer verärgert Ostfriesen.*** *Ein CSU-Bundestagsabgeordneter will die Finanzierung des A-31-Teilstückes verhindern. Der Abgeordnete sagt, das Modell sei verfassungswidrig. Der Hintergrund: Der CSU-Mann ist mit einer ähnlichen Idee in der Heimat gescheitert.*

Auf den CSU-Kollegen Max Straubinger aus Landau ist der SPD-Bundestagsabgeordnete Reinhold Robbe ganz und gar nicht gut zu sprechen: "Den Burschen werde ich mir mal zur Brust nehmen und

45 Zeitschrift Ostfriesisches Gastgewerbe, Weener, Ausgabe September 2000.

ihm sagen müssen, dass er diesen hanebüchenen Unsinn lassen soll." Was den sonst eher friedfertigen Ostfriesen derart in Harnisch bringt: Der Niederbayer will den Lückenschluss der Emslandautobahn A 31 verhindern, weil das dafür erfundene Finanzierungsmodell nach seiner Auffassung verfassungswidrig ist.

Für das 42 Kilometer lange Teilstück zwischen Lingen und Ochtrup ist – wie berichtet – ein kommunaler Anteil von 135 Millionen DM vorgesehen, der durch von der Wirtschaft zugesagte Mittel in Höhe von 21 Millionen DM und einen von den Niederlanden zu erwartenden Zuschuss in Höhe von 30 Millionen DM ergänzt wird. Das Land finanziert 210 Millionen DM vor, diese Summe soll ab 2010 vom Bund zurückgezahlt werden. Diese wegen der Mischung aus privaten und öffentlichen Investitionen ungewöhnliche Konstruktion soll eine gegenüber den ursprünglichen Planungen des Bundes um zehn Jahre frühere Fertigstellung des Projektes bis 2005 ermöglichen.

Max Straubinger, der mit einer ähnlichen Idee für die Vorfinanzierung der A 94 in seiner Heimat gescheitert und womöglich deswegen grantig ist, wertet die Ko-Finanzierung beim Bau der A 31 durch einen Interessenbeitrag der Region als "Verstoß gegen das Fremdfinanzierungsverbot". Schließlich sei der Fernstraßenbau Sache des Bundes, und die dürfe nicht zum Spielball der Länder werden.

Der 46jährige beruft sich auf eine Expertise des wissenschaftlichen Dienstes des Bundestages, dessen Schlussfolgerungen hierzulande allerdings nicht geteilt werden. Als "völlig bedeutungslos" stuft Emsland-Oberkreisdirektor Hermann Bröring dieses Papier ein: "Kompetenzen des Bundes werden nicht berührt; Kommunen und Wirtschaft übernehmen lediglich die Finanzierungskosten für eine frühzeitigere Fertigstellung der Autobahn – das Geld ist eine Schenkung".

Ähnlich sieht es Dr. Michael Ahrens, Verkehrsexperte der Oldenburgischen Industrie- und Handelskammer: "Hier ist ein Modell gefunden worden, mit dem das Bauvorhaben für den Bund günstiger zu realisieren ist. Ich kann mir nicht vorstellen, dass dies verfassungsrechtliche Bauchschmerzen verursacht."

Das niedersächsische Wirtschaftsministerium ist nach Angaben von Sprecherin Ulrike Dettmer überzeugt, die Finanzierungsverträge für den Autobahnbau "verfassungsrechtlich wasserdicht" machen zu können, wenn denn überhaupt "eine Problemlage" existiere. Und dann ist da ja noch immer der Abgeordnete Robbe, der seinem Kollegen Straubinger gründlich die Meinung sagen will: "Was dieser Mann macht, ist lächerlich und völlig unproduktiv. Verhindert wird der Bau dadurch aber nicht.""[46]

Rolf Trauernicht, dem als inzwischen jahrzehntelangem CDU-Mitglied ein solcher Querschuss, gerade von einem CSU-Mitglied schwer im Magen lag, reagierte umgehend: zunächst mit einem Leserbrief und zudem mit einem geharnischten Brief an den „*Schützen*".

„*Sturm der Entrüstung ausgelöst. Betrifft: Ein Bayer verärgert Ostfriesen.*

Mit Recht hat diese Meldung einen Sturm der Entrüstung ausgelöst. Da hat der Nordwesten bei den leeren Kassen des Bundes nach dem Kennedy-Wort gehandelt: Frage nicht immer, was der Staat für uns tun kann, sondern, was wir für den Staat und damit für die Bürger in unserer Region tun können.

Und dann kommt dieser unglaubliche Einwand. Wenn die Selbstbeteiligung verfassungswidrig wäre, hätte Professor Dr. Arno Jaudzims, Präsident der Fachhochschule Oldenburg–Ostfriesland–Wilhelmshaven Recht: "Es wäre für unsere Region eine Katastrophe." (so am 22.09.2000 in Emden). Die Äußerung des Herrn "Streithansel" ist ein Affront gegen seine Schwesterpartei. Rolf Trauernicht, Großefehn."[47]

„*Sehr geehrter Herr Straubinger!*

Ich bin mittelständischer Unternehmer in Ostfriesland.

Unsere LKW´s befahren täglich vielfach die A 31. Die Chance, die A 31 zehn Jahre früher als geplant durch Mitfinanzierung fertigzustellen, muss unbedingt genutzt werden, um die erheblichen Staukosten zu reduzieren und damit unsere Arbeitsplätze zu sichern.

Ich habe die 1. Million bei meinen Landsleuten eingesammelt und auch selbst 250.000 DM überwiesen.

Es ist mir seit jeher ein Anliegen, besonders in unserer strukturschwachen Region Arbeitsplätze zu schaffen und zu erhalten. Gerade die A 31, die unsere Region mit dem Ruhrgebiet verbindet, bringt uns wirtschaftlich einen Riesenschritt nach vorne. Dies belegt auch die Studie der Uni Münster, die Ihnen sicherlich bekannt ist.

---

46 Artikel der Nordwest-Zeitung, Oldenburg, vom 27. September 2000.

47 Leserforum, Nordwest-Zeitung, Oldenburg, vom 12. Oktober 2000.

Die Initiative über die Fertigstellung der A 31 bis 2005 wird von allen Seiten positiv aufgenommen und unterstützt, wenn man die GRÜNEN mal außen vor lässt. Sie ist vielfach in den Medien thematisiert. Sogar das japanische Staatsfernsehen berichtete darüber. Dabei ist die Finanzierungsform gar nicht so neu. So wurde auch die Groninger-Autobahn mit Hilfe der Wirtschaft vorgezogen. Auch sonst, zum Beispiel arbeitsmarktpolitisch, agieren unsere niederländischen Nachbarn kreativer; davon können wir lernen. Unser Projekt wird parteiübergreifend unterstützt, weil unsere Region nicht noch zehn Jahre auf freie Fahrt warten will. Es ist bereits mit großem Erfolg vieles bewegt worden.

Ich habe die große Hoffnung, dass mein Anliegen realisiert wird. Umso überraschter bin ich, dass gerade Sie als Vertreter der CSU Bedenken gegen die Form der Finanzierung äußern. Ich meine, dass die CSU-Grundposition: Nur soviel Staat wie nötig – soviel Eigenverantwortlichkeit wie möglich, vertritt.

Gerade unser Beispiel zeigt doch anschaulich, wie diese Initiative dieser These entspricht. Ich bin überzeugt, dass diese These zukunftsweisend ist, aktives und modernes Mitgestalten der Belange öffentlicher Angelegenheiten.

Ich hoffe, dass Herr Seiters und Herr Merz, sie erhalten eine Kopie dieses Briefes, in einem persönlichen Gespräch Ihre Bedenken ausräumen können.

Zu Ihrer Information übersende ich Ihnen einige Berichte zu unserem Projekt. Es wäre äußerst bedauerlich, wenn das positive Echo durch öffentlich geäußerte Bedenken beschädigt würde. Gerade Sie als ein in der Öffentlichkeit stehender Abgeordneter können sicherlich ermessen, wie empfindlich die Öffentlichkeit reagiert und wie schnell ein nicht wieder gut zu machender Schaden angerichtet ist.

Mit freundlichen Grüßen

gez. Rolf Trauernicht“[48]

Tatsächlich scheinen entweder die allgemeine Empörung oder die „persönlichen Gespräche“ gefruchtet zu haben, denn von dem Widerstand des Herrn Straubinger ist anschließend keine Rede mehr. Statt dessen ging die Spendenaktion mit gutem Erfolg weiter

48 Nach dem Manuskript des Briefes vom 30. Oktober 2000.

voran. Rolf Trauernicht konnte dabei noch so manchen kleineren und größeren Erfolg verzeichnen. Dazu gehörte beispielsweise auch, dass ein Unternehmen wie die Oldenburgische Landesbank ihren Spendenbetrag von 100.000 DM auf 300.000 DM erhöhte.

Am 8. Januar 2001 wurde auf der Homepage des Projektes im Internet die Hitliste der größten Sponsoren veröffentlicht, die wir hier noch einmal abbilden wollen. Nicht wenige dieser Sponsoren verdanken ihren Platz auf dieser Liste dem persönlichen Engagement von Rolf Trauernicht, der natürlich selbst auch in der Liste präsent ist[49]:

*„**Hitliste der größten Sponsoren***

Hier sehen Sie die größten Sponsoren des A-31 Lückenschlusses, die einer Veröffentlichung ihres Namens zugestimmt haben.

Damit das Projekt Erfolg hat, benötigen wir auch Ihr Engagement!

Volkswagen AG, Wolfsburg	***1.000.000 DM***
Sparkasse Emsland, Meppen	***750.000 DM***
Kreisparkasse Nordhorn, Nordhorn	***400.000 DM***
Oldenburgische Landesbank, Oldenburg	***300.000 DM***
Krone Gruppe, Spelle	***250.000 DM***
Rolf Trauernicht, Großefehn	***250.000 DM***
Erwin Müller GmbH & Co, Lingen	***200.000 DM***
Joh. Bunte Bauunternehmen GmbH & Co, Papenburg	***200.000 DM***
J. Bünting Beteiligungs AG, Leer	***150.000 DM***
Klasmann Dellmann GmbH, Geeste	***140.000 DM***
Commerzbank AG, Frankfurt a.M.	***124.000 DM***
Röchling Haren KG, Haren	***100.000 DM***
AG Reederei Norden-Frisia, Norden	***100.000 DM***
Nowebau GmbH & Co KG, Großefehn	***100.000 DM“***

Insgesamt kamen durch derartige Großspenden, aber auch durch kleinere Beiträge von Unternehmen wie Privatleuten tatsächlich fast 20 Mio. DM zusammen. Nicht immer war der Geldstrom dabei zuverlässig, aber Hartnäckigkeit und Einfallsreichtum gingen bei den Protagonisten der Spendenaktion Hand in Hand. So ließ Hermann Bröring gegen Ende 2000 Blaue Vignetten drucken, die dann für 50

49 Damals erreichbar unter: www.a31-lueckenschluss.de, heute nicht mehr abrufbar.

Rolf Trauernicht im Gespräch mit Ministerpräsident Christian Wulff und dem damaligen Präsidenten der IHK-Emden, Carl-Ulfert Stegmann.

DM das Stück verkauft wurden und nicht nur die Unterstützung des Käufers für das Projekt bekundeten, sondern in der Masse auch einen schönen Beitrag auf dem Sponsorenkonto hinterließen.

Währenddessen gingen auch die Verhandlungen über die Finanzierungsvereinbarung stetig voran. Da die Gespräche von allen Seiten von großem Einigungswillen getragen waren, war die Unterzeichnung noch im März 2001, und ein anschließender, zügiger Baubeginn absehbar. Diese Aussichten brachten auch zwei der bedeutendsten deutschen Zeitungen dazu, umfangreiche Artikel diesem immer noch ungewöhnlichen Projekt zu widmen. Am 14. März 2001 verfasste die Frankfurter Rundschau unter dem Titel „*Liebeslied für eine Autobahn*" eine seitenlange Chronik der Initiative und ihres Erfolges. Ein ähnlicher Artikel mit gleichermaßen fasziniertem Tenor erschien im selben Monat in der Wochenzeitung Die ZEIT unter dem Titel „*Fahr mit auf der A 31*".

Tullum im Gespräch mit Ministerpräsident Christian Wulff.

Am 17. März 2001, die Unterzeichnung der Finanzierungsvereinbarung stand kurz bevor, fasste der damalige Chefredakteur der Ostfriesen Zeitung, Bernhard Fokken, die Leistung der Lückenschluss-Initiative in einem Kommentar zusammen:[50]

„Geld für Autobahn-Lückenschluss. ***Ein großes Rad.***

Wenn Ministerpräsident Sigmar Gabriel am Montag in Geeste den Vertrag über die Finanzierung des Lückenschlusses der Autobahn 31 unterschreibt, kommt er in seiner Rede um ein paar Superlative nicht herum.

Das soll Ostfriesen, Emsländern, Grafschaftern und einigen anderen aus dem Nordwesten erst mal einer nachmachen: Aus der Firmenkasse, dem Privat-Portemonnaie und den Haushalten ihrer Landkreise eine Autobahn mit zu finanzieren. Und nebenbei noch das kleine Wunder zu vollbringen, die Wirtschaft und die Provinzen der nördlichen Niederlande zu bewegen, an die 30 Millionen Mark für eine Autobahn im Ausland zu bezahlen.

50 Kommentar der Ostfriesen Zeitung, Leer, Ausgabe vom 17. März 2001.

Mit der Finanzierung des Lückenschlusses dreht die Region ein großes Rad. Das klappt natürlich nur, weil Nutzen und Notwendigkeit der Investitionen auf der Hand liegen. Für tausende Menschen ist die Lücke in der A 31 mindestens ein Ärgernis, für viele ein wirtschaftlicher Nachteil. Nur so ist es zu verstehen, dass die Region 103 Millionen Mark lockermacht.

Aber alles wäre nichts geworden, wenn nicht Rolf Trauernicht, Senior-Chef von TRAUCO in Großefehn, sich den Lückenschluss zu eigen gemacht und – dank seines Charisma, seiner Hartnäckigkeit – auf den Weg gebracht hätte. Er ging als Vorbild voran und ließ sich auch persönlich nicht lumpen.

Wirtschaftskammern, Beamte und Politiker haben dem Engagement dann Form gegeben und viel Überzeugungsarbeit geleistet. Die Region hat nicht gejammert, sondern gezeigt: Hier lässt sich etwas bewegen.“

Als dann am 19. März 2001 der Vertrag unterschrieben war, fand sich erstaunlicherweise dort auch eine deutlich niedrigere Bausumme, als ursprünglich kalkuliert. Statt der ursprünglich vermuteten über 500 Millionen DM lag der Preis für die zu bauenden 42,1 km bei etwas mehr als 410 Millionen DM, was für alle Beteiligten zu einer zusätzlichen Befriedigung führte. Als Fertigstellungstermin für die Gesamtstrecke wurde der Oktober 2005 angegeben. Dass auch dieser Termin um nochmals fast ein Jahr unterschritten werden würde, gehört angesichts der allfälligen Verzögerungen und Verlängerungen von Bauzeiten von Straßen zu den Wundern eines solchen Projektes, das eben auch für die beteiligten Baufirmen zu einer *„Herzensangelegenheit“* geworden war. In der April-Ausgabe der Kammerzeitschrift der IHK Emden/Papenburg konnte Rolf Trauernicht den erreichten Erfolg aus seiner damaligen Sicht kommentieren.

„Wir haben es geschafft!

Am 19. März 2001 wurde der Vertrag zum vorzeitigen Lückenschluss der A 31 unterzeichnet. Damit ist die Lücke im Oktober 2005 zu; zehn Jahre früher als vom Bund geplant. Wie kam es dazu?

Vor zwei Jahren wurde bekannt, dass der Lückenschluss der A 31 erst 2015 oder gar später erfolgen sollte. Die Staukosten waren horrend, dagegen mussten wir etwas unternehmen. Im März 1999 habe ich 250.000 DM, einen Teil der durch die Lücke entstehenden

Kosten, angeboten, wenn die A 31 bis 2004 fertig wird. Zunächst gab es gegen eine private Mitfinanzierung erhebliche Bedenken auf allen politischen Ebenen. Wir dürfen doch nicht den Staat von seinen Aufgaben entbinden, so wurde gesagt. Auch Freunde rieten: Lass die Finger davon, das kann nichts werden. Allen Bedenkenträgern zum Trotz: Oberkreisdirektor Hermann Bröring vom Landkreis Emsland wurde in Berlin vorstellig und bot eine Mitfinanzierung von 135 Mio. DM an. Die Industrie- und Handelskammern gaben ein Gutachten bei der Uni Münster in Auftrag. Dieses ergab einen Nutzen von 50 Mio. DM jährlich für unsere Region, also eine Traumrendite.

Im November 1999 haben wir dann zu einer Promotion unter dem Motto "A 31 – jetzt" nach Papenburg eingeladen. 700 Emsländer und Ostfriesen schlossen sich spontan unserer Forderung an. Das Echo war enorm. Die Medien berichteten wiederholt weit über unsere Landesgrenzen hinaus. Parteiübergreifend wurde unsere Initiative von unseren Abgeordneten, den Kommunen, der Wirtschaft, der Gewerkschaft und vielen Privatpersonen unterstützt. Den Rat aus den Reihen der Grünen: "Warten, bis wir dran sind" wollten wir keinesfalls akzeptieren. Beim Einsammeln der Spenden gab es zwar auch Enttäuschungen, jedoch überwogen die positiven Reaktionen. Auch der Vignettenverkauf brachte einiges in die Kasse. Im März 2000 erreichte Ministerpräsident Gabriel die Zustimmung unserer Bundesregierung. Die Politik konnte wegen unserer überzeugenden Argumente nicht mehr nein sagen. In 2001 war es dann soweit. Kommunen, die Wirtschaft und viele Spender hatten ihr Ziel erreicht und den erforderlichen Eigenanteil gesammelt. Die erste private Mitfinanzierung einer Autobahn in Deutschland war damit unter Dach und Fach.

Unsere erfolgreiche Aktion hat bewiesen, dass der Bürger durchaus bereit ist, sich an Initiativen zu beteiligen, die für ihn und die Allgemeinheit erkennbar von Vorteil sind.“[51]

Bau und Fertigstellung

Direkt nach der Unterzeichnung der Finanzierungsvereinbarung begann der Bau der noch fehlenden Abschnitte der Autobahn. Begleitet von Artikeln der Wilhelmshavener und der Nordwest-Zeitung, des Stern und des Fernsehens – denn nun gab es ja nicht nur zu berichten, sondern in Form des Baufortschrittes auch Bilder zu

51 IHK-Zeitschrift „Wirtschaft Ostfriesland & Papenburg“, Emden, Ausgabe 4/2001.

zeigen – in denen Rolf Trauernicht immer wieder als der *„Lückenfüller“* tituliert wurde.

2002 erhielt er dann, begründet mit seinen Bemühungen zum vorzeitigen Lückenschluss der A 31 von der Ostfriesischen Landschaft die *“Ubbo-Emmius-Medaille“*. Nicht häufig ist auf diese Weise ein Mann für ein noch nicht beendetes Projekt geehrt worden. Doch mit den Abschnitten Geeste (2002), Wietmarschen (2003) und Lingen, Emsbüren, Kreuz Schüttorf und Schüttorf-Ost (alle in 2004) wurde der Lückenschluss sogar früher vollzogen, als vorgesehen.

Am 18. und 19. Dezember 2004 fand bei Schüttorf eine Feier zur Fertigstellung der A 31 statt. Ein Festzelt war neben der Autobahn errichtet worden, in dem die Protagonisten der Lückenschluss-Initiative gemeinsam mit den Sponsoren feierten, bevor am nächsten Tag die offizielle Freigabe der Autobahn erfolgte. Aus gegebenem Anlass sprachen der Ministerpräsident Christian Wulff, der inzwischen, 2003, Sigmar Gabriel abgelöst hatte, und sein Wirtschaftsminister Walter Hirche. Aber auch Rolf Trauernicht, Tullum, nutzte die Gelegenheit zu einer Rede:

„Heute haben wir allen Grund, unseren Sponsoren sehr herzlich zu danken und den vorzeitigen Lückenschluss mit ihnen zu feiern. Wenn morgen nach sechsjährigen gemeinsamen Bemühungen die letzte Hürde weggeräumt wird, ist das ein Weihnachtsgeschenk für unsere Region. Die jahrzehntelange Belastung für Autofahrer und Bevölkerung ist dann Geschichte.

Erlauben Sie mir eine Rückblende in den September 1998. Damals äußerte ich gegenüber dem Parlamentarischen Staatssekretär beim Bundesminister für Verkehr, Dr. Norbert Lammert (CDU), mein Unverständnis darüber, dass der Lückenschluss der A 31 nicht vorankam. Mein Rat, doch eine Anleihe bei der Wirtschaft aufzunehmen, fand kein Gehör.

Am 24. März 1999 wurde dann mein Angebot über die Zahlung eines persönlichen Beitrags in Höhe von 250.000 DM, wenn die A 31-Lücke in fünf Jahren geschlossen wird, veröffentlicht. Durch diesen Hinweis wurde dann die Idee vorangebracht, die die Niederländer bereits praktiziert hatten und die die Emsländer – allen voran Landrat Bröring – ebenfalls anstrebten.

Rolf Trauernicht spricht am Vorabend der offiziellen Freigabe der Autobahn, dem 18.12.2004, im Festzelt neben der Autobahn in Schüttorf.

Unsere gemeinsam organisierte Veranstaltung am 25. November 1999 in Papenburg mit über 700 Teilnehmern gab uns den nötigen Rückenwind. Bei einer weiteren Promotionveranstaltung Ende Februar 2000 in Emden hatte ich dann Gelegenheit, den damaligen Ministerpräsidenten Sigmar Gabriel (SPD) öffentlich zum Handeln aufzufordern. Er signalisierte mir seine Unterstützung und kurz darauf kam dann die beste Nachricht des Jahres: Bundeskanzler Gerhard Schröder stimmte ebenfalls zu. Die Freude war grenzenlos und das Einsammeln von Spenden konnte beginnen.

Etwa 1.500 Geschäftspartner habe ich angeschrieben und darüber hinaus viele persönlich und telefonisch um eine Spende gebeten.

Dieser Fulltimejob wurde nur möglich, weil ich die TRAUCO-Unternehmensgruppe bei unseren zwei Söhnen in guten Händen wusste.

Erfreulich – das Echo auf meine Anfragen war überwiegend positiv. So schrieb ein Unternehmer aus Leipzig: Die A 31 liegt zwar weit weg, doch ich unterstütze Ihre Idee mit 500 DM als Dank dafür, dass wir nach der Wende ein so gutes Straßennetz bekommen haben.

Insbesondere die vielen Kleinspenden haben mich in besonderer Weise berührt, da sie das Verständnis der Bevölkerung für mein Anliegen widerspiegelten. Auch viele Geschäftsfreunde aus südlichen Bundesländern haben beachtliche Summen gespendet. Über Enttäuschungen, die nicht ausbleiben konnten, möchte ich an dem heutigen Freudentag nicht sprechen.

Es ist mir ein Anliegen, nochmals allen Beteiligten aus Politik, Verwaltung und Wirtschaft – aus Deutschland und den Niederlanden – von Herzen für ihren Einsatz zu danken.

Nur gemeinsam konnten wir unser Ziel erreichen!

Die weiteren Zukunftsprojekte für unsere Region warten mit der A 22 und dem Euro-Rapid auf eine Realisierung. Wenn wir uns mit dem gleichen Elan an die Arbeit machen, werden wir auch das schaffen.

Packen wir es an, es gibt viel zu tun!"

Die Ergebnisse des Lückenschlusses

Die A 31 und der Lückenschluss in den Zahlen der IHK Ostfriesland – Papenburg:

Autobahn A 31 Emden – Bottrop:

- Länge gesamt	220,00 km
- Länge der Lücke:	41,90 km
- mitfinanziert:	34,50 km
- Baukosten der Lücke:	420.000.000 DM

Finanzierung des Lückenschlusses:
(Fertigstellung 2005 statt frühestens 2015, laut Vertrag vom März 2001)
Tatsächliche Fertigstellung am 19. Dezember 2004

- Bund (Vorfinanzierung durch Bund+Land bis 2010)	315.000.000 DM
- Region (Mitfinanzierung 2001– 2005)	105.000.000 DM
davon Landkreise:	65.400.000 DM
Niederlande:	23.300.000 DM
Wirtschaft:	16.300.000 DM

Projektkosten Stand 12/2004:

Sonderfinanzierung	223.300.000 €
+ Haushaltsfinanzierung	37.500.000 €
Gesamt =	260.800.000 €

Die tatsächlichen Finanzierungskosten sahen bei Fertigstellung der A 31 so aus:

Gesamtvolumen	**rund 250.000.000 €**
Beteiligungen:	
Region:	53.700.000 €
davon Landkreis Emsland:	17.900.000 €
Grafschaft Bentheim:	10.000.000 €
Ostfr. Landkreise und Emden:	5.600.000 €
Niederländische Partner (inkl. EU-Mittel):	11.900.000 €
Regionale Wirtschaft:	8.300.000 €
Land Niedersachsen:	61.400.000 €
Bund (inkl. EU-Mittel):	135.000.000 €

Kosten/Nutzen Verhältnis:

- Kosten der Lücke pro Jahr:	75.000.000 €
- Nutzen des Lückenschlusses pro Jahr:	142.000.000 €
- Transportkostensenkung pro Jahr:	59.000.000 €
- Gesamtnutzen des Lückenschlusses:	500.000.000 €
- Nutzen/Kosten-Koeffizient:	8.08

Einsparungen bei den Firmen

Zählbare Kosteneinsparungen in den einzelnen Firmen der Region wurden nicht veröffentlicht, sind auch wahrscheinlich nicht genau zu beziffern. Aber die Schätzung der IHK spricht Bände.

Was sich aber sicherlich verbessert hat, sind die Möglichkeit einer genauen Einhaltung von Terminen bei An- und Ablieferung von Waren. Damit wurde auch der bis dahin spürbare Termindruck bei den Lastwagenfahrern abgebaut.

Das Autobahnkreuz Schüttorf, wo die BAB 30 die BAB 31 quert, schuf mit einer Anbindung in die Niederlande und in den hannoverschen Wirtschaftsraum zusätzlich positive Effekte.

An der Autobahnstrecke sind an mehreren Abzweigen umfangreiche Gewerbegebiete entstanden, die den jetzt durchgehenden und schnellen Transportweg der BAB 31 nutzen können. Dadurch sind auch neue Arbeitsplätze entstanden. Nach Schätzung des Landkreises Emsland waren es etwa 1.300 neue dauerhafte Arbeitsplätze in der Region Emsland.

Gästeaufkommen an der Küste

Die Urlauberzahlen sind in allen Urlaubsorten an der Küste und auch im Binnenlande gestiegen.

Ein Gastwirt in Ditzum berichtete, dass der Fischerort häufiger von Tagestouristen besucht wird. Sie kommen in rund zwei Stunden von Oberhausen bis hierher. Sie machen einen langen Deichspaziergang, essen in einem der Restaurants frischen Fisch und machen sich danach am späten Nachmittag auf den Heimweg.

Die Zahlen der IHK:

	Jahr	**Gästezahlen**	**Übernachtungen**
Insel	2002	ca. 899.400	8.870.600
	2009	ca.1.150.500	8.951.700
Küstenorte	2002	ca. 596.000	4.660.300
	2009	ca. 732.700	4.837.700

Die Zahlen der Gäste stieg also innerhalb des Zeitraumes von 2002 bis 2009 stark an, die Zahlen der Übernachtungen weniger stark. Die Ursache dafür war die immer mehr abnehmende Verweildauer.

Private Fahrten in den Süden

Wer heute von Ostfriesland in den Westen oder Süden Deutschlands reisen will, nutzt die A 31. In nur zwei Stunden befindet er sich direkt im Ruhrgebiet und nimmt dann seinen Weg über eine der links- oder rechtsrheinischen Autobahnen oder über die Sauerlandautobahn, um in ungefähr vier Stunden das Frankfurter Kreuz zu erreichen.

Die Fahrt auf der A 31 ist aufgrund des noch schwachen Verkehrs, Ausnahmen sind Ferienanfang oder -ende in Niedersachsen oder Nordrhein-Westfalen, sehr entspannend.

Rolf Trauernicht wollte mit seinem Engagement auch zeigen, dass die Nordwestregion in der Lage ist, problematische Entwicklungen selbst in die Hand zu nehmen und tatkräftig zu lösen. Seine anpackende Art sollte beispielhaft für die Menschen in Ostfriesland und dem Emsland gesehen werden.

Aber er schränkte auch ein: "*Man hat mich zunächst für einen Phantasten gehalten. Jetzt möchte man mich als eine Gallionsfigur für unternehmerisches Handeln würdigen. Ich bin jedoch immer Realist gewesen und möchte kein Denkmal werden.*"[52]

Er hoffte und hofft, dass durch den Lückenschluss der A 31 wichtige Investoren auf diese Region aufmerksam werden und dazu beitragen, mit neuen Unternehmen den Menschen hier Arbeit und Brot zu geben.

DAS URTEIL DER „MITSTREITER"

1. Die IHK Osnabrück-Emsland:

Der vorzeitige Lückenschluss der A 31 zum Ende des Jahres 2004 war eine Initialzündung für die Wirtschaftsentwicklung im Emsland und der Grafschaft Bentheim. Entlang der A 31-Trasse wurden viele Gewerbeflächen ausgewiesen und erfolgreich vermarktet. Branchenschwerpunkte waren dabei vor allem die Logistikwirtschaft und die Metallverarbeitung. Die dynamische Entwicklung des IHK-Bezirks Osnabrück-Emsland hängt maßgeblich auch mit dem Lückenschluss der A 31 zusammen. Die schnelle Straßenverbindung in Richtung Ruhrgebiet und Küste hat die Standortqualität erheblich aufgewertet. Die besondere Standortgunst dokumentiert der von der Logistikinitiative Niedersachsen herausgegebene Marktspiegel Logistik seit Jahren. Der Wirtschaftsraum rund um das Autobahnkreuz Schüttorf belegt hier regelmäßig Spitzenplätze.

Rolf (Tullum) Trauernicht hat mit seinem Engagement Zeichen gesetzt. Viele Unternehmer sind seinem Vorbild gefolgt. Die von den IHKs koordinierte Sponsoringaktion hat ihr Ziel von rund 10,5 Mio. € sehr schnell erreicht. Sie besitzt auch heute noch Vorbildcharakter für eine partnerschaftliche Umsetzung wichtiger Infrastruk-

52 Artikel der Ostfriesische Nachrichten, Aurich, Ausgabe vom 20.06.2000, zitiert nach: Haiko Meents, "Rolf Trauernicht – Ein "Urgestein" ostfriesischer Unternehmensgeschichte", o.J.

turvorhaben durch Staat, Kommunen und Unternehmen. Sie belegt darüber hinaus, dass Ostfriesen, Emsländer, Grafschafter und Münsterländer an einem Strang ziehen, wenn sie von einer guten Idee überzeugt sind.

Gerd-Christian Titgemeyer, Präsident

Rolf Trauernicht. Der Name ist positiv besetzt. Einem Gespräch, einer Diskussion, einem Treffen mit ihm sieht man freudig, spannungsgeladen und wohlmeinend entgegen. Er ist traditionalistisch, wertekonservativ und dennoch innovativ, Neuem stets aufgeschlossen.

Mit Rolf Trauernicht zu reden, zu denken, nachzudenken, vorzudenken und querzudenken bringt Gewinn. Persönlich wie sachlich. Effektivität und Visionen sind das Ergebnis.

Ich danke ihm für zahlreiche berufliche wie privat veranlasste Gespräche und Diskussionen. Sie alle haben unseren Wirtschaftsraum gefördert und befördert. Dabei ist das Persönliche, das Verbindende, das Gesellige nie ausgeblendet worden.

Mit sicherem unternehmerischen Gespür hat Rolf Trauernicht schon früh die große Chance erkannt, die ein vorzeitiger Lückenschluss der A 31 für die Unternehmen in der gesamten Region entlang der deutsch-niederländischen Grenze barg. Seine Intuition fand ihre Bestätigung durch ein von den Industrie- und Handelskammern vergebenes wissenschaftliches Gutachten, das dem Lückenschluss ein Nutzen-Kosten-Verhältnis von über acht bescheinigte. Die Argumente Rolf Trauernichts waren von zweifachem Wert. Sie erleichterten mir, dem Vertreter der regionalen Wirtschaft, die Arbeit im Lenkungsausschuss A 31 der mit Mitarbeitern von Bund, Ländern und Landkreisen besetzt war.

Wissenschaftliches Gutachten und die Aktionen Rolf Trauernichts waren Türöffner bei der Ansprache von Unternehmern auf Sponsoring.

Hubert Dinger, HGF a. D., IHK OS-EL

2. Die Niederländischen Partner:

Rolf Trauernicht hat die gemeinsame Initiative, Lückenschluss A-31, auf seine Art und Weise hervorragend und maßgeblich vorangetrieben. So gelang es ihm, mit seinem Charisma eine Atmosphäre zu schaffen, in der man freundschaftlich verpflichtet wurde, mitzumachen und dabei überzeugt war, dass die Zusammenarbeit das Richtige war. Rolf ist ein Botschafter Ost-Frieslands, für alle dort gegründeten Betriebe. Ein Vorbild!

In den Niederlanden wurde unter Federführung der Kamer van Koophandel (KVK) Groningen eine Stiftung gegründet.

"***A-31, vol gas! Doe mee***".

Die Initiative wurde getragen von:

- Kamers van Koophandel Groningen, Friesland, Drenthe, Regio Zwolle, Veluwe und Twente und Zentral Gelderland.
- Arbeitgeberverbänden VNO/NCW en koninklijke MKB-Niederlande
- Verband Transport und Logistik Niederlande.

Der gemeinsame Prospekt informierte die Teilnehmer (eine kurze Übersetzung):

"*Gebe Deiner Regio einen Impuls von 500 Millionen Gulden*!
A 31: eine Investition mit großer Rendite
Die schnelle Fertigstellung der Emslandlinie, Autobahn A 31, gibt unserer Region einen Vorteil von Hunderten von Millionen.
Ein großer Teil davon kommt den niederländischen Unternehmen zugute. Nur 40 Kilometer der Autobahn zwischen Lingen und Gronau fehlen noch.
Wenn auch wir als niederländische Unternehmer unseren Teil beitragen würden, kann die "Lücke" in der A 31 schnell geschlossen werden. Insgesamt sollen wir 2,6 Millionen beitragen.
Eine Investition mit großer Rendite. Eine Investition, die wir schnell zurück verdienen.
Deswegen, mache mit!
Zusammen werden wir Erfolg haben.
Zusammen heißt: auch mit Ihnen!
Wir rechnen mit Ihrer Teilnahme.
Die Vollendung der Emslandlinie, A 31, war noch nie in Kürze so erreichbar, so realisierbar".

Unter der genannten Federführung der Kamer van Koophandel Groningen erreichten die niederländischen Unternehmen und die Kommunen ihre angestrebte Zielmarke von 2,65 Millionen.

Am Ende freuen wir uns alle: Die Lücke ist geschlossen.

Die Antwort auf die Frage nach der Rolle von Rolf Trauernicht ist nicht schwierig ... .

Jedenfalls verdanken wir ihm seine Begeisterung, seinen Optimismus und seinen nicht nachlassenden Druck auf alle Behörden, sowohl in der Region als auch in Hannover und Berlin. Mister A 31 hat diesen Ehrentitel nicht leicht bekommen, aber aus niederländischer Sicht sehr verdient.

Abschließend haben wir von uns aus einen Vorschlag. Man sollte darüber nachdenken, ob man einem Viadukt über die A-31 den Namen von Rolf Trauernicht geben könnte.

Unseres Erachtens wäre es eine Geste von großer Bedeutung.

Dolf Vogd, ehem. Präsident der Kamer van Koophandel für die Provinz Groningen
Gerard Wilbrink, ehem. Hauptgeschäftsführer der Kamer van Koophandel Groningen.
Harm Lubberts, ehem. Stellvertretender Hauptgeschäftsführer dieser Kamer
Frank Broersma, Referent für Raumordnungsplanung der Kamer Groningen und ehem. Sekretär der Stiftung A-31
Gieten, November 2010

3. Die Stadt Emden:

Die A-31 ist eng mit dem Namen Rolf „Tullum“ Trauernicht verbunden. Er war es, der durch seine großzügige Spende und den damit verbundenen Spendenaufruf dafür gesorgt hat, dass der Lückenschluss der A-31 im Dezember 2004 zehn Jahre früher fertig gestellt werden konnte als vorgesehen. Durch diese frühere Fertigstellung wurde die Hafen- und Industriestadt Emden direkt an das Ruhrgebiet angebunden. Diese Anbindung bedeutet einen nicht unwesentlichen Standortvorteil. Dies hat wesentlich dazu beigetragen, dass sich die Umstrukturierung des Emder Hafens vom Massenguthafen zum Universalhafen schneller entwickeln konnte als geplant.

Rolf „Tullum“ Trauernicht gebührt für seine Initiative, die A-31 mit Spenden aus der Privatwirtschaft früher fertig zu stellen ein großer Dank aller in Emden und Ostfriesland ansässigen Unternehmen.

Stadt Emden
Hans-Erich Hoffmann
Fachdienst Wirtschaftsförderung und Liegenschaften

4. Die IHK Emden-Papenburg

Der vorgezogene Bau der Autobahn A31 ist eine Gemeinschaftsleistung, sie ist von vielen Verbänden und Organisationen aus unserer Region frühzeitig gefordert worden, nachdem der damalige Ministerpräsident Glogowski das Vorhaben zunächst aus haushaltsrechtlichen Gründen abgelehnt hatte. An vorderer Stelle waren hier die IHK für Ostfriesland und Papenburg sowie der Landkreis Emsland aktiv.

Den entscheidenden Impuls für das Vorhaben hat aber zweifellos Tullum gegeben: Er war nicht nur geistiger Vorbereiter, indem er immer wieder auf die positive Kosten-Nutzen-Relation für Unternehmen verwies, er hat insbesondere auch durch tatkräftiges Einwirken auf die öffentliche Meinung und die Politiker, sowie durch intensives Einwerben von Spenden an der Realisierung des Projekts mitgewirkt. Ohne Tullums Beitrag wäre die A31 zumindest nicht so schnell verwirklicht worden.

Dr. Carl Ulfert Stegmann, ehem. Präsident der IHK Emden-Papenburg

‚Tullum' Trauernicht – ein Unternehmer im besten Wortsinne

Rolf Trauernicht hat sich seine zupackende Art stets bewahrt. Ob als Jungunternehmer auf dem Kanalschiff oder auch später in seinen verschiedenen Funktionen, in denen er die Region vertreten und engagiert nach vorne gebracht hat. Zaudern und Zögern waren nie sein Programm. Rolf Trauernicht hat da zugepackt, wo andere

Tullum und Betty in ihrem Garten

noch abseits standen, weil der Erfolg ungewiss schien. Durch sein Vorangehen hat er Menschen ermutigt und aus der Resignation gerissen. Wenn wir heute mit Stolz registrieren können, dass unsere Region den wirtschaftlichen Rückstand zum Land und zum Bund aufgeholt hat, dann liegt es an Menschen wie Rolf Trauernicht, die nicht abwartend und auf auswärtige Hilfe bauend auf eine Verbesserung ihrer Lage gehofft haben, sondern die vorangegangen sind – Menschen, die etwas für sich und andere, für ihre Heimat unternehmen – echte Unternehmer eben.

Exemplarisch ist diese im wahrsten Sinne des Wortes mitreißende Rolle von Rolf Trauernicht beim Lückenschluß der A 31 zu sehen gewesen. Der große Beitrag aus Ostfriesland und Papenburg für die Vollendung des „Friesenspießes" ist durch das hohe persönliche und auch finanzielle Engagement von ‚Tullum' zustande gekommen. Unser damaliger Präsident Dr. Carl-Ulfert Stegmann würdigte bei der Einweihung des Lückenschlusses Rolf Trauernicht mit diesen Worten:

„Für die Wirtschaft hat unser ostfriesischer Unternehmer Rolf Trauernicht vorgerechnet, welch gute und sinnvolle unternehmerische Investition die A31 aufgrund des hohen Kosten-Nutzen-Verhältnis ist – und er ist dann mit einem hohen Betrag demonstrativ vorangegangen. Viele Unternehmer der Region sind diesem Beispiel gefolgt und haben als Sponsoren den Anteil der Wirtschaft zum Gesamtpaket der regionalen Mitfinanzierung erbracht."

Und so hat ‚Tullum' auch in den anderen Bereichen seines Wirkens gewirkt. Unermüdlich, die Menschen mit Witz und Charme für die Sache einnehmend. Ein Ermutiger. Unsere IHK verdankt ihm viel, auch in seiner Funktion als Präsidiumsmitglied und heute als Ehrenmitglied der Vollversammlung. Das Gespräch mit ihm kann in der Sache hart sein – es endet immer in Herzlichkeit und mit einem vertraulichen Augenzwinkern; und schon hat ‚Tullum' den Nächsten für sein Anliegen eingenommen.

Dr. Torsten Slink, Hauptgeschäftsführer der Industrie- und Handelskammer (IHK) für Ostfriesland und Papenburg

3.0 Das EuroRapid-Projekt

Nachdem im Dezember 2002 der erste Transrapid in Shanghai seine Jungfernfahrt durchgeführt hatte[1], fasste man auch in Ostfriesland wieder neues Zutrauen in die Zukunft des Transrapid. Schon im Frühjahr 2000 hatte sich Rolf Trauernicht zum Wortführer des Baus einer längeren Europäischen Strecke gemacht. Ihm schwebten dabei zwei Visionen vor. Zum einen konnte mit dem Transrapid ein mit dem Flugzeug konkurrierendes Verkehrsmittel entstehen, das vor allem in Norddeutschland und seinen Nachbarländern Metropolen wie Amsterdam, Bremen, Hamburg und Kopenhagen verbinden konnte und dadurch strukturelle Nachteile Norddeutschlands ausgleichen würde. Zum andern ergab sich hiermit die Möglichkeit, mit der Fertigung des Transrapid den industriellen und technologischen Anschluss für das Emsland und Ostfriesland zu erreichen.

Und wieder schlug sein Herz für die Region. Rolf Trauernicht wollte Ostfriesland und das Emsland besser an Deutschland und Europa anbinden. Ihm war klar, dass nur auf diesem Weg die strukturellen Nachteile Ostfrieslands gegenüber anderen Regionen nachhaltig ausgeräumt werden konnten. Mit der A 31 hatte er bereits eine wesentliche Voraussetzung für eine bessere Straßenverbindung erreicht. Nun musste der Transrapid als bessere Anbindung auf der Schiene verwirklicht werden.

Tullum plante, auch in diesem Fall durch eine intensive Mobilisierung der Medien eine Neubewertung des Projekts Transrapid in der Politik und in der Wirtschaft zu erreichen.

---

1 Am 31.12.2002 fuhr ein Transrapid die ca. 30 km lange Strecke zwischen der Station Longyang-Straße nahe dem Shanghai New International Expo Centre und dem Flughafen Pudong als sog. „VIP-Run“, u.a. mit dem damaligen Bundeskanzler Gerhard Schröder und dem chinesischen Ministerpräsidenten Zhu Rongji als Fahrgästen. Ab Dezember 2003 fand auf der Strecke, die zunächst als Teststrecke ausgelegt war, ein regulärer Fahrbetrieb statt. Die Vereinbarung für den Bau der Strecke war bereits im Januar 2001 unterzeichnet worden. Siehe Artikel Wikipedia.

Allerdings bestanden wesentliche Unterschiede zwischen der Autobahn A 31 und dem Transrapid. Der Bau der A 31 war beschlossene Sache, es ging im Kern darum, den Bau zu beschleunigen und dabei war das Interesse aller Beteiligten sehr groß. Es galt, die Finanzierung für den beschleunigten Bau sicherzustellen.

Strecken für den Transrapid wurden nur zweimal realisiert, einmal als Teststrecke nach 1980 im Emsland und einmal, wie erwähnt, in China als Verbindungsstrecke zwischen dem Flughafen und der Stadt Shanghai. Daher war die Aufgabe, die sich Rolf Trauernicht mit der Magnetschwebebahn vorgenommen hatte vielfältiger und umfangreicher, als im Falle der A 31. Es ging nicht nur um die Finanzierung einer bereits geplanten und begonnenen Strecke, sondern es musste vor allem Überzeugungsarbeit geleistet werden, dass eine solche Strecke für eine Magnetschwebebahn sinnvoll und erforderlich war. Und da das Projekt des Transrapid zudem wesentlich größer war, mehrere Bundesländer und sogar im Idealfall Staaten betraf, mussten auch wesentlich mehr Politiker überzeugt werden.

Hinzu kam, dass der Transrapid nicht nur eine Infrastrukturmaßnahme darstellte, sondern nach der Errichtung vor allem auch wirtschaftlich und Kosten deckend betrieben werden musste. Insbesondere diesbezüglich hatte es in den vorangegangenen Jahren, wie auch in parallelen Entwicklungen, verschiedene Projekte gegeben[2], die aufgrund vor Zweifeln bezüglich der langfristigen Wirtschaftlichkeit abgebrochen oder eingestellt worden waren.

Für Tullums Initiative traf es sich zunächst gut, dass in den Niederlanden mit der Zuiderzeelijn eine Schnellverbindung zwischen Amsterdam und Groningen geplant war. Hier war die Entscheidung der niederländischen Regierung hinsichtlich des einzusetzenden Verkehrsmittels noch nicht gefallen. Es stand also noch nicht fest, ob eine solche Schnellverbindung geschaffen wurde, und es stand auch nicht fest, welches Verkehrsmittel eingesetzt werden sollte.

2 Allerdings hatte es sich in all diesen Fällen um entweder sehr kurze Strecken gehandelt (wie das Flughafen-Zubringeprojekt in München) oder um Strecken auf denen der Transrapid von vornherein in direkter Konkurrenz mit der klassischen Eisenbahn stand (wie die projektierte Strecke Berlin-Hamburg). Ausgelegt war und ist der Transrapid jedoch vor allem für Strecken, die sonst durch Kurz- und Mittelstrecken-Flugzeuge bedient werden, also beispielsweise innereuropäische Flugstrecken. Hier kann er vor allem seinen Geschwindigkeitsvorteil ausspielen.

Hierin sah Rolf Trauernicht die große Chance für den Transrapid. Wenn es gelang, die niederländische Regierung vom Wert der Magnetschwebebahn zu überzeugen, dann würde es auch möglich sein, eine Fortführung der Linie von Groningen über Ostfriesland bis Hamburg und von dort weiter, beispielsweise nach Kopenhagen zu erreichen. Ihm schwebte damit eine europäische Schnellverbindung vor, die das Flugzeug auf Kurzstrecken ersetzen konnte, aber als Magnetschwebebahn wesentliche, vor allem ökologische und technologische Vorteile hatte.

Die Finanzierung einer solchen Schnellverbindung trat dabei für Trauernicht zunächst in den Hintergrund. War der Bau einer solchen Magnetschwebebahn erst einmal beschlossene Sache, so seine Argumentation, würde auch die Finanzierung möglich sein. An dieser konnten dann, wie bei der Verwirklichung der A 31, viele beteiligt werden, so auch die Wirtschaft.

Rolf Trauernicht hatte dabei zunächst übersehen, dass Planung und Finanzierung eines solchen Vorhabens letztendlich untrennbar sind. Als er das erkannte, bot er eine finanziellen Beteiligung von 125.000 € an, falls der erste Spatenstich bis 2011 erfolgen sollte.

Rolf Trauernicht wird aktiv

Seine Erfahrungen mit der A 31 flossen in eine intensive Kampagne ein. Als erstes wandte sich Trauernicht an die Niedersächsische Staatskanzlei und informierte den Ministerpräsidenten Gabriel, dass er sich jetzt für den Transrapid einsetzen werde, wofür ihm der Ministerpräsident schriftlich dankte.

In einem Leserbrief, der im März 2000 in der Ostfriesen Zeitung erschien, schilderte Trauernicht die Vorteile des Transrapid für Nordeuropa. Ein solches Verkehrsmittel würde schneller und billiger als das Flugzeug sein. Die von ihm ins Spiel gebrachte Strecke sollte von Kopenhagen über Hamburg bis Amsterdam laufen. Weitere Entwicklungsmöglichkeiten sah Trauernicht in einer Fortführung des Transrapids bis Brüssel in Belgien nach Süden und bis Stockholm in Schweden nach Norden. Die Finanzierung stellte sich Trauernicht bereits in diesem frühen Stadium ähnlich vor, wie bei der A 31. Neben den Bundesländern, die von der Transrapid-Strecke profitieren würden – Niedersachsen, Schleswig-Holstein, Mecklenburg-Vorpommern, Hamburg, Bremen, sowie die Niederlande und auch Dänemark – sollten auch die Städte und Gemeinden sowie die Wirtschaft einen erheblichen finanziellen Beitrag leisten. Damit würden einerseits weniger Bundesmittel benötigt, so dass der Bund sich für diese Idee begeistern könnte, andererseits die strukturelle Entwicklung der nördlichen Bundesrepublik vorangetrieben. Den Präsidenten der "*Kamer van de Koophandel*", Vogd, gewann er auf einer Probefahrt mit dem Transrapid sofort. „*Den wollen wir*", sagte Vogd.

Im April 2000 informierte Wolfgang Senff, Niedersächsischer Minister für Bundes- und Europaangelegenheiten, Rolf Trauernicht, dass er einen Antrag für eine Strecke des Transrapids von Groningen nach Hamburg beim Bundesverkehrsminister eingereicht habe. Auch hatte er erreicht, dass sich die niederländische Regierung bis zum Oktober 2000 damit beschäftigen wolle.

Der Ministerpräsident Niedersachsens, Christian Wulff, signalisierte Trauernicht Zustimmung und auch der Kommissar der holländischen Königin in der Provinz Groningen, Hans Alders, schrieb: „*Ein schon von allen abgeschriebenes Projekt steht wieder auf der Agenda. Ihre Unterstützung ist von unschätzbarem Wert.*"

In der Folge nutzte Tullum seinen durch die Aktion für die A 31 erworbenen Bekanntheitsgrad, um vor allem das Fernsehen und die Presse, auch die internationale Presse für das Projekt zu begeistern. Am 8. Juni 2000 schrieb Trauernicht an den niedersächsischen Minister für Bundes- und Europaangelegenheiten, Wolfgang Senff: "*Am Monatsende besuchen mich der Präsident und der Geschäftsführer der Kamer van Handel en Fabriken voor de Province Groningen. [...] Das Thema ist die A 31 und evtl. der TRANSRAPID.*"

Die Zuiderzeelijn zwischen Amsterdam und Groningen

Die Ostfriesen-Zeitung berichtete ganzseitig über dieses Treffen. Dabei gewinnt die Transrapid im zweiten Teil des Berichts besondere Aufmerksamkeit[3]: „*Vogd (Präsident der Kamer van Handel en Fabriken voor de province Groningen) bringt die superschnelle Magnetschwebebahn zwischen Groningen und Amsterdam ins Spiel. Er sieht darin offensichtlich auch einen Türöffner für eine größere Bereitschaft zu grenzüberschreitendem Engagement. (...)*

Wie berichtet, planen die Niederländer eine neue Schnellverbindung zwischen Amsterdam und Groningen, um auf diese Weise den

3 Artikel der Ostfriesen Zeitung, Leer, Ausgabe vom 07.07.2000.

Rolf Trauernicht mit seinem Mitstreiter Prof. Dr. Hermann Flessner 2009 im Transrapid auf der Teststrecke Lathen/Ems.

Norden als Wohnort für Menschen attraktiver zu machen, die im Randstad (Amsterdam, Rotterdam) arbeiten und leben. Vogd denkt jedoch weiter: "Groningen darf nicht die Endstation sein." Der Transrapid müsse über Ostfriesland bis Hamburg fahren.

Die niederländische Regierung will sich bis Ende des Jahres auf den Transrapid oder einen schnellen herkömmlichen Zug festlegen. Die Wirtschaft neigt offensichtlich dem Transrapid zu.

Trauernicht sieht neue Zeichen für den Verkehr nahen, sollten sich die Niederlande für den Transrapid aussprechen: "Wenn die Niederländer ja sagen, kann Deutschland nicht mehr nein sagen." (...)

Vogd und Wilbrink (Geschäftsführer der Kamer van Handel en Fabriken voor de province Groningen) meinten, dass in 15 Jahren Kurzstreckenflüge kaum noch möglich sind und beispielsweise Schiphol und andere Großflughäfen mit Langstreckenflügen ausgelastet sind. Vogd: "Deshalb brauchen wir die Schwebetechnik." Wenn man zwischen Amsterdam und Hamburg eine Transrapid-Strecke baue, haben "wir im Norden einen Technologie-Vorsprung".“

Vor diesem Hintergrund gewinnt ein Schreiben der Handelskammer Hamburg vom 25. März 2002 an Rolf Trauernicht besondere Bedeutung. Dort heißt es[4]: *„Mit der Grundsatzentscheidung in den Niederlanden für den Bau einer Hochgeschwindigkeitsverbindung (Zuiderzeelijn) und den angekündigten Markterkundungsverfahren für die Strecken Amsterdam – Groningen und Groningen – Hamburg ergeben sich neue, konkrete Chancen für die Realisierung eines europaweiten Magnetschwebebahnnetzes EuroRapid. (...) Wir freuen uns deshalb sehr, Ihnen hiermit als Dokumentation der Veranstaltung (Verkehrssymposium der Handelskammer Hamburg) übersenden zu können. Möge sie der Diskussion über die Magnetschwebebahn neuen Auftrieb geben.*

Unsere Handelskammer hat sich außerdem dazu entschlossen, einen Verein "Initiative pro EuroRapid" zu gründen, der in erster Linie Informations- und Überzeugungsarbeit leisten soll. ... bieten Ihnen an, sich über unser Informationsforum http.//www.eurorapid.org auf dem Laufenden zu halten."

Anfang November 2002 berichteten die Ostfriesischen Nachrichten, dass Rolf Trauernicht die Ostfriesen aufforderte, sich in die bestehenden *„Pro Eurorapid-Initiativen"* in Hamburg und Oldenburg einzuklinken[5]. Er sieht als besondere Vorteile des Transrapids:

„Geringer Flächenbedarf,
geringe Erschütterungen und Geräusche,
keine Abgase und andere Emissionen,
günstiger Energiebedarf,
hohes Beschleunigungs- und Bremsvermögen,
hohe Verkehrssicherheit,
geringe Instandsetzungskosten."

Gerade diese Vorteile sind es, die den Transrapid auch für private Investoren interessant machen könnten, denn eins weiß Tullum genau, der Staat, im Besonderen die Bundesrepublik Deutschland, wird nicht bereit und vielleicht auch nicht in der Lage sein, die Verwirklichung dieses neuen Verkehrsmittels zu finanzieren.

Wie sehr das Thema Transrapid wieder aktuell wurde, zeigt auch eine weitere Veröffentlichung der EMS-Zeitung vom 9. No-

4 Persönlicher Brief vom 25.03.2002.

5 Artikel der Ostfriesische Nachrichten, Aurich vom 2./3.11.2002.

vember 2002. Sie wiederholt praktisch die bereits in den Ostfriesischen Nachrichten genannten positiven Gründe für den Transrapid.

Im Sommer 2003 informierte die Handelskammer Groningen Rolf Trauernicht ausführlich über die Sachlage am 3. Juli 2003[6]:

„- *Die Investitionskosten für eine Transrapidverbindung Groningen – Amsterdam werden auf 7,2 Mrd. € geschätzt (hochgerechnet auf das Jahr 2010).*

- *Die niederländische Regierung hat sich am 21. Dezember 2001 entschlossen 2,7 Mrd. € zu reservieren für eine Transrapidverbindung oder ICE-Verbindung zwischen Groningen und Amsterdam.*
- *Die Bedingung ist, dass die betroffenen Provinzen und Gemeinden insgesamt 1,02 Mrd. € für eine Transrapidverbindung oder 0,230 Mrd. € für eine ICE-Verbindung reservieren.*
- *Der Rest soll von privaten Investoren aufgebracht werden.*
- *Die betroffenen Provinzen und Gemeinden haben zugestimmt, ihren Anteil dieses Betrages zu reservieren.*
- *Regierung und Provinzen haben das Abkommen, um zusammen die Strecke für eine Transrapid oder ICE-Verbindung zu verwirklichen, noch nicht unterzeichnet, weil wegen zwei Regierungswechseln die Regierung sich noch nicht klar ist, wie das weiter gemacht werden soll. Im September 2003 will die Regierung ihren Standpunkt klar machen.*
- *Die Regierung hat im neuen Regierungsprogramm im Monat Mai 2003 daran festgehalten, 2,7 Mrd. € zu reservieren.*
- *Die Vorbereitungen für die Entwicklung des Entwurfs der Strecke sind nicht verzögert, Angestellte der Regierung und betroffene Provinzen arbeiten täglich daran.*
- *Wenn dies fertig ist, ist es möglich, Privatunternehmen einzuladen und ihnen die Pläne zu präsentieren, wie die Strecke realisiert werden soll und wie die privaten Finanzierungen laufen sollen.*“

Rolf Trauernicht leitete diese Information der Handelskammer Groningen an den Bundeskanzler Gerhard Schröder weiter. Er unterbreitete darin auch den Vorschlag, dass sich die EU in Brüssel an

6 Persönlicher Brief vom 03.07.2003.

Rolf Trauernicht unterrichtet Ministerpräsident Christian Wulff über seine Bemühungen um den Transrapid.

der Verwirklichung dieses europäischen Verkehrsmittels mit 50% beteiligen könne. Dann wäre auch eine wesentliche Beteiligung der Wirtschaft machbar[7].

Auch der Ministerpräsident Niedersachsens, Christian Wulff, wurde von Trauernicht informiert.

Die Möglichkeit, dass in den Niederlanden der Transrapid verwirklicht werden könne, gab auch den Handelskammern in Norddeutschland neuen Auftrieb. Ihr neugegründeter Förderverein, Trans Eurorapid Networks (TERN), in dem Rolf Trauernicht Vorstandsmitglied wurde, warb in Berlin in der Vertretung des Landes Bremen für ein europaweites Eurorapid-Netz, zu dem einmal die Linie Amsterdam – Bremen – Hamburg – Kopenhagen – Stockholm gehören solle, daneben sollten die Zweigverbindungen über Berlin – Dresden – Prag – Wien – Pressburg – Budapest und auch von Berlin nach Warschau kommen[8].

7 Persönlicher Brief vom 07.07.2003.

8 Berichtet in einem Artikel der Ostfriesen Zeitung, Leer, vom 17.10.2003.

Doch trotz dieser breit aufgestellten Initiative kam das Projekt nicht voran. Es vergingen fast drei Jahre, von 2003 bis 2006, ohne dass sich in Politik oder Wirtschaft etwas bewegte. Dann setzte Rolf Trauernicht erneut mit seinen Bemühungen an. Er wollte Druck machen, ihm dauerte die Planungsphase schon viel zu lange. Als Unternehmer wusste er aus Erfahrung, dass nur ein energisches Zupacken die Dinge voranbringen würde.

Sein erneutes Engagement fand sehr viel Zustimmung und Zuspruch. Niedersachsens Ministerpräsident Christian Wulff schrieb[9]: *"Ich schätze Ihren Einsatz außerordentlich und wünschte, dass es viele Menschen Ihres Schlages gäbe. ... Ich danke Ihnen nicht nur dafür, sondern versichere Ihnen auch, dass ich Ihre Bemühungen unterstütze. Die norddeutschen Ministerpräsidenten stehen weiter hinter dem Bau der Magnetbahnstrecke und wollen die Trassenrealisierung von Hamburg nach Groningen voranbringen."*

Es ist außerordentlich anzuerkennen, dass Rolf Trauernicht sich bei allem Respekt nicht scheute, führende Persönlichkeiten in Politik und Wirtschaft anzusprechen und sie um Unterstützung für den Transrapid zu bitten. So wandte er sich auch an die seit 2005 amtierende Bundeskanzlerin Angela Merkel und bat sie um Unterstützung. Ralf Klöker zitierte in einem Kommentar in den Ostfriesischen Nachrichten (Aurich) aus dem Schreiben Trauernichts[10]: *„Wollen wir nicht wahrnehmen, was heute Fakt ist? Russland, Iran, China und Indien wachsen zu einem großen Wirtschaftsraum zusammen. Wir werden aufgrund dramatisch steigender Preise gezwungen sein, weniger Energie zu verbrauchen. Es ist Zeit, damit zu beginnen. […] Von einer vom Bund zu gründenden Aktiengesellschaft verpflichte ich mich unwiderruflich, Aktien für Euro 125.000 zu erwerben, wenn bis zum 1. Juli 2011 der erste Spatenstich erfolgt.“*

Um die Bevölkerung zum Mitmachen zu motivieren, rief Trauernicht zur Demo für den "*EuroRapid*" auf[11]. Diese sollte am 23. Mai 2006 in Den Haag, am niederländischen Regierungssitz, stattfinden. An dem Tag entschied die niederländische Regierung über

---

9 Persönlicher Brief vom 27.06.2006, zitiert nach Hessische/Niedersächsische Allgemein Zeitung (HNA), Kassel, Ausgabe vom 13.07.2006.

10 Kommentar "Seitenblick", Ostfriesische Nachrichten, Aurich.

11 Artikel der Emder Zeitung, Emden/Riepe, Ausgabe vom 19.05.2006.

die Schnellverbindung Amsterdam – Groningen und darüber, ob dort eine Magnetschwebebahn gebaut oder lediglich eine schnelle ICE-Verbindung geschaffen würde. Seine Begründung für die Demo[12]: *„Unser Ziel ist es, die Transrapid-Strecke von Groningen nach Hamburg fortzuführen, wenn die Niederländer für die Strecke von Amsterdam nach Groningen uns grünes Licht geben."*

Ein Bus für die Demo startete in Leer. Rund 2000 Menschen in orangenen T-Shirts und Halstüchern demonstrierten dann in Den Haag für die Schnellverbindung Amsterdam – Groningen. Rolf Trauernicht war einer der Redner auf der Demonstration[13].

Über den Erfolg der Demonstration berichtete Ende Mai der „Commissaris van de Koningin in de provincie Groningen", Hans Alders, an Rolf Trauernicht. Nachdem im Parlament zunächst die Meinung vorgeherrscht hatte, man könne auf die schnelle Verbindung "*Zuiderzeelijn*" verzichten, da eine Fortführung nach Norddeutschland sehr unwahrscheinlich sei, wäre durch die Demonstration und die Beteiligung der Deutschen ein anderer, besserer Eindruck entstanden. Die niederländische Regierung beabsichtige, am 1. Juni 2006 erneut über das Vorhaben zu debattieren[14].

Die Enttäuschung

Aber dieser bessere Eindruck täuschte, denn die niederländische Regierung kippte das Projekt, vor allem aus Kostengründen und wegen mangelnder Wirtschaftlichkeit auf dieser kurzen Strecke. Vielleicht hätte eine Strecke über Groningen hinaus bis Hamburg und Kopenhagen eine bessere Wirtschaftlichkeitsprognose erreicht, aber eine solche Studie war nicht in Auftrag gegeben worden, weil niemand sich dafür verantwortlich fühlte. Das war zunächst das Aus für die "*Zuiderzeelijn*". Auch konnte man sich in den Niederlanden nicht für die Magnetschwebebahn erwärmen. Niedersachsens Ministerpräsident Wulff forderte die Regierungen in Den Haag und in Berlin nochmals auf, das Projekt nicht fallen zu lassen. Aber die Menschen im Nordwesten, die sich für den Transrapid stark gemacht hatten, waren enttäuscht. Ihnen verblieb der Eindruck, dass

---

12 Ebenda.

13 Artikel der Ostfriesen Zeitung, Leer, Ausgabe vom 26.05.2006, sowie diverse Artikel in den Ostfriesische Nachrichten, Ems-Zeitung, u.a. im zeitlichen Umfeld.

14 Persönlicher Brief an Rolf Trauernicht vom 30.05.2006.

Tullum überreicht Ministerpräsident Wulff, seinem Stellvertreter David McAllister und CDU Generalsekretär Ulf Thiele ein Niedersachsenpferd, hergestellt mit der Wasserstrahltechnik bei Trauco stein design.

die Bundesregierung sich zu wenig für das Projekt eingesetzt habe und möglicherweise auch selbst kein weitergehendes Interesse an dessen Realisierung hatte[15].

Rolf Trauernicht war enttäuscht, aber trotz allem nicht entmutigt. Zusammen mit Bert-Jan Hakvoort von der Kamer van Koophandel Groningen und Burkhard Genge vom Eurorapid-Förderverein TERN schmiedeten sie neue Pläne zur Verwirklichung des Projekts. Ihnen war klar, dass eine Transrapid-Strecke von Groningen nach Amsterdam nur dann kommen würde, wenn die Weiterführung einer solchen Linie nach Hamburg, und eventuell weiter nach Kopenhagen, von der deutschen Bundesregierung unterstützt würde. Ministerpräsident Christian Wulff und Bundesumweltminister Sigmar Gabriel votierten für dieses Vorhaben, die Bundeskanzlerin Merkel verhielt sich dagegen ablehnend. *„Das versteht kein*

15 Artikel der Nordwest-Zeitung, Oldenburg, vom 09.06.2006.

Mensch, dass wir die Technik in unserem Land entwickeln, aber sie bei uns nicht einsetzen", ärgerte sich Trauernicht[16].

Auch die übrigen ostfriesischen und norddeutschen Zeitungen beschäftigten sich mit dem Transrapid. So brachte die Neue Presse aus Hannover ein Interview mit Rolf Trauernicht.

Aufgeben wollte Rolf Trauernicht danach auf keinen Fall. *„Meine Lebenserfahrung ist, dass wir eine gute wirtschaftliche Entwicklung nur mit guten Verkehrsverbindungen erreichen. Dafür kämpfe ich seit mehr als einem halben Jahrhundert. Ich habe mich schon 1952 in der Kommunalpolitik für gute Verkehrswege eingesetzt.*", sagte er in dem Interview[17].

Und auch die Zeitung „Die Welt" berichtete am Freitag, dem 23. Juni 2006 unter der Rubrik **NIEDERSACHSEN**[18]:

„Unternehmer startet Initiative für Transrapid.

Großefehn – Ein breit angelegtes Finanzierungsmodell zum Bau einer norddeutschen Euro-Transrapid-Strecke hat der ostfriesische Unternehmer Rolf Trauernicht aus Großefehn (Kreis Aurich) vorgeschlagen. Er werde sich privat mit 125.000 Euro an dem Projekt beteiligen, kündigte Trauernicht am Donnerstag an. Dies solle die norddeutschen Bundesländer ermuntern, 20 Prozent der Baukosten zu übernehmen. Als Vorbild für seine Initiative nannte Trauernicht die Beteiligung von Wirtschaft und Kommunen an der Emslandautobahn A 31."

Uwe Heitmann würdigte am Sonnabend, den 24. Juni 2006, in der Ostfriesen-Zeitung das Engagement Rolf Trauernichts unter der Überschrift "*Der Ideen-Zündler*". Er schreibt: *„Wer selbst nicht brennt, kann andere nicht entzünden. Diesen Wahlspruch lebt Rolf Trauernicht vor wie kein zweiter – seit Jahrzehnten. Mit flammender Begeisterung hatte der Großefehntjer Unternehmer 1999 mit seiner Spendensammlung für den Lückenschluss der A 31 begonnen. Tausende Unternehmer und Privatleute ließen sich von "Tullums" Enthusiasmus anstecken und gaben 50 Millionen Euro. Nun hält der 81-jährige wieder ein Streichholz der Inspiration in der Hand: Die Region soll Feuer und Flamme für den Eurorapid werden – mit 125.000 Spenden-Euro geht der rüstige Rastlose abermals voran.*

16 Artikel der Ostfriesen Zeitung, Leer, vom 23.06.2006.

17 Interview mit der Neuen Presse, Hannover, Ausgabe vom 26.06.2006.

18 Notiz in der Zeitung "*Die Welt*", Berlin, Ausgabe vom 23.06.2006, S. 40.

Dass der Weg zur Schwebebahn-Trasse allerdings noch viel steiniger als der zur A 31 Fertigstellung werden dürfte, ist Trauernicht klar. Schließlich geht es diesmal um das "Ob" – und nicht nur um das "Wann". Außerdem lässt sich die Politik mit eher kakophonen Signalen vernehmen.

Zwar beteuern die fünf norddeutschen Regierungschefs die Bedeutung des Transrapids für die Region. Die Schatulle aber mögen sie bislang nicht öffnen. Aus Berlin kommen ebenso wenige klare Ansagen. [...]

Für "Tullum" dürfte es daher darauf ankommen, möglichst viele prominente Unterstützer zu finden. Nur so könnte der nötige Druck aufgebaut werden, um das "schwebende Verfahren" endlich auf feste Stelzen zu setzen. Wenn das nicht gelingt, droht wieder eine in Deutschland entwickelte Technologie nur in Übersee Anwendung zu finden. Doch dem "Ideen-Zündler" Trauernicht ist ja schon so manches gelungen, was ihm keiner zugetraut hat ...“[19]

Nur wenige Tage danach bildete sich in Berlin ein Parlamentarischer Gesprächskreis Transrapid, in dem sich mehr als 50 Parlamentarier, darunter die Leeraner Bundestagsabgeordnete Gitta Connemann, zusammen schlossen. Sie beabsichtigten, den Transrapid als zukünftiges und modernes Verkehrsmittel in Deutschland und Europa voranzubringen[20].

Erneute Anerkennung und Ermutigung erreichte Rolf Trauernicht vom niedersächsischen Ministerpräsidenten Christian Wulff, der ihm am 27. Juni 2006 nochmals versicherte, dass die norddeutschen Ministerpräsidenten weiter hinter dem Bau der Magnetbahnstrecke von Hamburg nach Groningen stünden und dass sie deren Realisierung voranbringen wollten[21]. Aber auch Wulff machte in seinem Brief deutlich, dass noch viel Überzeugungsarbeit in Berlin und Den Haag zu leisten sei. Vor allem in den Niederlanden sei das Gutachten über die Wirtschaftlichkeit der Strecke Amsterdam – Groningen abzuwarten. Das habe ihm auch der Ministerpräsident Balkenende bei einem Gespräch in Den Haag erklärt.

19 Kommentar „Diese Woche“ in der Ostfriesen Zeitung, Leer, Ausgabe vom 24.06.2006.

20 Bericht der Ostfriesen Zeitung, Leer, Ausgabe vom 27.06.2006.

21 Persönlicher Brief vom 27.06.2006.

Diese Nachricht veranlasste Rolf Trauernicht zu einem dringenden Appell an seine Freunde und Mitstreiter, in dem er alle Vorzüge dieses Verkehrsmittels aufzählte und noch einmal alle aufforderte, weiter für den Transrapid und seine Verwirklichung zu kämpfen. *„Freunde, packen wir es an."* So endete sein Aufruf.[22]

Doch hatte er zuvor kein Glück mit den Vertretern der Politik gehabt, kam nun auch noch Pech hinzu. Am 23. September 2006 geschah auf der Teststrecke im Emsland ein schwerer Unfall, bei dem der auf einer Testfahrt mit Gästen befindliche Transrapid auf einen, auf der Strecke haltenden und mit zwei Arbeitern bemannten Werkstattwagen auffuhr[23]. 23 Tote und 10 Verletzte lautete die schreckliche Bilanz des Unfalls. Die Mehrzahl der Toten hatte als Fahrgäste im Transrapid gesessen, wie dies bei den Testfahrten seit Jahren üblich war. Zwar stellten ein Untersuchungsausschuss, wie auch ein Gericht später eindeutig fest, dass der Grund für den Unfall nicht in der Technik lag, sondern allein auf menschliches Versagen zurückzuführen war, doch insbesondere in der Bundesrepublik war dieser Unfall geeignet, das Renommee der bis dahin unfallfreien Technologie zu beschädigen.

Dann entschied sich die niederländische Regierung im Oktober 2006 gegen den Transrapid. Ob der nur wenige Tage zurückliegende Unfall diese Entscheidung beeinflusst hat, ist nicht klar. Doch damit war auch die Fortführung der Trasse von Groningen über Ostfriesland, Oldenburg und Bremen nach Hamburg unwahrscheinlich geworden. Der Oldenburger Oberbürgermeister Dietmar Schütz war enttäuscht. Er sah besonders in der mangelnden Unterstützung aus Berlin einen starken Grund für das Scheitern[24].

Rolf Trauernicht gibt nicht auf

Das Scheitern des niederländischen Projekts war für Rolf Trauernicht kein Grund, aufzugeben. Schließlich war ja nicht der Transrapid gescheitert, sondern nur die Möglichkeit einer Umsetzung zwischen Amsterdam und Groningen. Jetzt galt es, neue Allianzen zu bilden und die sah Trauernicht in der Interessengemeinschaft der norddeutschen Küstenländer und in den holländischen Nordprovin-

22 Manuskript des Appells, datiert von Juli 2006.

23 Siehe **[WikiPedia, Transrapid-Versuchanlage_Emsland]**.

24 Artikel der Nordwest-Zeitung, Oldenburg.

Der Niedersächsische Finanzminister Hartmut Möllring gratuliert Tullum am 23. Juli 2009 zu seinem 85. Geburtstag.

zen sowie der Handelskammern in den betroffenen Gebieten. Die sollten an einem Strang ziehen[25].

Als Voraussetzung für eine Umsetzung seiner Idee konnte nur eine Machbarkeitsstudie in Frage kommen, die von einem international anerkannten und unabhängigen Institut erarbeitet werden sollte. Die Kosten dafür sollten bei ca. 2 Millionen Euro liegen. Das überstieg die von ihm zugesagte Spendensumme von 125.000 Euro, die auch nur fällig werden sollte, wenn bis zum 1.7.2011 der erste Spatenstich erfolgen würde. Hier waren Spenden in genügender Höhe gefragt, wenn diese Studie in Auftrag gegeben werden sollte.

Eine weitere Möglichkeit für den Transrapid sah Trauernicht in der Durchführung einer hochrangig besetzten Informationsveranstaltung in Brüssel, bei der die Europaabgeordneten für den EuroRapid gewonnen werden sollten. Allen war klar, dass eine Verwirkli-

25 Tullum entwickelt diese und die folgenden Gedanken in einem Artikel der Nordwest-Zeitung, Oldenburg, Ausgabe vom 26. Oktober 2006.

chung der Magnetschwebebahn als europäisches Verkehrsmittel nur mit finanzieller Unterstützung der EU möglich sein würde.

Doch die weiteren Entwicklungen zogen sich hin. Am 5. Dezember 2008 titelte die Ostfriesen-Zeitung: „*Neue Chance für den Transrapid, Mittelständler wollen Strecke finanzieren – Initiator Rolf Trauernicht.*“

Die neue Idee sah vor, eine Gesellschaft, zu der namhafte Unternehmer gehören sollten, zu gründen, die die Strecke finanzieren sollte. Dabei ging man davon aus, dass die Kosten zu stemmen seien. Man hoffte auch, dass bei einer erfolgreichen Gründung die niederländische Seite ihre Haltung überdenken würde. Ein erstes Treffen fand in Hamburg statt, an dem auch der niedersächsische Verkehrsminister Walter Hirche teilnahm[26].

Wenige Tage später, am 12. Dezember 2008 erschien in der Nordwest Zeitung aus Oldenburg ein Interview mit Rolf Trauernicht.

„Frage: "Die Industrie will kein Geld mehr für die Transrapid-Teststrecke geben. Droht das Ende?"

Trauernicht: "Es wäre in jedem Fall schädlich und auch traurig für den Technologie-Standort Deutschland. Zugleich ist es typisch für unseren Umgang mit Innovationen. Ich gebe meinen Kampf für den Transrapid aber nicht auf, auch wenn es nur eine kleine Chance noch gibt.

Frage: "Wie ist der Transrapid noch zu retten?"

Trauernicht: "Durch Druck aus der Bevölkerung! Dann hören Politiker und Industrie vielleicht. Ich bin froh, dass zumindest Ministerpräsident Christian Wulff und Wirtschaftsminister Walter Hirche auf unserer Seite stehen – und Holland würde sofort mitmachen, wenn wir den Vorreiter spielen. Die Milliarden Investitionen sind jedenfalls bereits im holländischen Haushalt vorgesehen. Aber das Ganze hat keinen Zweck, wenn die deutsche Seite nicht in Vorleistung tritt. Ich werde deshalb Gespräche mit Banken in Hamburg über die Finanzierung einer Strecke Hamburg – Berlin führen."

Frage: "Müsste der Transrapid nicht auch Thema auf dem EU-Umweltgipfel sein – wegen des sparsamen Energieverbrauchs?"

---

26 Artikel der Ostfriesen Zeitung, Leer, Ausgabe vom 05.12.2008.

Trauernicht: "Natürlich, der Transrapid ist die Verkehrstechnik der Zukunft. Geschätzte 90 Prozent der Inlandsflüge in Deutschland könnten durch die Schwebetechnik ersetzt werden. Damit sollten sich die europäischen Umweltminister beschäftigen. Eine Strecke Hamburg – Berlin könnte zudem in wenigen Jahren fertig sein.“[27]

Aber als nächster Rückschlag kam im Sommer 2009 die Entscheidung der Industrieunternehmen von Siemens und Thyssen-Krupp, die Versuchsstrecke im Emsland aufzugeben. Die Begründung hierfür lag vor allem in der Entscheidung der bayrischen Landesregierung, die Anbindung des neuen Münchner Flughafens an das Stadtzentrum mit dem Transrapid nicht zu bauen, weil die Wirtschaftlichkeit für dieses Verkehrsmittel nicht gegeben war. Und von da an sahen die Unternehmen keine Vermarktungschancen mehr für den Transrapid.

Rolf Trauernicht hatte noch im Mai 2009 über die Staatskanzlei in Hannover versucht, die emsländische Versuchsstrecke aufrecht zu halten, aber nach dem Nein der Industrieunternehmen hat diese wohl keine Zukunft mehr.

„Im Mai 2009 habe ich in der Staatskanzlei in Hannover angerufen. "Bitte tut etwas für die Versuchsstrecke der Schwebebahn in Lathen. Dort werden die interessierten Menschen aus aller Welt doch brüskiert, weil sie nicht Probefahren dürfen. Es kam umgehend die Antwort aus Hannover: 'Ministerpräsident Christian Wulff schickt den TÜV nach Lathen.'

Gleich danach wurde ich vom NDR Fernsehen angerufen, ich möge am Freitag, dem 5. Juni 2009 zur Versuchstrecke kommen. Dort traf ich auch meinen Mitstreiter Professor Hermann Flessner aus Hamburg der mich unterrichtete, dass nur Mitglieder der internationalen Vereinigung „The International Maglev Board e.V.“ mitfahren dürften. Der Vorsitzende Professor Johannes Klühspies sei anwesend. Man habe mich als Ehrenmitglied aufgenommen und deshalb dürfte ich mitfahren.

Eine DVD über die dabei aufgenommene NDR-Sendung habe ich meinen Mitstreitern zugesandt.“

Trauert Rolf Trauernicht seinem bisher vergeblichen Engagement für den Transrapid nach? Anscheinend nicht. Und vermutlich

27 Interview der Nordwest-Zeitung, Oldenburg, Ausgabe vom 12.12.2008.

Das Torfschiff 'Tullum' im Torf- und Siedlungsmuseum Wiesmoor. Es wurde 1999, zu seinem 75. Geburtstag, auf Tullums Spitznamen getauft, als Dank für sein Engagement als Sponsor des Museums (Aufnahme von: Print Media Werbung und Verlag, Wiesmoor).

würde er es auch nicht als ein Scheitern betrachten. Es geht ja, wie er selbst sagt, bei solchen politischen Entscheidungen immer um das *„Bohren dicker Bretter"* – und von diesem Standpunkt aus ist das Thema noch nicht ganz *„erledigt"*, schließlich werden in den nächsten Jahren noch einige Veränderungen bevor stehen, nicht zuletzt, weil die Pläne aus München von der in 2000 vorgesehenen Strecke Hamburg – Berlin noch vorhanden sind. Und sein Wunsch, dass dieses Thema Teil seiner Biografie sein sollte, macht deutlich, dass er sich trotz allem gern für dieses Verkehrsmittel eingesetzt hat – und dies im Zweifel auch gern weiterhin tun wird.

Nachwort des Autors

Der Abschluss eines Buches, das immerhin ein gutes Jahr intensiver Arbeit an Text und Gestaltung umfasst hat, ist nicht nur von Freude über das beendete Werk geprägt, sondern auch von Dankbarkeit, dass es gelungen ist, und gegenüber denen, die dazu beigetragen haben.

Dieser Dank gilt natürlich vor allem Tullum, Betty und Focko Trauernicht, für ihr Vertrauen, ihre Zeit und ihre Unterstützung.

Mein Dank gilt auch allen Beiträgern, vor allem aber meinem Vater Ernst Müller, der mir jederzeit mit Rat und Tat, und mit seiner umfangreichen Ostfriesland-Bibliothek zur Seite stand, sowie meiner Mutter Wilhelma Müller und ihrer Geduld bei der mehrfachen Korrekturlektüre der fertigen Texte. Sie haben auch in den schwierigeren Zeiten keinen Moment mit ihrer Hilfe und Unterstützung gezögert.

Besonderer Dank gebührt auch Folma Hein, die trotz ihrer Tätigkeit im Chefbüro der Trauco stets Zeit für die Unterstützung dieses zusätzlichen Projektes fand.

Eine kleine Anmerkung bedarf die Zitierweise innerhalb des Textes. Bei allen kursiv gesetzten Passagen, die ohne Fussnote auskommen, handelt es sich um mündliche oder schriftliche Äußerungen von Rolf, Betty oder Focko Trauernicht, die zum Teil aus den unten genannten Quellen entnommen sind. Wer sich jeweils äußert, erschließt sich stets aus dem Zusammenhang. Die zitierten Zeitungsartikel fanden sich in den unten angegebenen Archiven von Rolf Trauernicht. Ihre jeweiligen Quellen sind stets in Fussnoten angegeben. Nicht immer war es allerdings möglich, das genaue Erscheinungsdatum zu bestimmen, so dieses in den Archiven fehlte. Alle weiteren Quellen finden sich in den bibliographischen Angaben.

Ich wünsche allen Lesern viel Freude bei der Lektüre!

Jörg Müller-Barkei, M.A.
Berlin/Leer, im Juni 2011

Bibliographische Angaben

Aden, Otto: **Entwicklung und Wechsellagen ausgewählter Gewerbe in Ostfriesland**, Aurich 1964.

Arbeitsgruppe "Spetzerfehngeschichten": **"Spetzerfehn – Geschichte(n) und Bilder eines Fehns"**, Jever 1995, zitiert als **[Spetzerfehn]**.

Arends, Friedrich: **Ostfriesland und Jever in geographischer, statistischer und besonders landwirtschaftlicher Hinsicht**, Band 1, Emden 1818, Nachdruck, Leer 1974.

Bertram, Johann Friedrich: **Geographische Beschreibung des Fürstentums Ostfriesland und angrenzenden Harlingerlandes**, Aurich 1787, Reprint.

Brockhaus Lexikon, ab 1884, verschiedene Bände.

Chronik-Verlag, verschiedene Jahresausgaben zwischen 1910 und 1990.

de Vries/Focken: **Ostfriesland. Land und Volk in Wort und Bild**, Emden, 1881.

Dtv – Atlas zur Weltgeschichte, Band 1 und Band 2.

Forum der Wehrmacht (www.forum-der-wehrmacht.de): Artikel: „Frage zu Bandschnalle“ (http://www.forum-der-wehrmacht.de/thread.php?threadid=833), abgerufen am 17.102010.

Frees, Karl-Heinz: **Das große Wiesmoor. Die Blumengemeinde Ostfrieslands**, Norden, 1987.

Freese, Johann Conrad: **Ueber die Vehne oder Torfgräbereien**, Aurich 1789, ND Leer 1980.

Gatterer, Johann Christoph: **Die Geschichte der Vereinigten Niederlande**, Halle 1770.

Genealogienetz.de (www.gedbas.de), **Datenblatt von: Johannes Alberti Trauernicht** (http://www.gedbas.de/datenblatt.jsp?nr=1003319251): Startseite "Stammbaum Familie Trauernicht", abgerufen im Juli 2010.

Gronewold, Heinrich: **"Großefehn"**, Achim 1983.

Hamann: **Ostfriesland in Zahlen**, Leuchtboje, Heft 9, Aurich 1955.

Hangen, Hedwig: **To mien Kinnertied ...**, Leer 1981.

Hase, Wolfgang und Dethlefs, Gerd: **„Damit mussten sie rechnen ... auch auf dem Lande“**, Cloppenburg 1994.

Historisches Marinearchiv (historisches-marinearchiv.de): **Datenbank-Eintrag: Fl.B436**, abgerufen am 26.06.2010.

Houtrouw, O.H.: **Ostfriesland, Eine geschichtlich-ortskundige Wanderung gegen Ende der Fürstenzeit**, Aurich 1889.

Huckauf, Wolfgang: **Schiffbau auf dem Fehn**, Aurich 1985.

ders.: **Friesische Schiffe**, Aurich 1983.

JOHANN HÜBNER´s **reales Staats=Zeitungs und Conversations=Lexikon**, Wien 1780 und Leipzig 1804.

IHK OSTFRIESLAND UND PAPENBURG: **Wirtschaftsraum Ostfriesland – Papenburg**, Oldenburg 1968.

ders.: **Unternehmen Lückenschluss. Eine regionale Erfolgsgeschichte**, Emden/Leer, o.J.

ders.: **Jahresberichte** aus verschiedenen Jahren.

KAISER, HERMANN: **Ein Haus und eine Familie in schweren Zeiten. Kolonat Wübbe, M.Meyer, Firrel, Ostfriesland** 1903-1960, Cloppenburg, o.J.

KANNEGIETER, ELSE U.A.: **Warsingsfehn 1736 – 1986. 250 Jahre Fehngeschichte**, Leer 1986.

KANNEGIETER, HERBERT: **Oldersumer Chronik**, Emden 1987.

KLOPP, ONNO: **Geschichte Ostfrieslands**, Hannover 1856, Reprint.

KRÖMER, ECKART: **"Kleine Wirtschaftsgeschichte Ostfrieslands und Papenburgs"**, Norden 1991.

LÜBBERTS, EIKEN: **"Ostfrieslands Schiffahrt und Seefischerei"**,Tübingen 1903.

LÜPKES, W.: **Ostfriesische Volkskunde**, Emden 1907, 1925.

LÜDERITZ, SIEGFRIED: **"Die Großefehncompagnie"**, Leer, 2000.

MEENTS, HAIKO: **Rolf Trauernicht – ein "Urgestein" ostfriesischer Unternehmensgeschichte**, Manuskript, o.J.

MEYERS **Großes Konversations-Lexikon**, 20 Bände, Leipzig 1907 ff.

MÜLLER, ERNST: **Leer in alten Ansichten**, Leer 1985.

ders.: **Braune Segel auf der Leda**, Leer 1988.

ders.: **Die Fehne früher und heute**, Leer 2004.

ders.: **Chronik der Gastwirtsfamilie Barkei**, Leer 2004.

ders.: **150 Jahre Eisenbahn in Ostfriesland**, Leer 2006.

ders.: **Chronik der Waterborgs**, ungedruckt, Leer 2006.

NASSUA, RUDOLF: **"Der schwarze Freitag war ein Donnerstag". Die Weltwirtschaftskrise und ihre Folgen in Aurich**, Aurich o.J.

OMMEN, EILERT: **Die Entwicklung Neuefehns und Stiekelkamperfehns als Beispiel der Geschichte ostfriesischer Fehnsiedlungen**, Aurich 1981.

PLADIES, HARRY: **Ostfriesland im Zeitalter Napoleons**, Leer o.J.

RELIKTE **in Niedersachsen und Bremen** (www.relikte.com): Der Land- und Seefliegerhorst Bad Zwischenahn, abgerufen am 17.10.2010, Verweise als: **[Relikte]**

SCHIFFE-INFO.DE (www.schiffe-info.de): diverse Seiten zu den Jahren 1940 bis 1943, abgerufen im Oktober 2010, Verweise als: **[SCHIFFE-INFO, Jahr]**.

SCHMIDT, OTFRIED: **Die ostfriesischen Fehngesellschaften**, Aurich 1928.

SCHOOLMANN, HINRICH: **Pioniere der Wildnis**, Aurich 1973.

SCHRADER, DR. ERICH **(Schulrat): Ostfriesland. Eine Heimatkunde für Schule und Haus**, Emden, 1928.

SOLTAU-KURIER NORDEN (SKN): **Meistens wehte der Wind von vorn**, Sonderdruck aus Ostfriesland Magazin, Norden, 1992.

SPAMER, OTTO: **Illustriertes Handels-Lexikon**, Leipzig 1876.

TACKE, BRUNO; LEHMANN, BERNHARD: **Die Norddeutschen Moore, in "Monographien zur Erdkunde"**, Bielefeld o.J.

TEBBENHOFF, HEINRICH: **"Großefehn"**, Bremen 1995.

TRAUCO, **Diverse Prospekte aus dem Firmenarchiv**, Großefehn 1949 bis 2010.

TRAUERNICHT, BETTY: **Festschrift zum 80. Geburtstag**, ungedrucktes Exemplar, 2005.

TRAUERNICHT, BETTY: **Erinnerungen an die erste Amerika-Reise**, Manuskript, ungedruckt, 2006.

TRAUERNICHT, ROLF: **Erlebnisse des Fehn-Schiffers Rolf Trauernicht (Tullum) von 1936 – 1952**, Großefehn, 1988.

TRAUERNICHT, ROLF: **Mein Leben**, Manuskript, ungedruckt, 2010.

TRAUERNICHT: **Archiv**, Zeitungsausschnitte von ca. 1950 bis 2010.

TRAUERNICHT: **Archiv**, Zeitungsausschnitte und Dokumente zum Lückenschluss A 31, 1998 bis 2004.

TRAUERNICHT: **Archiv**, Zeitungsausschnitte und Dokumente zum EuroRapid, 2000 bis 2008.

DE UTROOPER VERLAG: **Der Lückenschluss**, Sonderdruck aus Mein Haus in Ostfriesland, Leer 2000.

WASSERZIEHER, ERNST: **„Woher", Ableitendes Wörterbuch der deutschen Sprache**, Bonn 1957.

THOMSEN, HANS MARKUS: **Kolumne: Was sagt der Name. Trauernicht ist stets vergnügt**, WeltOnline (www.welt.de), 03.07.2008.

WIEMANN, HARM U.A.: **Ostfriesische Geschichte Teil II – IV**, Leer, 1951.

WIKIPEDIA. **Die freie Enzyklopädie**, http://de.wikipedia.org. Verweise als: **[WikiPedia: Artikel]**

WITTOR, MANFRED, **"Mühlen in Großefehn"**, Thunum 2002

Zeitungen und Zeitschriften: Diverse, Zitate sind jeweils am Ort der Verwendung ausgewiesen.